COLECCIÓN POPULAR
173
EL MARX CONTEMPORÁNEO

MIHAILO MARKOVIC

*María Kabela*

# EL MARX
# CONTEMPORÁNEO

fondo de cultura económica
MÉXICO

Primera edición en inglés, 1974
Primera edición en español, 1978

Traducción de
Celia H. Paschero

Título original:
*The Contemporary Marx*
© 1974 Spokesman Books
 Publicado por The Bertrand Russell Peace Foundation, Ltd.
 Nottingham, Inglaterra.

D. R. © 1978 Fondo de Cultura Económica
Av. de la Universidad, 975; México 12, D. F.

ISBN 968-16-0118-1

Impreso en México

# PRÓLOGO

Mientras este libro entraba en prensa, su autor pasaba a ser el centro de una controversia de largo alcance en su propio país. Como Yugoslavia goza de justo respeto en Occidente como precursor de formas no estalinistas del desarrollo socialista, y como muchos socialistas ingleses han observado con gran entusiasmo los valientes experimentos de gobierno autónomo que se ensayaron en dicho país, esta controversia es al mismo tiempo importante y ominosa. En la vida económica resulta inconcebible un gobierno autónomo o la autoadministración sin el desarrollo de una libre discusión crítica en la vida académica y política, de modo que no hay un motivo intrínseco de alarma porque haya estallado una controversia entre sus proponentes; pero esta particular discusión se vuelve alarmante por el peso de la presión oficial que parece haber caído sobre el autor y sus distinguidos colegas, al parecer para enfrentarse al desafío que sus opiniones representan y acabar con la discusión mediante una supresión.

Mihailo Markovic ha sido un constante colaborador de la Fundación Bertrand Russell para la Paz, y, en realidad, dos de los ensayos de este volumen fueron originalmente preparados para la Fundación: uno de ellos apareció previamente en el volumen del Centenario de Russell sobre el *Humanismo socialista*,[1] y el otro fue presentado en el Seminario de Linz sobre *Esferas de influencia en la época del imperialismo*[2] que se organizó para conmemorar ese centenario. Por tanto, fue muy penoso para

[1] Publicado por Spokesman Books en 1972.
[2] Publicado en un volumen del mismo nombre por *The Spokesman*, enero de 1973.

los miembros de la Fundación enterarse de que se estaba atacando a Markovic en Belgrado por defender ideas que no sólo estaban muy cerca de las sustentadas por ellos mismos, sino que además habían sido ampliamente identificadas en un momento anterior como parte esencial de la incomparable contribución de Yugoslavia al socialismo mundial. La Fundación siempre se había comprometido con causas que habían encontrado un amplio apoyo en Yugoslavia, y no sólo en el plano de la política internacional. Notablemente, tanto Bertrand Russell en forma personal como la Fundación en su carácter de organismo, habían prestado ayuda material a la formación, en Inglaterra, del Instituto por el Poder de los Trabajadores, que siempre se ha identificado orgullosamente con los experimentos en autoadministración realizados en Yugoslavia y que nunca ha dejado de invitar a sus principales conferencias a destacados voceros de los sindicatos yugoslavos y de los Institutos de Autoadministración. Más aún, el propio Bertrand Russell había gozado, desde hacía mucho tiempo, de una relación de gran confianza con el presidente Tito, basada en su común respaldo a las ideas del neutralismo positivo y sus esperanzas de que el Tercer Mundo pudiera unirse para afirmarse como una fuerza en favor de la paz y el desarrollo social, imponiendo, de esta manera, un cierto grado de racionalismo a las superpotencias, con lo cual podría, además, ayudárselas en su propia evolución hacia esquemas más humanos de organización social. Por cierto que hay muchas pruebas de que el propio Tito consideraba a Russell como una especie de pensador afín a sus ideas, y esto se refleja en el mensaje necrológico sumamente generoso que le envió a Edith Russell a la muerte de su esposo.[3]

En febrero de 1974, Noam Chomsky y Robert Cohen

[3] Véase *The Spokesman*, núm. 3, 1970.

presentaron un informe sobre la situación en Yugoslavia a la *New York Review of Books*.[4] Había sido preparado por personas que habían seguido los acontecimientos muy de cerca y de cuya veracidad, según decían, no podía dudarse. Causó gran desconsuelo leer lo siguiente:

> Entre 1949 y 1950 se graduó y ocupó puestos docentes en las universidades de Belgrado y Zagreb una nueva generación de jóvenes filósofos y teóricos sociales, muchos de los cuales tomaron parte activa en la guerra de liberación (1941-1945). Aparecieron en escena durante la resistencia de Yugoslavia a los intentos de Stalin por dominar el país. Eran marxistas en su mayoría, pero desde el principio se opusieron al dogmatismo estalinista y sostuvieron la libertad de investigación, el humanismo, la apertura a todos los logros importantes de la ciencia y la cultura actuales.
>
> Los años 1950-1960 fueron una década de discusiones sobre temas teóricos básicos, organizadas por la Asociación Filosófica Yugoslava. Los debates fueron completamente libres; varios grupos se oponían entre sí sobre diferentes bases. Hacia finales de este periodo, todos ellos se reagruparon a lo largo de dos líneas básicas: la ortodoxa, que se cimentó dentro del marco tradicional del materialismo dialéctico, y que consideraba que la teoría es en esencia un reflejo de la situación social objetiva y del ambiente material, y la humanista que recalcaba el carácter premonitorio y crítico de la teoría, su unidad con la práctica y su gran papel en el proceso de humanización de una sociedad determinada.
>
> En 1960, durante una conferencia en Bled, se impuso la tendencia humanista, orientada hacia la práctica, y posteriormente se volvió predominante en las universidades, periódicos e institutos yugoslavos.

[4] En el número del 7 de febrero de 1974.

En 1962, la sociedad yugoslava experimentó su primer estancamiento después de la guerra, como resultado de un intento fallido de hacer convertible su moneda corriente. En la reunión bienal de la asociación filosófica yugoslava realizada en Skopje en noviembre de 1962, por primera vez se expresó la idea de que es urgente superar la discusión teórica abstracta acerca de la naturaleza del hombre y el conocimiento, acerca de la enajenación y la libertad y sobre la relación entre filosofía y ciencia, para pasar a un estudio crítico más concreto de la sociedad yugoslava, guiado por pensamientos humanistas generales.

En 1963, en una serie de conferencias y discusiones se intentó aclarar algunos temas sociales generales: el significado de la tecnología, de la libertad y la democracia, del progreso social, del papel de la cultura en la construcción de una sociedad socialista. En agosto, filósofos y sociólogos de Zagreb y de Belgrado fundaron la Escuela de Verano de Korcula, con el propósito de organizar discusiones libres internacionales de verano sobre temas sociales actuales.

En 1964, el mismo grupo fundó el periódico *Praxis*. Siguió a esto una serie de discusiones, esta vez acerca de temas delicados de la sociedad yugoslava: el significado y las perspectivas del socialismo, la burocracia y las tendencias autoritarias del partido y del aparato estatal, las ventajas y deficiencias de las formas existentes de gobierno autónomo y las posibilidades de su desarrollo futuro, el derecho de una minoría a continuar defendiendo sus ideas en lugar de adaptarse a las de la mayoría.

En su mayor parte, estas concepciones e ideas críticas parecían compatibles con el liberal Programa de la Liga Comunista de Yugoslavia (aceptado en el Séptimo Congreso de 1958),[5] pero en realidad chocaron

[5] El importante ensayo de este volumen, *Ciencia e ideología*, fue preparado en esta época.

con la intolerancia de los alarmados líderes del partido. La transición de la crítica del estalinismo a un análisis crítico concreto de la sociedad yugoslava produjo una ruptura casi completa de la comunicación entre los representantes del partido y los principales filósofos sociales y políticos marxistas.

De 1965 a 1967, al tiempo que mantenía un sistema político mucho más elitista y autoritario de lo que podría tolerar un sistema desarrollado de democracia participatoria, la directiva política introdujo una reforma económica que posteriormente habría de fracasar: volver a un modelo del siglo XIX de una economía de *laissez-faire,* dejar la economía yugoslava a merced de las grandes empresas extranjeras en la "libre competencia" del mercado internacional, provocar el desempleo masivo e inmensas deudas extranjeras, permitir la especulación con bienes raíces y un rápido aumento de las diferencias sociales, alentar el desarrollo de las tendencias autárquicas en las seis repúblicas existentes de la federación yugoslava ...todo lo cual constituyó después una base material para poderosos movimientos nacionalistas.

La expresión de conceptos críticos acerca de estos hechos (ellos mismos condenados más tarde por el propio partido como manifestaciones de "liberalismo" y "nacionalismo") se encontró con una creciente hostilidad por parte de la prensa del partido. Se estigmatizó a los filósofos y sociólogos críticos de "humanistas abstractos", "utopistas", "revisionistas", "anarco-liberales", "neo-izquierdistas", "neo-izquierdistas extremistas" y, finalmente, de "oposición política que aspira al poder político".

En junio de 1968, los estudiantes de la Universidad de Belgrado ocuparon todos los edificios de la Universidad durante siete días. Exigían la abolición de los privilegios burocráticos, una mayor democratización, la solución del problema del desempleo masivo, la reducción de las diferencias sociales, la reforma universitaria.

En uno de sus discursos, durante la crisis, Tito elogió a los estudiantes, aprobó todas sus exigencias y declaró que renunciaría si dejaba de hacerlas realidad.

Más tarde, cuando hubo pasado esta grave crisis política, la directiva política y el propio Tito llegaron a la conclusión de que los filósofos eran los responsables, porque a través de sus conferencias habían "corrompido a sus estudiantes", "los habían envenenado con ideas equivocadas" y habían provocado de esta manera el movimiento estudiantil. Fue disuelta la organización de partido del Departamento de Filosofía y Sociología de Belgrado. Por primera vez, Tito expresó la idea de que "debe impedirse [más corrupción] de los estudiantes por sus profesores" y que había que expulsar de la universidad a los profesores culpables.

Durante 1969 y 1972, la jefatura del Partido Central ejerció cada vez mayor presión sobre las instituciones políticas de nivel inferior, para hallar una manera de eliminar a los profesores. Pero era una tarea difícil. Yugoslavia había desarrollado una organización democrática de la educación y la cultura. Todo el poder de toma de decisiones en cuestiones de elección, reelección y ascenso de profesores universitarios estaba en manos de los consejos de la facultad: los organismos autónomos, autoadministrados, compuestos por profesores, ayudantes y los propios estudiantes. La ley universitaria recalcaba la calificación de erudición académica como único criterio de elección; no les daba a las autoridades políticas ningún derecho a intervenir.

En el periodo anterior, la política oficialmente declarada de la Liga de Comunistas (LC) establecía que las controversias teóricas debían resolverse por medio de la discusión y el libre intercambio de opiniones. Por consiguiente, la jefatura, de miras bastante democráticas, de la LC de Serbia, rechazó el uso de medidas represivas contra algunos de los principales filósofos y sociólogos del país, pero se les negó el acceso a los medios de comunicación y a las reuniones masivas, de modo que las posibilidades de circulación de sus ideas se volvieron mucho más limitadas. Sin embargo, se les permitió enseñar, viajar al extranjero, tener de 300 a 400 participantes de varios países en la Escuela de Verano de Korcula, publicar los periódicos *Praxis* y *Filosofija* y, ocasionalmente, uno o dos libros.

Se aprovechó el tiempo para plasmar un conjunto de teorías bastante avanzadas y concretas acerca del socialismo y la revolución social, la autoadministración o gobierno autónomo integral, el fenómeno de la burocracia, la humanización de la tecnología, la orientación democrática de la economía y la cultura, el problema del nacionalismo y otras cuestiones.

En el otoño de 1972, Tito expulsó al líder de la Liga de Comunistas de Serbia, Marko Nikezic y a un buen número de sus partidarios. Se los acusó de prácticas "liberales" y de oponerse a la nueva línea del partido. La característica de esta nueva línea era el retorno a un partido fuerte, disciplinado, centralizado, "monolítico" que tenía el derecho y el poder directo de controlar y administrar la realización de sus medidas políticas. Esto exigía la completa unidad ideológica, y por ende un retorno a una burda forma de adoctrinamiento ideológico y el abandono de todas las anteriores ideas avanzadas de creación de una nueva conciencia socialista mediante diálogos o luchas de opiniones y persuasión paciente.

La Facultad de Filosofía quedó en ese momento sometida a una presión intensa. Se difundieron rumores de la existencia de "enemigos" y "espías extranjeros" en el cuerpo docente; hubo amenazas de suspensión de toda futura financiación, de cerrar la facultad. Se instalaron en el edificio micrófonos ocultos, algunos de los cuales fueron descubiertos. El Comité Universitario de la Liga de Comunistas señaló a ocho profesores que debían ser despedidos. Se les recogieron los pasaportes a cinco de ellos. Se prohibieron fragmentos de algunos de sus libros recién publicados. Algunos colaboradores del periódico *Praxis* fueron detenidos y enviados a prisión.

En ese momento, muchos filósofos y sociólogos de fama internacional de Escandinavia, Estados Unidos, Alemania, Francia y otros países, escribieron cartas a Tito y a los rectores de las universidades de Belgrado y Zagreb, expresando su preocupación acerca de esas medidas represivas, y la esperanza de que fueran suspendidas en interés del futuro desarrollo libre del socialismo democrático yugoslavo. Muchas asociaciones filosóficas, departamentos de filosofía, academias, instituciones internacionales dedicadas a la defensa de los derechos humanos y las libertades civiles hicieron circular expresiones de preocupación y las enviaron a Yugoslavia.

Esta discreta manifestación de solidaridad de la comunidad intelectual internacional produjo un efecto considerable sobre las autoridades yugoslavas, que se enorgullecían de su pasada reputación internacional y que, en la presente situación económica y política exterior del país, no podían permitirse el lujo de hacer caso omiso de la opinión mundial. Decidieron esperar un poco y dar a la represión una apariencia más democrática.

Para aplastar lentamente la resistencia de la Facultad de Filosofía sin provocar demasiado a la prensa internacional se requirió una serie de pasos. Algunos fueron fáciles, otros encontraron dificultades inesperadas y otros fracasaron completamente.

Fue relativamente fácil introducir ciertos cambios importantes en la existente ley universitaria que, tal como quedó enmendada, exige que el profesor universitario no sólo tenga buenas calificaciones profesionales y morales, sino también que sea políticamente aceptable. En la actualidad, las organizaciones políticas tienen el derecho de iniciar un procedimiento para establecer si un determinado profesor universitario satisface las normas políticas.

Un tercer cambio consistió en una limitación vaga y general del principio de autoadministración. Mientras que hasta ese momento la gran mayoría de los miembros de los consejos de la facultad tenían que ser elegidos por la facultad y los propios estudiantes, ahora la ley prescribía que la composición del consejo debía ser determinada por un "acuerdo de autoadministración" entre la facultad y su fundador: el Consejo Ejecutivo Republicano (es decir, el gobierno de la República Federal determinada).

El siguiente paso fue traducir esos cambios legales en exigencias más precisas y prácticas. El plan consistió, en primer lugar, en especificar las normas políticas para ser profesor universitario, de tal manera que pudieran aplicarse para expulsar a los ocho profesores de Belgrado, a quienes anteriormente no se pudo quitar su puesto; en segundo lugar, en apremiar a la organización del partido y a la de los estudiantes a censurar a sus colegas y maestros; en tercer lugar, en obligar a la Universidad de Belgrado a aceptar un número suficiente de miembros votantes en los consejos para permitir que las autoridades políticas tuvieran el pleno control del proceso de toma de decisiones de la Facultad de Filosofía.

Estas medidas tropezaron con una fuerte resistencia. Cuando por primera vez se propuso ante la Asamblea Universitaria de junio de 1973 un texto en el que se bosquejaban las normas para la elección de profesores universitarios, la mayoría de los oradores lo objetaron enérgicamente. Consideraban que ciertos criterios eran demasiado rígidos; por ejemplo, el requisito de que un profesor universitario debía aceptar el marxismo y apoyar activamente la política de la Liga de los Comunistas en sus conferencias y en toda su actividad docente, académica y pública. Pero posteriormente, el rector de la Universidad, la mayoría de los directores y, con el tiempo, la Asamblea universitaria, sucumbieron a la presión y en el mes de noviembre aceptaron el texto de las normas.

Sólo la Facultad de Filosofía lo rechazó dando, entre otras, las siguientes razones: era anticonstitucional, porque la actual constitución garantiza la libertad del trabajo científico y la creación cultural y prohíbe todo tipo de presión sobre los individuos para que declaren qué clase de creencias tienen; era inaceptable porque la inmensa mayoría de los profesores de la Universidad de Belgrado no son marxistas y son apolíticos; era discriminatorio porque permite, por su vaguedad, toda clase de interpretaciones concebibles; y también era discriminatorio porque esas normas habían sido impuestas únicamente a la Universidad de Belgrado y no a ninguna otra universidad yugoslava.

En mayo de 1973 el comité de la Universidad de Belgrado de la Liga de los Comunistas envió una carta abierta a la organización del partido de la Facultad de Filosofía, exigiendo la expulsión de ocho profesores: Mihailo Markovic, Ljubomir Tadic, Svetozar Stojanovic, Zaga Presic, Miladin Zivotic, Dragoljub Micunovic, Nebojsa Popov y Triva Indjic. Después de una serie de reuniones, a las que asistieron gran número de altos representantes del partido, y que ejercieron fuerte presión sobre los estudiantes y los profesores para que se ajustaran a la demanda, la organización de partido de la Facultad de Filosofía rechazó, no obstante, el pedido de expulsión. Algunos de los más activos opositores fueron expulsados del partido, pero cuando la organización de partido de la facultad volvió a reunirse en noviembre, decidió, nuevamente en forma unánime, que los ocho profesores debían quedarse en la facultad. Había la plena convicción de que no puede despedirse a un profesor universitario por expresar conceptos críticos en sus escritos, sobre todo tomando en cuenta que el partido mismo repetía ahora muchas de las críticas expresadas varios años antes por esos mismos eruditos.

En noviembre de 1973, un comité de la organización estudiantil hizo un intento de obligar a los estudiantes de la Facultad de Filosofía a rebelarse contra sus profesores, amenazándolos con la posible violencia si la facultad continuaba resistiendo. Pero los estudiantes de filosofía se negaron a semejante empresa y, por el contrario, ante la sorpresa de todo el mundo, organizaron una manifestación callejera (aunque estrictamente prohibidas en años recientes y antes dispersadas violentamente por la policía). Esta vez los estudiantes protestaban contra la represión en Grecia y contra la matanza en la Universidad de Atenas. No hubo actos de violencia.

El tema decisivo durante los últimos seis meses ha sido la integración de los consejos de la facultad. Autonomía universitaria significaba que incluso en las instituciones de especial importanica social, tales como las educativas, las autoridades políticas únicamente nombraban a un reducido número de miembros de fuera. Ahora, el consejo ejecutivo (el gobierno) de la República serbia pidió que la mitad de los miembros de los consejos de la facultad fueran nombrados fuera de la universidad. Teniendo en cuenta que los estudiantes y la administración también deben estar representados en los consejos, esto les daría a los profesores y ayudantes solamente una sexta parte de los votos, y claramente remplazaría el gobierno autónomo por la administración coercitiva.

Hacia octubre, después de la resistencia inicial, el rector de la Universidad y todas las facultades, excepto la de Filosofía, sucumbieron a la presión. Se les dijo que esa nueva estructura había sido prescrita por la ley universitaria y que, por tanto, no podía ser cuestión de debate. En realidad, la ley sólo prescribía que los miembros de los consejos de las facultades tenían que ser nombrados por un "acuerdo de autoadministración" entre la facultad y su fundador (el consejo ejecutivo de la República). La Facultad de Filosofía se negó a firmar el acuerdo porque era anticonstitucional e incompatible con el principio de la administración autónoma, y porque el concepto mismo de acuerdo implica negociación. La facultad pidió a la Corte Constitucional que decidiera respecto de la legitimidad del "acuerdo" impuesto. Al mismo tiempo, la facultad elaboró una contrapropuesta. Pero no hubo ninguna negociación, y se interrumpió toda la comunicación.

Se lanzó contra la Facultad de Filosofía una campaña difamatoria a través del periódico del partido, *Komunist*, así como mediante la prensa, la radio y la televisión. La facultad fue acusada de oponerse a la introducción de la "autoadministración" en la universidad, de oponerse a la política de la Liga de los Comunistas, de tener el monopolio sobre la educación, y de oponerse a toda influencia de la "sociedad", de pedir ayuda a eruditos extranjeros, etcétera. Al mismo tiempo, la facultad fue amenazada con la expulsión de la Universidad de Belgrado, con la negativa de financiar sus futuras actividades o de emplear a sus estudiantes graduados y, finalmente, con la clausura.

Bajo la creciente presión de este tipo, el 14 de diciembre de 1973, el Consejo de la Facultad decidió autorizar a su decano a que firmara el "acuerdo de autoadministración".

Ahora, el Consejo de la Facultad tendría la mitad de sus miembros nombrados por las autoridades políticas. Por supuesto, serían cuidadosamente seleccionados entre los principales funcionarios políticos y los miembros disciplinados de la Liga de los Comunistas. Seguramente, ellos plantearían la cuestión de la destitución de los ocho profesores del Departamento de Filosofía y Sociología, pues no satisfacían las normas políticas recién aceptadas.

No obstante, tampoco ésta sería tarea fácil. De acuerdo con la ley, los ayudantes son reelegidos cada tres años, los profesores asociados y los adjuntos cada cinco años, lo cual significaba que habría que esperar que terminara ese periodo para cada candidato. Los profesores titulares no son sometidos al proceso de reelección (es decir, tienen un cargo estable), lo cual quiere decir que entre los ocho profesores, dos (Markovic y Tadic) no podían ser destituidos legalmente.

Otra importante circunstancia es que la organización de partido de la Facultad de Filosofía —cuya opinión cuenta cuando se trata de la evaluación política— nunca acordó condenar o sancionar la eliminación de algún miembro del grupo.

Un hecho importante es que los eruditos amenazados gozan de reputación considerable en la universidad y entre los demás intelectuales. La acción contra ellos ha contado con apoyo popular y, a pesar de grandes esfuerzos, el aparato de la Liga de los Comunistas no pudo encontrar a ningún famoso filósofo, sociólogo o científico político yugoslavo que los atacara.

Ahora las cuestiones importantes son: primero, si los miembros de fuera del consejo estarán o no lo suficientemente aleccionados por el gobierno para actuar de acuerdo con sus órdenes cuando se enfrenten con las víctimas en el consejo mismo; y, segundo, si algunos de los miembros internos del consejo, profesores de otros diversos departamentos de la Facultad de Filosofía, cederían a la presión y acabarían votando por la expulsión de sus colegas.

Ninguno de los dos hechos es inevitable, pero ambos son posibles. Sin una fuerte presión política, muchos miembros de fuera —como sucedió en el pasado— ni siquiera asistirían a las reuniones o serían pasivos votando, en todo caso, con el resto. Así pues, todo dependerá ahora de cuán brutal sea el esfuerzo y hasta qué extremos llegarán las autoridades políticas al presionar a los miembros del consejo. Mientras tanto, durante los últimos seis meses, varios de los ocho filósofos impugnados han sido nuevamente privados de sus pasaportes.

El grado de presión dependerá de que todo el asunto pase o no en silencio, como un pequeño episodio en una de las muchas universidades del mundo, o de que sea entendido como lo que realmente es: una de las últimas batallas por la supervivencia del pensamiento libre, crítico y progresista en el actual mundo socialista, en un país que aún está abierto al desarrollo democrático y donde éste pareció tener, hasta hace poco, todas las oportunidades de florecer.

Aquí es donde la reacción de la comunidad intelectual internacional puede desempeñar nuevamente un papel decisivo. Toda la posición política y económica de Yugoslavia la hace muy sensible a la opinión pública mundial. Mostrando interés en lo que actualmente está ocurriendo en la vida cultural yugoslava, difundiendo la información, presentando el asunto en las organizaciones internacionales, expresando preocupación y protestando en la prensa o en cartas a Tito (que, después del reciente aumento de la presión, deberían tener una forma más firme y cortante que las anteriores), los intelectuales de todas partes podrían ayudar a reducir el actual dominio ejercido por la jefatura yugoslava e inducirla a vivir más de acuerdo con su propia ideología de gobierno autónomo y democracia socialista.

Todas las medidas represivas hasta ahora no han bastado para aislar y sofocar completamente a la filosofía yugoslava. Pero esto podría muy bien suceder si el mundo culto tolerara una intensificación de la brutalidad y el temor, en un país que hasta hace poco fue una isla de esperanza para muchos.[6]

Desde la publicación de este informe general, una nueva serie de ataques oficiales se han unido a los enumerados aquí. A principios de 1974, la embajada de Yugoslavia en Nueva York hizo circular una declaración de su agregado cultural, Branko Novakovic, que repetía la mayoría de los argumentos mal informados y difamatorios de las acusaciones presentadas en contra de los filósofos por parte de las autoridades de Belgrado. El periódico en idioma inglés *Socialist Thought and Practice*, publicado en Belgrado, dedicó más de veinte páginas de su edición de marzo de 1974 a un ataque múltiple bajo el titular general de "La extrema izquierda ... En realidad la derecha", en el cual Nikola Filipovic, por ejemplo, escribe sobre los "contrarrevolucionarios pertenecientes a las filas de la intelectualidad humanista", mientras que Franc Cengle habla de "un anacronismo" que debe "extirparse para impedirle que haga mayor daño a la causa del comunismo".[7]

[6] Una versión abreviada de este artículo apareció en el periódico inglés *The New Humanist*, en marzo de 1974. El mismo periódico publicó una carta abierta al presidente Tito firmada por los profesores Ayer, Bronowski, Cranston, Crick, Darlington, Sargant Florence, Honderich, Leach, Strawson, Wells, Williams, Wollheim y Ziman. Otra carta al presidente Tito fue redactada por la Fundación Russell y reunió las firmas de muchas personas destacadas de la vida pública y académica de la Gran Bretaña.

[7] El periódico publica artículos sobre este tema de Muhamed Filipovic, Franjo Kozul, Fuad Muhic, Joco Marjanovic, Besim Ibrahimpasic y Arif Tanovic además de los mencionados. Todos ellos se destacan por su vaguedad en cuestiones esenciales. Ninguno cita directamente de las obras que critican y todos ellos se contentan con condenar de manera general en lugar de presentar cargos concretos.

El Congreso del Partido Comunista Yugoslavo, que aún esperaba reunirse en el momento de escribir esto, estaba programado para finales de mayo de 1974 y hacia la misma época se proyectaba que el presidente Tito hiciera una gira de diplomacia internacional. Antes de estos acontecimientos hubo un apaciguamiento de varias semanas de la campaña pública contra los disidentes, que podría ser temporal. Tal vez la reunión del Congreso produjera intentos por resolver finalmente estas cuestiones.[8] Mientras tanto, han estado volcándose sobre Belgrado protestas de estudiosos de todo el mundo. Si bien los editores de este libro esperan sinceramente que no sean necesarias, confían en que este volumen sirva no sólo para presentar los decisivos argumentos de los que se ocupa su autor, sino también para ofrecer la prueba, en caso de que ésta hiciera falta, de que la escuela de Belgrado es una de las mayores realizaciones del socialismo europeo y que, como tal, es propiedad de un mundo mucho más amplio que el contenido en las solas fronteras de Yugoslavia.

## I. Una nota sobre las traducciones

Puesto que los lectores contemporáneos no siempre entienden fácilmente el vocabulario técnico del pensamiento hegeliano pueden resultar útiles algunas breves notas explicativas, tomadas de la excelente traducción realizada por Martin Milligan de los *Manuscritos económico-filosóficos* de Karl Marx:[9]

"*Aufheben* (pasado: *aufhob*; participio pasado: *aufgehoben*; sustantivo: *Aufhebung*).

---

[8] Véase Jonathan Steele: "Losing Dissent", *The Guardian*, 19 de enero de 1974.

[9] Publicado en Moscú por Ediciones en Lenguas Extranjeras en 1961.

"*Aufheben* (literalmente 'levantar') tiene dos significados opuestos en el habla popular. *i)* Puede significar 'abolir', 'cancelar', 'anular', 'suprimir', etcétera. *ii)* Puede significar 'conservar'. Al valorar la palabra precisamente por este doble significado, positivo y negativo, Hegel (véase *The Logic of Hegel*, trad. Wallace, 2ª ed., p. 180) la usa para describir la acción positiva-negativa mediante la cual una categoría lógica superior o forma de la naturaleza o el espíritu, al suplantar una inferior, 'anula' y al mismo tiempo 'incorpora su verdad'. Desgraciadamente, no existe en inglés una sola palabra con ese mismo doble significado, excepto *sublate* ('cancelar'), término técnico adoptado con ese fin por algunos traductores de Hegel..."

Milligan continúa estableciendo la diferencia entre el doble sentido de la palabra, y su significado vulgar negativo. Para el primero usa la traducción "suplantar" o "trascender"; para el segundo, "abolir" o "anular",

*Entäussern* (participio pasado: *entäussert*; sustantivo: *Entäusserung*).

Los significados corrientes de *entäussern* que presenta el diccionario son "deshacerse de", "renunciar", "desechar", "vender", "enajenar" (un derecho o una propiedad). El último de éstos es el que mejor expresa el sentido en que Marx usa este término. Pues *alienate* es la única palabra en inglés que combina, más o menos de la misma manera que *entäussern*, las ideas de "perder" algo que no obstante sigue existiendo por encima o en contra de uno mismo, de algo que pasa de las propias manos a las de otra persona, como resultado de un acto de uno mismo, con la idea de "vender" algo: es decir, tanto *alienate* ("enajenar" en castellano) como *entäussern*, encierran, por lo menos en uno de sus posibles significados, la idea de una venta, la transferencia de una posesión que, simultáneamente es una renuncia. Al mismo tiempo, la palabra *entäussern*, más fuertemente que *alienate*, tiene el sentido de "hacer externo a uno mismo..."

## II. Agradecimientos

Se hacen necesarios algunos agradecimientos, puesto que este libro fue elaborado en Nottingham mientras su autor se hallaba en Yugoslavia o bien viajando por varios países. Los textos ingleses de estos ensayos fueron redactados, en su mayoría, por el propio autor, pero dos de ellos fueron traducidos por otros: Stephen Bodington realizó la traducción de *Ciencia e ideología* a partir de la versión francesa, que fue publicada originariamente en *Questions Actuelles du Socialisme*, núm. 55, octubre-diciembre de 1959. *La nueva izquierda y la revolución cultural* fue traducido del alemán por Ekkehard Koop y publicado primero en *Praxis*, Zagreb, núms. 1-2, 1971.

Algunos de los otros ensayos publicados en este libro han aparecido anteriormente en otros volúmenes o revistas "Marx y el pensamiento científico crítico" en *Praxis*, Zagreb, núms. 3-4, 1968; "Ética de una ciencia social crítica" en *International Social Sciences Journal*, volumen XXIV, núm. 4, 1972. "Determinismo social y libertad" en *Mind, Science and History*, vol. 2 de *Contemporary Philosophic Thought: The International Philosophy Year Conferences at Brockport, 1970*; "Violencia y autorrealización" fue uno de los *Essays on Socialist Humanism* publicados por los Spokesman Books en 1972. "Contradicciones en los Estados con constituciones socialistas", primero fue entregado como comunicación en el Simposio del Centenario de Bertrand Russell realizado en Linz, Austria, en septiembre de 1972 y publicado posteriormente en *Spheres of Influence in the Age of Imperialism* por los Spokesman Books en 1973; "Autoadministración y eficiencia" fue entregado como comunicación a la Conferencia de Verano de Korcula en septiembre de 1973. Finalmente, nuestro agradecimiento a Colin Stoneman y Chris Farley por el admirable trabajo que realizaron en la preparación de los textos y la lectura de las pruebas de imprenta.

KEN COATES

# I. MARX Y EL PENSAMIENTO CRÍTICO

Marx creó una teoría que es a un mismo tiempo científica y crítica. Sin embargo, en la mayoría de las interpretaciones y desarrollos posteriores de su pensamiento, una de estas dos características esenciales ha sido sistemáticamente pasada por alto. Entre quienes hablan en nombre de Marx o se consideran sus seguidores intelectuales, algunos sólo aceptan su crítica radical de la sociedad de su época, y otros hacen hincapié únicamente en su contribución al conocimiento científico positivo de las estructuras y los procesos sociales contemporáneos.

Al primer grupo pertenecen, por un lado, varios apologistas de la sociedad poscapitalista que desarrollan el marxismo como ideología; y por otro lado, aquellos humanistas de tendencia romántica que consideran que el conocimiento positivo es una forma de subordinación intelectual al sistema social dado, y que están dispuestos a aceptar sólo las ideas antropológicas del joven Marx.

Al último grupo pertenecen todos aquellos científicos que aprecian la enorme contribución de Marx a la moderna ciencia social, pero no comprenden que lo que fundamentalmente distingue el criterio de Marx del de Comte, Mill, Ricardo y otros clásicos científicos sociales, así como también del moderno positivismo, es su omnipresente crítica radical tanto de la teoría existente como de las formas existentes de la realidad.

El hecho de que la mayoría de los intérpretes contemporáneos de Marx no capten una de las novedades básicas de su doctrina, tiene sus profundísimas raíces en la atmósfera intelectual de nuestra época, y sólo puede explicarse tomando en cuenta algunas de las divisiones y polarizaciones del pensamiento teórico contemporáneo.

I

El desarrollo de la ciencia y la filosofía en el siglo XX ha sido influido, en forma decisiva, por los tres factores siguientes: *1)* el acelerado desarrollo del conocimiento científico, que ha dado origen a una nueva revolución tecnológica, caracterizada por el automatismo, el uso de inmensas fuentes nuevas de energía y nuevos métodos rigurosos de administración; *2)* el descubrimiento del "lado oscuro", irracional de la naturaleza humana por medio del psicoanálisis, las investigaciones antropológicas de las culturas primitivas, el surrealismo y otras tendencias de las artes modernas y, sobre todo, por medio de las inauditas erupciones masivas de brutalidad, desde la iniciación de la primera Guerra Mundial hasta la actualidad; *3)* el comienzo del proceso de desestructuralización de las formas existentes de la sociedad clasista y el rápido aumento de la importancia del papel desempeñado por la ideología y la política.

Como consecuencia del acelerado desarrollo tecnológico y de la creciente división del trabajo en la moderna sociedad industrial, la racionalidad de la ciencia ha ido reduciéndose gradualmente a una estrecha racionalidad tecnológica de expertos interesados únicamente en promover y trasmitir conocimiento positivo en un campo muy particular. En un esfuerzo por liberarse del dominio de la teología y la mitología, desde sus comienzos la ciencia moderna ha tendido a desprenderse de generalizaciones teóricas y juicios de valor incomprobables. Como consecuencia, se creó un vacío espiritual que, en las condiciones históricas dadas, solamente podía ocupar la fe en el poder, la fe en el éxito en todas sus diversas formas. Esta filosofía del éxito, esta obsesión por la eficacia de los medios, acompañada por una falta de interés casi total en el problema de la racionalidad y humanidad de los fines, son las características esenciales de la atmósfera espiritual de la sociedad industrial.

En el presente, ya se ha vuelto absolutamente claro que, al mismo tiempo que se acrecentaron el dominio sobre la naturaleza y la riqueza material y que el control sobre algunas fuerzas ciegas de la historia crearon nuevas oportunidades históricas para la emancipación humana, la forma material de la ciencia positiva (industria) ha descuidado muchas necesidades humanas esenciales y ha extendido las posibilidades de manipulación de los seres humanos. La penetración universal de la tecnología en todas las formas de la vida social ha sido seguida por la penetración de la rutina, la uniformidad y la falta de autenticidad. El aumento de la riqueza material no hizo más felices a los hombres; los datos sobre suicidio, alcoholismo, enfermedades mentales, delincuencia juvenil, etcétera, indican, incluso, una correlación positiva entre el grado de desarrollo tecnológico y los fenómenos patológicos sociales.

Obviamente, la ciencia positiva y la tecnología desatan procesos imprevisibles e incontrolables. El científico que no se preocupa del contexto social más general de su investigación, pierde todo control sobre el producto de su trabajo. La historia de la creación y el empleo de armas nucleares es un ejemplo estremecedor. Otro ejemplo es el abuso de la ciencia para propósitos ideológicos. La propaganda más eficaz y, por ende, la más peligrosa, no es la que se basa en falsedades obvias, sino aquella que para la justificación racional de los intereses de grupos sociales privilegiados, utiliza verdades parciales establecidas por la ciencia.

La ciencia no podría defenderse de tales abusos si estuviera atomizada, desintegrada, si fuera indiferente a los problemas de las totalidades y neutral respecto de valores humanos generales tales como la emancipación, la solidaridad humana, el desarrollo, la producción de acuerdo con las "leyes de la belleza", la desalienación, etcétera.

Sin embargo, la filosofía más influyente en la ciencia contemporánea es el positivismo, según el cual la única función de la ciencia es describir y explicar *lo que hay* y, en caso de que se conozcan, por lo menos, algunas leyes, extrapolar lo que *probablemente podría* haber. Toda evaluación de necesidades, sentimientos, ideales, normas éticas, estéticas o de otro tipo, se considera básicamente irracional e inútil desde el punto de vista científico. La única función de la ciencia, pues, es la investigación de los medios más adecuados para fines establecidos por otros. De esta manera, la ciencia pierde poder para remplazar las formas existentes de la realidad histórica y para proyectar nuevas posibilidades históricas esencialmente distintas y más humanas. Por su indiferencia de las metas o fines, sólo conduce a un desarrollo abstracto del poder y a un mejor ajuste dentro de una determinada estructura o sistema de la vida social. El sistema mismo permanece inobjetado. De modo que detrás de estas aparentes neutralidad y ausencia de orientación hacia cualquier valor, se descubre una implícita orientación conservadora. Incluso una resistencia pasiva a la reducción de la ciencia a mera servidora de la ideología y la política es aceptable para las élites gobernantes, porque el conocimiento puro, positivo, desintegrado, siempre puede ser interpretado y utilizado de alguna manera provechosa: en última instancia, la sociedad quedaría desprovista de su autoconciencia crítica.

II

El positivismo y demás variantes del intelectualismo, el conformismo y el utilitarismo filosóficos están enfrentándose, actualmente, con una fuerte oposición por parte de todos aquellos filósofos, escritores y artistas que prefieren "la lógica del corazón" a "la lógica de la razón" y que se rebelan contra la perspectiva de una vida impersonal e inauténtica, en una futura sociedad opulenta de masas. Claramente comprenden que el poder y la riqueza materiales, en sí mismos no ayudan al hombre a superar su angustia, soledad, perplejidad, hastío, desarraigo, su pobreza espiritual y afectiva. Las nuevas experiencias en la vida política, el arte moderno y la ciencia actual indican una carencia general de orden y estabilidad en el mundo y la presencia de una básica irracionalidad humana. Así pues, dichas experiencias han reforzado la sensación de que, en pos de todos los éxitos de las ciencias positivas y la tecnología, ha surgido una sociedad frágil, irracional y suicida.

Como una reacción al espíritu de la Ilustración (que en cierta medida ha sobrevivido en la forma del positivismo), una poderosa actitud anti-Ilustración está ganando terreno entre los intelectuales. El mundo no tiene sentido, no hay un esquema racional mediante el cual el individuo pueda abrigar la esperanza de dominarlo, no existe explicación causal alguna que le permita predecir el futuro. No hay determinación ni progreso en la historia; toda la historia de la civilización es sólo la historia de la enajenación y el autoengaño crecientes del hombre. La existencia humana es absurda y totalmente frágil. Enfrentado a un universo en el cual hay pura contingencia, al carecer de una estructura estable de su ser, el hombre vive una existencia sin sentido, lleno de miedo, culpa y desesperación. No hay razón para creer que el hombre sea básicamente bueno; el mal es una posibilidad permanente de su existencia.

Semejante filosofía antipositivista y anti-Ilustración [*Filosofía de la vida*] (que ha alcanzado su expresión más coherente en la *Lebensphilosophie* y en las diversas formas del existencialismo) es claramente una actitud crítica, preocupada por los problemas de la existencia humana individual. Sin embargo, este tipo de rebelión contra lo "dado" y lo "existente" tiende a ser lo más *inmediato* posible y a evitar toda intervención del conocimiento positivo y la lógica. La idea básica de esta forma evidentemente antirracionalista de la crítica es la siguiente: confiar en la ciencia empírica ya de por sí significa ser atrapado dentro de la estructura de la determinada realidad presente. Por el otro lado, puesto que ni el proceso histórico ni el ser humano tienen una estructura definida anterior a la existencia, todo conocimiento general es inútil. Nada referente al presente puede deducirse del pasado, como tampoco determinarse el futuro a partir del conocimiento del presente. Todas las posibilidades están abiertas. La libertad de proyección es ilimitada.

Esta clase de crítica rebelde romántica es totalmente impotente e inoperante. La postulada libertad absoluta es sólo libertad de pensamiento; tal como ya lo demostró Hegel en su *Fenomenología del espíritu*,\* es la imaginaria libertad de un esclavo. La auténtica crítica debe comenzar por el descubrimiento de las concretas formas prácticas de la esclavitud, el examen de las ataduras huma-

\* FCE, México, 1973.

nas y las verdaderas posibilidades prácticas de liberación. Sin este concreto estudio práctico, que exige el empleo de todo el conocimiento social pertinente y la aplicación del método científico, la crítica es sólo una forma enajenada de desenajenación.

### III

En una época histórica de fundamentales transformaciones sociales, una teoría que exprese las necesidades y los aceptables programas de acción de poderosas fuerzas sociales, se convierte en uno de los factores históricos determinantes.

La teoría de Marx ha estado desempeñando esta clase de papel revolucionario para toda la época histórica de emancipación humana del trabajo enajenado. Ha sido y todavía es, la existente base teórica para toda forma contemporánea de humanismo activo y militante.

El pensamiento crítico de Marx es la expresión más plena e, históricamente, la más desarrollada de la racionalidad humana. Contiene, en una forma dialécticamente superior, todas las características esenciales de la antigua *theoria* griega: un conocimiento racional acerca de la estructura del mundo, mediante el cual el hombre puede cambiar ese mundo y decidir su propia vida. La razón dialéctica de Hegel es ya una verdadera negación creadora de la noción griega de *ratio* y teoría: aquí, las contradicciones entre pensamiento racional, estático, y la dinámica irracional, entre la afirmación positiva y la negación abstracta, han sido invalidadas (*aufgehoben*). La teoría y el método de Marx son un decisivo paso adelante en el proceso de la totalización y concretización de la razón dialéctica: abarcan no sólo el cambio general, sino también la específica forma histórica humana del cambio: la *praxis*. La dialéctica de Marx plantea la cuestión de la racionalidad, no solamente de un individuo, sino también de la sociedad en conjunto; no sólo la racionalidad dentro de un determinado sistema cerrado, sino también de los límites mismos del sistema como totalidad; no sólo la racionalidad de la *praxis* como pensamiento, sino también de la *praxis como actividad* material, como modalidad de la vida real en el espacio y el tiempo. Únicamente hay razón dialéctica en la historia en la medida en que crea una realidad razonable o lógica.

Esta concepción teórico-práctica del hombre y de la historia humana no ha sido posteriormente desarrollada por los seguidores de Marx como totalidad, sino que sufrió una desintegración de largo alcance de sus partes componentes: varias ramas de la ciencia social, la antropología filosófica, la dialéctica, la filosofía de la historia, la concepción de la revolución proletaria y del socialismo como programa concreto de acción práctica, etcétera.

La ciencia, sin la filosofía dialéctica y humanista incorporada en su *telos*, en todos sus supuestos, criterios y métodos de investigación, sufrió, en la sociedad socialista, un proceso análogo al del capitalismo: desarrolló un conocimiento parcial, positivo, especializado, que informa acerca de lo dado pero que no intenta descubrir sus esenciales limitaciones internas para superarlas radicalmente. La relación con la filosofía siguió siendo doblemente externa: en primer lugar, porque asimila los principios del marxismo en una forma fija y acabada como algo dado, obligatorio, impuesto por autoridad, abstracto, separado del contexto, simplificado, vulgarizado; en segundo lugar, porque estos principios, exteriormente aplicados, no viven la vida de la ciencia, no están sujetos al proceso de la normal comprobación, reexaminación, revisión crítica, sino que se convierten en dogmas de una doctrina fija.

Por ello, la filosofía marxista fue convirtiéndose cada vez más en una doctrina abstracta, impotente, conservadora. Aquella parte de la doctrina que pretendía ser una *Weltanschauung* se pareció cada vez más a una aburrida, anticuada y primitiva *Naturphilosophie*, y la otra parte que, se suponía, expresaba los principios generales para la interpretación de los fenómenos sociales y la acción revolucionaria, adquirió cada vez el carácter de apología pragmática que se esperaba sirviera como base de ideología y para justificación de la política pasada y presente.

Esta temporal degeneración es consecuencia de varias circunstancias importantes:

*a)* del hecho de que la teoría de Marx se convirtió en doctrina ideológica oficial de victoriosos movimientos obreros;

*b)* del inesperado triunfo alcanzado por revoluciones precisamente en países subdesarrollados de la Europa oriental y Asia, donde, aparte de los objetivos socialistas, tienen que realizarse las tareas propias de una acumulación, industrialización y urbanización anteriormente primitivas;

*c)* de la necesidad, en semejantes condiciones, de dar prioridad al acelerado desarrollo tecnológico, al establecimiento de un sistema centralizado y a la imposición de una estructura autoritaria a todo pensamiento y comportamiento social.

Así pues, es necesario un retorno a Marx y una nueva interpretación de sus ideas, con objeto de restaurar y posteriormente desarrollar un método crítico de su pensamiento teórico.

## IV

La esencial novedad teórica y metodológica de la concepción marxista de la ciencia está constituida por las siguientes características:

*Primero,* al pasar, en el proceso de investigación de concretos fenómenos dados no analizados (tales como población, riqueza, etcétera) a universales abstractos (tales como mercancía, trabajo, dinero, capital, plusvalía, etcétera) y de éstos nuevamente (esta vez) a la analizada concreción empírico-teórica, Marx logra superar la tradicional dualidad entre el enfoque empírico y el racional (especulativo). No cabe duda de que hace grandes esfuerzos para apoyar cada una de sus afirmaciones mediante la mayor evidencia posible. Todas sus obras principales fueron precedidas por años de estudio de datos, de establecimiento de hechos. Pero, en agudo contraste con el empirismo, la ciencia de Marx no comienza con hechos brutos ni se contenta con simples generalizaciones deducidas de ellos. Su auténtica posición de partida es una visión filosófica y un cuidadoso estudio crítico de todo anterior conocimiento particular pertinente. La evidencia inicial es sólo un componente necesario del fondo contra el cual Marx construye un sistema total de conceptos científicos abstractos dotados de un impresionante poder explicativo. Esta elaboración de un nuevo aparato conceptual (nuevo no tanto en el sentido de introducir nueva terminología cuanto en el sentido de dar nuevos significados a términos ya existentes) es la parte más importante y más creadora de la obra científica de Marx.

*Segundo,* según Marx, la ciencia no debería ocuparse primordialmente de la descripción de detalles y de la explicación de fenómenos aislados, sino del estudio de estructuras totales, de situaciones sociales tomadas en su totalidad. Por ello, la nueva ciencia de Marx nada sabe acerca de tajantes divisiones en ramas y disciplinas. *El Capital* pertenece no sólo a la ciencia de la economía, sino también a la sociología, las leyes, la ciencia política, la historia y la filosofía. Sin embargo, aunque la categoría de totalidad desempeña un papel tan abrumador en la metodología de Marx, no se trata de un enfoque puramente sintético. Marx sabía que todo intento por captar totalidades en forma directa, sin intervención analítica, conduce al mito y a la ideología. Por consiguiente, un aspecto necesario de su método es el análisis de las iniciales totalidades captadas directamente en sus componentes que, en las etapas finales de la indagación deben ser nuevamente restituidos a las diversas relaciones con otros componentes y concebidos sólo como momentos dentro de una estructura compleja.

*Tercero*, algunas variantes de los aspectos contemporáneos de las formaciones sociales y del estructuralismo que prestan atención tan sólo a sus aspectos sincrónicos, son desarrollos degenerados, parciales, de ciertos momentos esenciales del método de Marx. Sin embargo, en la nueva ciencia de Marx, estos momentos son inseparables. No puede entenderse plenamente una totalidad sin tomar en cuenta su anterior desarrollo y el lugar que ocupa en la historia. Un sistema socioeconómico se convierte en una estructura significativa solamente como cristalización de las formas pasadas de la práctica humana y respecto de los futuros históricamente posibles. Por el otro lado, lo que es históricamente posible no puede ser comprendido sin tomar en cuenta características estructurales determinantes de toda la situación dada. Marx ha descubierto las fuerzas autodestructivas dentro de la estructura misma del sistema capitalista; si no hubiera establecido la ley de la disminución de la tasa promedio de la ganancia o utilidad y otras leyes de la economía capitalista, no habría podido establecer la verdadera posibilidad histórica de la desaparición de la sociedad capitalista. Pero, por el otro lado, de no haber tenido un profundo sentido de la historia, de haber enfocado a la sociedad capitalista de la misma manera ahistórica que Smith, Ricardo y otros economistas políticos burgueses —como la permanente estructura natural de la sociedad humana— difícilmente habría podido buscar y encontrar todos aquellos rasgos estructurales que por igual determinan la relativa estabilidad y la final transformación de todo el sistema.

*Cuarto*, un auténtico sentido de la historia implica un componente *crítico* no solamente respecto de todas las teorías rivales, sino también en lo referente a la sociedad examinada. La dialéctica de Marx es, esencialmente, un método de crítica y de práctica revolucionaria. Él mismo ha expresado esta característica fundamental de su método, al decir que la dialéctica despierta la ira y el horror de la burguesía, porque introduce en la comprensión positiva del estado existente *la comprensión de su negación, lo cual supone su necesaria destrucción;* porque concibe toda forma existente en su cambio o transformación, por consiguiente, como algo en *transición*; porque no permite que nada se le imponga y porque es fundamentalmente crítica y revolucionaria.[1] Este pensamiento fue expresado mucho antes en las *Tesis sobre Feuerbach*: la básica falla del materialismo tradicional fue concebir la realidad sólo como objeto, no como *praxis*. Esta praxis es crítica y revolucionaria. Así pues, el hombre no es exactamente producto de las condiciones sociales, sino ser que puede cambiar dichas condiciones. Vive en un mundo lleno de contradicciones, pero puede resolverlas y, prácticamente, eliminarlas. El principal objetivo de la crítica

[1] Marx, *El Capital*, palabras finales a la segunda edición alemana.

filosófica debe ser la "esencia real" del hombre; sin embargo, esta esencia no es algo ahistórico e inmutable, sino la totalidad de la relación social. En resumen, lo que verdaderamente importa no es la sola explicación del mundo, sino su transformación.

Lo que se debe derivar de semejantes supuestos activistas es una nueva concepción de la función de la ciencia. De acuerdo con ella, la ciencia no sólo proporciona conocimiento positivo, sino también desarrolla la autoconciencia crítica. No sólo describe y explica la situación histórica, sino que además la evalúa y muestra cómo salir de ella. No se limita a descubrir leyes y a establecer cuáles son las posibilidades y probabilidades del futuro, sino que también indica qué posibilidades corresponden mejor a ciertas necesidades humanas básicas. De esta manera, el pensamiento científico crítico no se conforma con mostrar cómo el hombre puede adaptarse mejor a las tendencias predominantes de una situación y a todo el sistema social; expresa una idea de nivel superior de racionalidad, demostrando cómo el hombre puede cambiar todo el sistema y adaptarlo a sí mismo.

Dos ejemplos deben bastar para ilustrar esta concepción de la ciencia crítica.

En sus escritos económicos, Marx examinó concienzudamente las características estructurales y funcionales de la sociedad capitalista. Lo hizo de una manera objetiva, de acuerdo con todos los requisitos del método científico de su tiempo. Pero siempre está presente un punto de vista antropológico crítico; se trata del punto de vista del hombre como "ser genérico", como un ser social racional, potencialmente libre y creador. Desde el punto de vista de lo que el hombre ya *podría ser*: cómo *podría ya vivir* en una sociedad industrializada sumamente productiva e integrada, Marx nos muestra cuán absolutamente limitado y mutilado está el hombre en un sistema en el cual queda reducido a su poder de trabajo, el cual es comprado como un objeto, no considerándosele como una energía creadora, sino meramente como una cantidad de energía que puede ser eficazmente objetivada y vendida en el mercado con una buena ganancia. El mensaje de la teoría de Marx no es que el trabajador podría adaptarse mejor a la situación exigiendo un precio más alto por su energía laboral; mientras su poder de trabajo o mano de obra sea una mera mercancía, ya recibe el equivalente del mismo. Lo que implica la teoría de Marx es que el obrero debería rechazar su posición o *status* de cosa, de mercancía, y cambiar todo el sistema social en el que su trabajo es enajenado de esa manera.

Otro ejemplo. En su crítica a la filosofía hegeliana del derecho, Marx señaló que el interés general de una comunidad humana no podía estar constituido por la concepción abstracta de un estado ideal, racional. Mientras en la "sociedad civil" haya *bellum omnium contra omnes* y cada individuo y grupo social persigan únicamente uno u otro interés particular, todavía no se ha constituido el interés general de una auténtica comunidad humana. El estado hegeliano, construido como un momento del espíritu objetivo, existe únicamente en el pensamiento abstracto. Lo que existe en la realidad es el poder político enajenado *fuera* y *por encima* de todos los otros intereses individuales y particulares. La forma de este poder político enajenado, que trata a la sociedad como el simple objeto de su actividad, es el Estado con su burocracia. Ahora bien: la explicación que da Marx de la naturaleza de la política profesional, el Estado y la burocracia, no lleva a la conclusión de que el hombre podría ser más libre si simplemente hiciera más democrático al Estado o aumentara el control sobre la burocracia. Sin despreciar la importancia temporal de semejantes modificaciones, Marx abre la perspectiva de una radical emancipación humana, suprimiendo por completo al Estado y a la burocracia política como formas de organización social. De acuerdo con Marx, esto es posible cuando la clase obrera organizada, la única clase cuyos intereses últimos coinciden con los de la humanidad en conjunto, prácticamente arrebata el monopolio económico y político de las manos de cualquier grupo social particular. De esta manera, el mundo atomizado y desintegrado de los propietarios de los bienes sería remplazado por una comunidad integrada de productores. El Estado sería sustituido por los órganos de autogobierno, es decir, por instituciones compuestas por los auténticos representantes del pueblo, elegidos por votación general libre, responsables inmediatos ante sus electores, que pueden ser remplazados por los mismos, y que no gozan de ningún privilegio por las obligaciones que desempeñan.

## V

La naturaleza de los conceptos clave de la antropología y la filosofía de la historia creados por Marx es lo que mejor demuestra el carácter de su pensamiento teórico. Estos conceptos no sólo son descriptivos y explicativos, sino también críticos y cargados de valor.

Así pues, la crítica que Marx hace del fetichismo de las mercancías en *El Capital* puede ser entendida únicamente con su supuesto de una auténtica *producción humana* en la que el hombre se afirma ante sí mismo y ante otro hombre, de una doble manera:

*a)* objetivando su individualidad y experimentando su personalidad como un poder objetivo, captable por los sentidos;

*b)* mediante una inmediata toma de conciencia de que por su actividad y por el uso de su producto se satisfaría una necesidad de otro ser humano;

*c)* actuando como intermediario entre el otro hombre y el ser humano genérico: su actividad se ha convertido en parte integrante del otro ser humano y lo ha enriquecido y complementado;

*d)* esta mediación le permite al hombre afirmarse inmediatamente y realizar su propio y auténtico ser genérico.[2] El trabajo alienado es trabajo que carece de estas cualidades.

De manera similar, los conceptos de *hombre social, necesidades humanas, historia, libertad, Estado, capital, comunismo*, etcétera, siempre implican una distinción entre lo verdadero y lo posible, entre lo fáctico y lo ideal.

*Hombre social* no es simplemente el individuo que vive junto con otros o que sencillamente se adapta a las normas establecidas de una sociedad. Esa persona puede estar muy lejos de alcanzar el nivel de ser social. Por el otro lado, es posible que alguien se sienta obligado a vivir en el aislamiento y, sin embargo, tenga todavía la profunda necesidad de la otra persona y contener en su lenguaje, pensamiento y sentimiento, todas las características esenciales del ser humano genérico.

En este sentido, Marx establece la diferencia, por ejemplo, entre el hombre que considera a la mujer como "presa y sierva del placer de la comunidad", "en quien se expresa la profunda degradación, en la que el hombre existe para sí mismo" y el hombre cuya "conducta natural se ha hecho humana" y "cuyas necesidades se han convertido en necesidades humanas". Esta "relación inmediata y necesaria más natural" demuestra hasta qué punto el hombre

---

[2] Marx-Engels, *Gesamtausgabe*, I, vol. 3, p. 546.

"es en su existencia individual al mismo tiempo un ser social".[3]

Además, la *historia* no es simplemente una serie de acontecimientos en el tiempo... presupone superar el "reino de la necesidad", y la plena emancipación del hombre. Por ello, a veces Marx llamó a la historia de nuestro tiempo "prehistoria".

*Libertad* nunca significó para Marx solamente elección entre varias posibilidades o "el derecho de hacer y realizar lo que no dañe a otros". Libertad, en el sentido marxista, es la capacidad de autodeterminación y de racionalidad que controla las fuerzas ciegas de la naturaleza y de la historia. "Toda emancipación es de restauración del mundo humano y de las relaciones de los hombres mismos."[4]

El *Estado* no es simplemente cualquier organización social que dirija procesos sociales y que cuide del orden y estabilidad de la sociedad. La característica típica del Estado, según Marx, es su carácter coercitivo como instrumento de la clase gobernante. El Estado es poder enajenado institucionalizado. Por tanto, Marx sostuvo, decididamente, la idea de que el movimiento de la clase obrera debe abolir la institución del Estado inmediatamente después de una revolución triunfante, y remplazarlo por asociaciones de obreros.

El capital no sólo es trabajo objetivado y almacenado en forma de dinero o de cualquier bien en particular. Es el trabajo o la mano de obra objetivados, que en un determinado nivel de la producción material, se apropia de la plusvalía. La forma objetiva del capital oculta y mix-

---

[3] *Manuscritos económico-filosóficos*, Erich Fromm: *Marx y su concepto del hombre*, pp. 42-43, Fondo de Cultura Económica, 4ª ed., 1970.

[4] Marx, *Acerca de la cuestión judía*.

tifica una relación social más allá de él; el objeto actúa como intermediario entre los que producen y los que gobiernan.

No cabe duda de que tanto en los primeros escritos como en los de su madurez, el concepto presentado por Marx del *comunismo*, no sólo expresa un posible estado social futuro, sino que además contiene una evaluación de esa sociedad. En los *Manuscritos económico-filosóficos* aparecen incluso tres diferentes descripciones y valoraciones: 1: "comunismo vulgar", en el cual "el dominio de la propiedad material es tan grande que tiende a destruir todo lo que no es susceptible de ser poseído por todos como propiedad privada"; 2: comunismo "*a*) todavía de naturaleza política, *b*) con la abolición del Estado. Pero todavía incompleto e influido por la propiedad privada, es decir, por la enajenación del hombre"; 3: comunismo "como abolición positiva de la propiedad privada, de la autoenajenación humana".[5] Pero aun cuando en *La ideología alemana* Marx niega que el comunismo sea "un *ideal* al cual la realidad tendrá que adaptarse", dice: "llamamos comunismo al *verdadero* movimiento que suprime el actual estado de cosas".[6] Aquí, el adjetivo "verdadero" claramente es un término de valor.

Por tanto, cualquier intento de determinar la naturaleza del pensamiento científico de Marx debe llevar a la conclusión de que es un conocimiento y al mismo tiempo una visión del futuro. Como conocimiento, es completamente distinto de la idea sostenida por toda variante de la filosofía empirista porque, entre otras cosas, para Marx nuestro proyecto de futuro determina el sentido de todas las cosas en el presente y en el pasado, y esta visión preliminar del futuro es más expresión de una rebelión

[5] Marx, *Manuscritos económico-filosóficos*.
[6] Marx, *La ideología alemana*.

que mera extrapolación de las presentes tendencias establecidas de una manera empírica. Y, sin embargo, y por muy audaz y apasionada que sea esta visión del futuro, no es meramente un sueño arbitrario o una esperanza utópica. El futuro no es una deducción lógica de la situación actual; no es el resultado de una predicción hecha de acuerdo con las normas metodológicas de la ciencia empírica, como tampoco está separado del presente y el pasado. Al principio de la investigación es una proyección relativamente *a priori* (basada más en la teoría precedente que en los datos empíricos). Pero, cuando al final de la investigación se demuestra que la visión preliminar mediante todas las pruebas disponibles acerca de las actuales tendencias es la realidad presente, entonces, *a posteriori*, esta visión del futuro se convierte en parte integrante de un conocimiento significativo.

Esta dialéctica del futuro y el presente, de lo posible y lo real, de la filosofía y de la ciencia, del valor y el hecho, del *a priori* y el *a posteriori*, de la crítica y la descripción es, tal vez, la contribución metodológica esencial de Marx a la ciencia contemporánea; contribución que ni siquiera los mismos seguidores de Marx han tomado suficientemente en cuenta.

### VI

Con objeto de aclarar y perfeccionar el argumento acerca del carácter crítico del pensamiento científico de Marx, es necesario hacer las siguientes salvedades.

1: La crítica está presente en todas las obras de Marx, en todas las etapas de su desarrollo intelectual. Establecer una tajante diferencia entre una utopía humanista de valor del joven Marx y el estructuralismo científico libre de valoración del Marx maduro, sería un grave error que estaría indicando un estudio superficial de su obra. Indudablemente, hay algunas importantes diferencias en la metodología, la riqueza y la concreción del aparato conceptual usado, en la medida en que la teoría es apoyada por la evidencia empírica. Sin embargo, la posición crítica fundamental es la misma. A menudo hay un cambio de vocabulario o una sustitución de términos específicos aplicables a la sociedad por términos susceptibles de aplicarse a la sociedad capitalista en general. Por ejemplo, lo que Marx denomina "trabajo alienado o enajenado", en sus primeros escritos (como en los *Manuscritos económico-filosóficos*), será expresado, en *El Capital*, por "el mundo de las mercancías". O, en su crítica a la *Filosofía del derecho*, de Hegel, Marx dice que "la abolición de la burocracia será posible cuando el interés general se convierta en una realidad" y "el interés particular verdaderamente se convierta en un interés general". En *El Capital* y en su análisis de la experiencia de la Comuna de París es mucho más concreto y explícito; los productores asociados suprimirán al Estado y tomarán en sus propias manos el control del intercambio con la naturaleza.

2: La crítica marxista es radical aunque no destructiva en un sentido nihilista. Sin la comprensión del concepto hegeliano de *aufheben*, difícilmente puede captarse la índole de esta crítica.\*

A pesar de las diferencias entre el método de Hegel y el de Marx, la idea de negación dialéctica contiene, al mismo tiempo, un momento de discontinuidad y un momento de continuidad: el primero, en la medida en que

---

\* Nota del editor: En sus notas sobre la terminología hegeliana, incorporadas a su traducción de los *Manuscritos económico-filosóficos*, Laurence y Wishart, 1968), Martin Milligan ha dado una cuidadosa explicación de este y otros términos hegelianos. Véase Prólogo, pp. 7 a 24.

lo dado no puede aceptarse tal como es (como la verdad en la lógica de Hegel; como la realidad humana satisfactoria en la interpretación de la historia presentada por Marx); el segundo, en la medida en que debe conservarse un componente de lo dado, como base en el desarrollo futuro; es sólo la limitación interna la que hay que superar.

En su mayoría, los marxistas no tienen una idea del todo clara respecto de la índole de la crítica marxista, lo cual no es de sorprender si se tiene en cuenta que muy pocos de ellos han tratado de interpretar a Marx dentro del contexto de la total tradición intelectual a la cual pertenece.

Sin embargo, buena parte de la comprensión errónea es de carácter ideológico. Así pues, con el objeto de desarrollar un optimismo militante o de expresar una rebelión natural contra las tendencias hacia una economía de mercado en países socialistas subdesarrollados, algunos marxistas han mostrado la tendencia a subestimar la importancia de aquellas formas de la civilización, de la democracia política, de las instituciones educativas y de bienestar, que se han desarrollado en la sociedad industrial occidental. Marx tomó en cuenta la posibilidad de semejante negación primitiva de la propiedad privada y la denominó comunismo "vulgar" e "irreflexivo", que "niega la personalidad del hombre en todas las esferas", "instituye la envidia universal y la nivelación o igualación hacia abajo", "niega, de una manera abstracta, el mundo total de la cultura y la civilización" y retrocede a una "simplicidad antinatural del individuo pobre y sin necesidades que no sólo no ha superado la propiedad privada, sino que ni siquiera la ha obtenido todavía".[7] Así pues, no puede

[7] Marx, *Manuscritos económico-filosóficos*.

quedar alguna duda de que para Marx, una auténtica negación de la sociedad de clases y del trabajo enajenado, solamente es posible a un alto nivel de desarrollo histórico.

Este tipo de negación presupone una abundancia de bienes materiales, varios esquemas civilizados de comportamiento humano (que surgen en el proceso de desaparición de la escasez) y, lo más importante de todo, presupone la existencia de un individuo que, entre otras cosas, haya superado, por lo menos, las formas elementales más burdas de la codicia por los objetos materiales.

Si bien a este respecto algunos marxistas se presentan como críticos radicales que no se dan cuenta de que ciertos rasgos del capitalismo avanzado son condiciones necesarias para todas las formas de nivel superior de la sociedad, por el otro lado, en algunos otros sentidos esenciales, pueden dar la impresión de meros reformadores que siguen perfectamente satisfechos con ciertos cambios iniciales y que demasiado pronto se muestran básicamente interesados en conservar el *statu quo*, en lugar de persistir en su papel revolucionario y de luchar por cambios estructurales mayores y más profundos.

Lo que el actual socialismo ofrece como solución práctica de los problemas fundamentales del trabajo enajenado y la alienación política está muy lejos de ser una verdadera crítica radical, una auténtica supresión de la alienación en la sociedad capitalista.

Así pues, el origen esencial de la explotación y de todos los demás aspectos de la alienación económica se halla en la regla del trabajo objetivado, almacenado, sobre la mano de obra viviente.[8] El grupo social que dispone del trabajo almacenado puede apropiarse de la plusvalía. La específica forma histórica de esta estructura, en

[8] Archivos Marx-Engels, Moscú, 1933, p. 68.

la época de Marx, era la distribución del capital sobre la base de la propiedad privada de los medios de producción; sin embargo, la propiedad privada no es la causa, sino el efecto del trabajo enajenado. La abolición de la propiedad privada de los medios de producción es sólo la abolición de una de las posibles formas específicas de la regla del trabajo muerto sobre el trabajo vivo. La estructura general perdura si existe cualquier otro grupo social tal como, por ejemplo, la burocracia, que retiene el monopolio de la toma de decisiones respecto de la distribución del trabajo acumulado y objetivado. Por tanto, tan sólo podría considerarse radical y verdaderamente revolucionaria la crítica que definitivamente pusiera fin a la explotación y que apuntara a la creación de condiciones en que los propios productores asociados dispusieran de los productos de su trabajo.

Otro ejemplo. Si el Estado como tal es, históricamente, una forma del poder político enajenado, la abolición del Estado *burgués* es solamente el paso importante en el proceso de desenajenación de la política. Este paso, de acuerdo con Marx (y con Lenin en *El Estado y la Revolución*) debe ir seguido por un periodo de transición de gradual desaparición de todo aparato estatal coercitivo. A menos que dicho aparato sea remplazado por una organización social enteramente distinta, todos los síntomas de la enajenación política, tales como apatía, desconfianza, ansia de poder, necesidad de líderes carismáticos y de racionalización ideológica, empleo de todas las técnicas disponibles para manipulación de las masas, etcétera, volverán a reproducirse.

Mientras en el hombre exista la profunda necesidad faustina de rebelarse contra toda permanente limitación históricamente determinada, en la naturaleza, en la sociedad y en él mismo, se esforzará por suprimir prácticamente dichos límites, por desarrollar más su mundo humano y su propia índole. Esta actitud activista hacia el mundo siempre necesitará del pensamiento filosófico y científico, audaz y radicalmente crítico de la realidad existente.

## II. DIALÉCTICA HEGELIANA Y MARXISTA

El CARÁCTER ambiguo de la dialéctica ha sido expresado insuperablemente por Marx en el *Postfacio* a su segunda edición de *El Capital*:

"La dialéctica mistificada llegó a ponerse de moda en Alemania, porque parecía justificar lo existente. Reducida a su forma racional, provoca la cólera y es el azote de la burguesía y de sus portavoces doctrinarios, porque en la inteligencia y explicación positiva de lo que existe abriga a la par la inteligencia de su negación, de su muerte forzosa; porque, crítica y revolucionaria por esencia, enfoca todas las formas actuales en pleno movimiento, sin omitir, por tanto, lo que tiene de perecedero y sin dejarse intimidar por nada."

La gran desventaja de la dialéctica estriba en el hecho de que demasiado frecuentemente se la ha desarrollado "en una mistificada forma apologética". Particularmente merecen mención dos ejemplos. El propio Hegel, quien ha contribuido más que ningún otro filósofo a una elaboración sistemática y explícita de la dialéctica, a un análisis crítico de toda la historia del pensamiento humano, a la afirmación de un enfoque genérico e histórico de todos los fenómenos, al mismo tiempo ha creado la apología más monumental de todos los tiempos. Una vez que su filosofía fue plasmada como la autoconciencia de la razón absoluta, de ello se desprendió que el presente era, enteramente, función del pasado y que estaba desprovisto de todo futuro verdadero. También se siguió de ello que la única racionalidad concebible de los individuos y los grupos sociales consistía en su subordinación consciente al esquema lógico del sistema hegeliano.

Otra falsificación se produjo entre aquellos seguidores de Marx que redujeron la dialéctica a un conjunto de "leyes" generales y que *a posteriori* empezaron a racionalizar todo lo que parecía irracional, simplemente sometiéndolo a esas leyes. Sin embargo, el hecho es que Marx concibió y utilizó la dialéctica como método de pensamiento crítico radical y de elaboración revolucionaria de la historia. Pero jamás estableció, explícitamente, los principios de su método. Para poder sacarlos de la estructura total de *El Capital*, los *Grundrisse* y otros escritos y utilizarlos de manera creadora, debían satisfacerse, por lo menos, tres requisitos: *1)* era necesario tener una cultura teórica equivalente a la de él y, en particular, conocer a fondo la *Lógica* y la *Fenomenología del espíritu*; *2)* era necesario estar auténticamente interesado en la "inexorable crítica de todas las condiciones existentes", inexorable en el sentido de no temer a los descubrimientos de dicha crítica y temer sólo un poco al conflicto con los poderes establecidos;[1] *3)* y era necesario ser capaz no sólo de aplicar los principios del método como reglas fijas, *a priori*, sino también de *desarrollarlos* en el proceso de su aplicación.

Resultó muy difícil satisfacer todas estas condiciones. Como consecuencia, la literatura sobre la dialéctica fue, en la mayoría de los casos, incompetente, o un mero despliegue de erudición o bien una rutinaria reproducción de ciertos esquemas ya establecidos de investigación. Muchos marxistas contemporáneos que no quieren caer en ninguna de estas categorías evitan escribir acerca de

[1] Carta de Marx a Ruge de sep. de 1843, *Writings of the Young Marx on Philosophy and Society*, Easton & Guddat, Doubleday, Nueva York, 1947, p. 212.

la dialéctica. **Pero,** a su vez, esto indica cierta impotencia de pensamiento.

No hemos agotado, con lo ya dicho, la lista de las dificultades que debemos afrontar para desarrollar la dialéctica. Aparte del tipo de "crítico", y del tipo de "apologista", entre los intelectuales contemporáneos también hay el tipo de "experto neutral", interesado solamente en el conocimiento positivo. Rechazará la "forma mística" de la dialéctica, pero también le volverá la espalda a su "forma racional". Se dará cuenta de que la crítica dialéctica marxista supone ciertos valores humanistas universales y, entonces, se negará a verse comprometido, con el objeto de conservar la "objetividad" y la "neutralidad ética" de su investigación. Pero no comprende: *1)* que todo experto aparentemente neutral acaba por servir al poder enajenado y por perseguir los valores *particulares* de éste; *2)* que el concepto mismo de objetividad no sólo implica ciertos requisitos cognoscitivos, sino también cierta cantidad de valores éticos unversales.[2] Así, el verdadero problema no radica en la capacidad de la teoría social para tolerar o rechazar supuestos valorativos, sino en la universalidad o particularidad de éstos y en su admisión de hecho o su aceptación en forma consciente y crítica.

Si de las consideraciones precedentes se desprende que la discusión de la dialéctica es una tarea significativa debe analizarse dicha tarea en las cuatro preguntas siguientes:

*1)* ¿Cuáles son los rasgos generales de la dialéctica que la diferencian de los otros métodos filosóficos?

*2)* ¿Qué novedades presentan las dialécticas de Hegel y de Marx respecto de la tradición histórica?

*3)* ¿Qué relación hay entre la dialéctica de Hegel y la de Marx?

---

[2] Véase, *infra*, Mihailo Markovic, "V. Ética de una ciencia social crítica", pp. 158 y *ss*.

*4)* ¿Cuáles son las categorías dialécticas básicas y cómo se diferencian en Hegel y en Marx?

1) Características generales que distinguen a la dialéctica

A pesar de todas las diferencias entre la filosofía de Hegel y la de Marx, ambas formas de dialéctica pueden distinguirse claramente de cualquier método filosófico.

*En primer lugar*, en su diferencia del enfoque analítico por partes; la dialéctica tiende a abarcar la totalidad a la cual pertenece un problema estudiado. De acuerdo con Hegel, sólo el todo puede ser verdadero; los momentos particulares de la totalidad únicamente pueden ser ciertos en forma parcial, incompleta. Marx, para quien la tarea de la teoría no se reduce a la mera comprensión del mundo, sino también abarca la transformación del mismo, considera que hacer historia implica cambios radicales y que solamente los cambios de todo un sistema —de la totalidad de las condiciones en las cuales el hombre está condenado a vivir— pueden considerarse radicales.

*En segundo lugar*, en su diferencia del enfoque sincrónico, estático, predominantemente estructural; la dialéctica hace fuerte hincapié en las dimensiones históricas dinámicas, diacrónicas de los fenómenos. Según Hegel, la historia del conocimiento, del espíritu, no es algo externo, prescindible, distinto de su forma actual. El orden de los periodos históricos es igual al orden de los momentos particulares de un sistema actual determinado. Por consiguiente, el estudio de la historia de un objeto es el estudio del objeto mismo. El hincapié es distinto en Marx, pero la oposición a una forma estática de pensamiento es aún más fuerte. El estudio de la génesis de un objeto no sólo nos permite comprender su actual estructura lógica, sino que además arroja luz sobre la cuestión de su futuro, y contribuye a nuestra comprensión de las posibilidades de su transformación posterior.

*En tercer lugar*, en su diferencia de los métodos filosóficos que nos orientan a explicar los fenómenos, primordial o exclusivamente, por medio de factores heterogéneos externos, objetivos; tanto en Hegel como en Marx, las explicaciones dialécticas del mecanismo del cambio tienden a señalar la importancia decisiva de la autonomía, del automovimiento, de la autodeterminación. Esto se desprende del hecho de que ni Hegel ni Marx se ocuparon nunca de los procesos puramente objetivos, esclusivamente materiales. Devenir es, de acuerdo con Hegel, una actividad del libre pensamiento, y puesto que tiene un carácter objetivo, independiente de la conciencia humana, tiene lugar dentro de un Sujeto que lo abarca todo, un Yo absoluto que nunca necesita de ningún estímulo exterior para empezar a desarrollarse y continuar haciéndolo. Según la teoría social de Marx, muchos procesos sociales en realidad toman una forma deificada y están gobernados por leyes que son fuerzas ciegas, externas, independientes de la voluntad humana. No obstante, dichos procesos no son específicos para la historia humana, ya que imitan el curso de los sucesos de la naturaleza. La actividad característicamente humana requiere autodeterminación.

*En cuarto lugar*, en su diferencia de los métodos filosóficos que recalcan el conocimiento *positivo*, la adquisición de una captación fidedigna de una realidad *dada*; la dialéctica es un método de razonamiento crítico que señala las limitaciones esenciales de lo dado y las posibilidades de superarlas.

En Hegel la crítica se ocupa de conceptos: revela que cada uno de ellos tiene un contenido limitado y que únicamente representa una verdad parcial. Así pues, cada categoría supone su propia negación y el surgimiento de un nuevo concepto, más rico y más concreto. Siendo determinado este nuevo concepto, a su vez es también limitado y debe ser trascendido. "De esta manera —dice Hegel en la Introducción a su *Ciencia de la lógica*— debe construirse y completarse un sistema de conceptos en el curso de un movimiento puro, incesante, libre de toda interferencia exterior."

En Marx, la crítica se ocupa de las formas de vida social: pone al descubierto el engaño de las estructuras económicas, las instituciones políticas, las superestructuras ideológicas que impiden el desarrollo futuro; muestra la forma práctica de trascenderlas.

### 2) La novedad esencial de la dialéctica de Hegel y la de Marx

Durante la historia de la filosofía, el término "dialéctica" fue aplicado en varios sentidos diferentes. Cada una de estas ideas diversas, no relacionadas, halla su lugar dentro de la concepción de Hegel. Entre ellas son de gran importancia las siguientes:

*a)* La idea heracliteana del mundo como fuego eterno, que se ha creado a sí mismo, que se enciende y se apaga con regularidad, un flujo que supone una lucha eterna, con el surgimiento y la desaparición de todas las cosas. Esta visión dinámica del universo constituye la base ontológica de la dialéctica de Hegel.

*b)* El método de Zenón, de refutación de las opiniones de su opositor derivando conclusiones contradictorias de dichas ideas. Un ejemplo posterior de esta dialéctica negativa fue la demostración de Kant de que la aplicación de las categorías de la razón más allá de los límites de los fenómenos y la experiencia posible, conduce a paradojas.

*c)* El arte de discutir (*dialektike techné*) y llegar a la verdad a través del examen crítico de razones presentadas por ideas opuestas.

*d)* Un método de clasificación y definición de conceptos generales, consistente en sentar alguna forma general de aquello que es el objeto de la indagación, y luego erigir los conceptos de una buena cantidad de especies intermedias entre una forma general y muchos de sus ejemplos particulares. Este método presupone una crítica de conceptos confusos y perogrulladas del sentido común.

*e)* Puesto que, según Platón, las formas generales (ideas) constituyen un reino eterno e inteligible, al cual el alma humana inmortal también perteneció en el pasado, todo aprender es recordar, reconstruir un orden ideal precedente. Esta idea de la transición de lo potencial a lo auténtico, de la construcción del conocimiento como formulación explícita de lo que ya está allí, implícitamente, es de gran importancia en la filosofía de Hegel.

*f)* La concepción aristotélica de la dialéctica como razonamiento que empieza sólo con premisas probables (en lugar de indubitables), es inherente a la concepción hegeliana de una lógica no formal que trabaja con pensamientos incompletamente verdaderos.

*g)* El principio de *coincidentia oppositorum* (unidad de los opuestos) en la filosofía de Nicolás de Cusa.

*h)* La intuición de Jacob Boehme de que algo puede ser conocido únicamente a través del contraste con su opuesto: luz y oscuridad, benevolencia y cólera, lo divino y lo diabólico, etcétera.

*i)* La idea de Spinoza da una sustancia que es *causa sui*, es decir, autodeterminada. También la idea de que toda determinación implica una negación.

*j)* El método de Fichte de erigir toda una filosofía a partir de un solo principio postulado, conciencia de un Yo (*Ich*) procediendo luego en pruebas de tesis, antítesis y síntesis (o sea, una afirmación simple y su negación abstracta formando un todo en el que ambos son mediatizados).

*k)* La idea de Schelling de una totalidad universal que une todos los opuestos: en la naturaleza, en el conocimiento y en la actividad (artística) humana.

Estas ideas dialécticas evidentemente tienen sólo carácter parcial; se refieren únicamente a algunos procedimientos particulares de indagación o a algunas características especiales del ser. Todas ellas han sido incorporadas al monumental concepto hegeliano de la dialéctica como auténtica índole del proceso del mundo.

En manos de Hegel, la dialéctica se ha convertido en un *sistema universal que todo lo abarca*: en este sistema se le ha dado un lugar a toda idea filosófica precedente que tuviera valor, considerándosela como una etapa particular de la evolución, como un momento de la verdad, conceptualmente relacionado con todos los demás momentos, siendo, o bien resultado necesario de otros o una de las condiciones necesarias para el surgimiento de aquellas otras ideas.

De esta manera, la dialéctica se convierte en ciencia, que en la terminología de Hegel significa un conocimiento universal y autodesarrollado del proceso del mundo en su necesidad inherente. La idea hegeliana de la ciencia abarca tanto el momento especulativo (por cuanto trasciende los límites del conocimiento empírico) como el momento positivo (por cuanto constituye una verdadera enciclopedia del conocimiento de los hechos reales de su tiempo). Así concebida, la dialéctica es una gran síntesis; tiende a resolver muchos de los conflictos básicos tradicionales y a salvar muchas brechas en el pensamiento de los predecesores de Hegel. Objeto y sujeto, materia y espíritu, existencia y pensamiento dejan de considerarse entidades *separadas*. La sustancia del mundo es el espíritu, sujeto trascendente que por sí solo se mueve en completa libertad, pero que precisamente de esta manera realiza la necesidad interna de su *an sich*, de su inherente *telos*. De modo que por primera vez se vuelve posible un monismo dinámico, activista. Después de siglos de estructuralismo estático (desde Platón) y de historicismo descriptivo (desde Tucídides), Hegel logró este gran avance intelectual, al demostrar cómo todos los rasgos estructurales son variables y todos los procesos históricos, estructurados. Pareció que la filosofía pura se había completado. Sin embargo, a poco más de una década de la muerte de Hegel, la idea misma de la filosofía pura fue desafiada radicalmente. Marx ha demostrado que esta idea presuponía dicotomías intolerables entre pensamiento y acción, teoría y práctica, vida de la razón y racionalidad de la vida real. Como consecuencia, muchos conflictos tradicionales se resolvían solamente en la conciencia humana.

La novedad esencial de la dialéctica de Marx es su orientación práctico-crítica. En Hegel, el hombre quedaba reducido a conciencia de sí mismo, pero aquí es concebido como un ser de *praxis*, de actividad libre, creadora, sensoria, capaz de transformar físicamente el mundo, de acuerdo con proyectos humanos. La realidad *histórica, creada por el hombre,* será la materia de toda investigasión significativa y de toda teoría. En Hegel, la historia tuvo lugar sólo en el pasado. En Marx, la historia es la incesante producción, tanto de los circum-ambientes humanos como del hombre mismo.

En consecuencia, la idea de la crítica es mucho más concreta, radical y pertinente a la vida. En Hegel, la crítica es puramente espiritual, vuelta hacia el pasado; reducida al descubrimiento de las limitaciones internas que tienen los conceptos subyacentes a la estructura del mundo. Marx señaló[3] que, como toda la crítica ocurre en el pensamiento puro, sus resultados serán únicamente conocimiento: identificación de la propia conciencia con la estructura inicial del Espíritu Objetivo. Por el otro lado, la finalidad de la crítica de Marx es resolver contradicciones y trascender las formas existentes de enajenación en la concreta realidad histórica, y no meramente en pensamiento.

### 3) Relación entre la dialéctica de Hegel y la de Marx

En la filosofía contemporánea coexisten dos tendencias: la que trata de reducir al mínimo las diferencias entre Hegel y Marx y la que procura exagerarlas.

Al primer grupo pertenecen: el intento de Marcuse (en *Reason and Revolution*)\* de leer a Hegel de una manera marxista; la interpretación que hace Bloch de Marx como pensador básicamente hegeliano, y una predisposición muy difundida a reducir la diferencia entre Hegel y Marx al solo punto de partida filosófico (idealismo *versus* materialismo).

---

[3] Marx, *Economic and Philosophical Manuscripts*, "Critique of Hegel's Dialectic and Philosophy in General" (*Writings of the Young Marx on Philosophy and Society*, Easton & Guddat, Nueva York, 1967, pp. 319-324).

\* Herbert Marcuse, *Razón y revolución*, Alianza, España, 1972.

Marcuse fue llevado a exagerar el aspecto revolucionario de la obra de Hegel, por la índole misma de su tarea, por la naturaleza misma de la pregunta que formuló. Ya en una anterior obra[4] sobre Hegel, Marcuse formuló una pregunta, cuya respuesta arroja una luz parcial sobre lo que realmente es progresista en la filosofía de Hegel: la historicidad de su pensamiento. La tesis de Marcuse era que la ontología de Hegel se basaba en la noción de *vida*. Pero ésta y el mundo producido por la vida es histórico: es así como en Hegel la vida se convierte en *Espíritu*. La idea de Espíritu se acerca a Marx en la medida en que, bajo la influencia de Dilthey, Marcuse tiende a identificar al ser espiritual con el proceso histórico de la conciencia de sí mismo. Por consiguiente, concluye su obra con la frase de Dilthey "Der Geist ist aber ein Geschichtliches Wesen".[5]

*Razón y revolución* fue escrito nueve años después, con el propósito de revivir "una facultad mental que está en peligro de extinguirse: la capacidad del pensamiento negativo".[6] En este contexto, no había mucha necesidad de discutir las dimensiones más conservadoras de la filosofía de Hegel y, por tanto, en general, Hegel suena muy parecido a Marx. El idealismo trascendental se evapora y llegamos a leer que, de acuerdo con Hegel, "el verdadero yo no reside fuera de este mundo, sino que existe solamente en el proceso dialéctico que lo perpetúa. Ninguna meta final existe fuera de este proceso que podría marcar una salvación del mundo".[7] "La ley universal de la

---

[4] Marcuse, *Hegel's Antologie und die Grundlegung enier Theorie der Geschichtkeit* (Vittorio Klostermann Verlag, Frankfurt am Main, 1932).

[5] "Pero el Espíritu es un ser histórico", *op. cit.*, p. 367.

[6] *Reason and Revolution*, Beacon Press, Boston, 1968, p. vii.

[7] *Ibid.*, p. 167.

historia no es, según la formulación de Hegel, el simple avance hacia la libertad, sino progreso en la auto-conciencia de la libertad." "Un conjunto de tendencias históricas se convierte en una ley únicamente si el hombre comprende y actúa conforme a ellas"... Los auténticos sujetos de la historia son aquellos individuos cuyos actos "surgen de intereses personales, pero, en su caso, éstos se vuelven idénticos al interés universal, el cual trasciende en mucho el interés de cualquier grupo particular: ellos son los que forjan y administran el progreso de la historia." [8]

No es fácil ver cómo puede hacerse coincidir esta interpretación con el supuesto básico hegeliano del *Espíritu Absoluto*, que es eterno e inmutable, que reside, precisamente, fuera de este mundo humano; que permite la libertad sólo dentro del marco de su estructura lógica; cuyas categorías son lógica e históricamente anteriores a todo interés humano individual o universal.

Por otro lado, Ernst Bloch en ocasiones interpreta a Marx a la manera hegeliana. La última sección "Dialéctica y esperanza" de su libro *Subjekt-Objekt*[9] puede tomarse como ilustración. Allí, Bloch nos invita a la acción pero no meramente negativa, o sea a un golpe de Estado, por ejemplo, o a una espontaneidad abstracta, sino a "una liberación de aquello que ya está allí, que ha llegado". De una manera típicamente hegeliana, caracteriza a esta clase de actividad como "un retorno a la tierra natal, en la que serán abolidas todas las Insignificancias, toda la Nada del mundo y suprimidos todos los obstáculos que impiden el acercamiento a la Totalidad". Luego dice que "*el descubrimiento del futuro en el pasado* es la

[8] *Ibid.*, pp. 231-232.
[9] *Subjekt-Objekt*, Erläuterungen zu Hegel, Aufbau Verlag, Berlín, 1952.

filosofía de la historia, por consiguiente, la historia de la filosofía"... "Lo real puede volverse racional y lo racional puede comprenderse"... ésta es la fenomenología de la verdadera actividad..., etcétera.[10] Muchos pasajes de Bloch y algunos de Lukacs[11] son ejemplos de un estilo hegeliano escatológico de interpretación de la historia, que le pone un final definitivo a la historia y que concibe este final como un esquema racional *a priori* que, de alguna manera misteriosa, existe "en sí" antes de volverse real.

Otra solución muy simplista del problema es la concepción de que las dialécticas de Hegel y de Marx tienen el mismo contenido pero expresado en dos lenguajes filosóficos diferentes: idealista y materialista. El propio Marx es en parte responsable de esta concepción, por ejemplo, por haber dicho, en el prefacio de 1873 a la segunda edición de *El Capital*: "Lo que ocurre es que la dialéctica aparece en él [Hegel] invertida, puesta de cabeza. No hay más que darle la vuelta, mejor dicho ponerla en pie, y en seguida se descubre bajo la corteza mística la semilla racional".[12]

Por las palabras anteriores se tiene la impresión de que no hay diferencias estructurales entre ambas formas de dialéctica y de que simplemente volver a "poner en pie" la dialéctica de Hegel basta para producir la de Marx. Ésta es, por cierto, la manera como procedió Engels en su obra sobre la "dialéctica de la naturaleza". En uno de los fragmentos más importantes, titulado "Dialéctica", escrito probablemente alrededor de 1879, Engels enumeró tres "leyes de dialéctica" básicas: *1)* la ley de la transición de la cantidad a la calidad. *2)* la ley de la

[10] *Op. cit.*, capítulo xxiv.
[11] Lukacs, *History and Class-consciousness*.
[12] Marx, *Capital*, Londres, J. M. Dent & Sons, 1933.

unidad de los opuestos, *3)* la ley de la negación de la negación. Le atribuye a Hegel el desarrollo de estas tres leyes, "pero en su forma idealista, exclusivamente como leyes del pensamiento". Según Engels, dichas leyes deben derivarse de la naturaleza y la historia. Por tanto, dando varios ejemplos tomados de la mecánica, la biología y la química, se aplica a la demostración de que son verdaderas leyes del desarrollo de la naturaleza.[13] En el siglo pasado, este enfoque fue adoptado por la mayoría de los "materialistas dialécticos", quienes casi nunca advirtieron que el método que habían desarrollado no tenía mucho en común con la dialéctica de Hegel ni con la de Marx. Sobre todo, dos características hacen de esta "lectura materialista de la dialéctica hegeliana" algo completamente distinto del método de *El Capital* y la acercan por igual al materialismo pre-marxista y al positivismo posterior: *primero*, la idea de "las leyes" —de la naturaleza— *en sí mismas*; *segundo*, la idea de la dialéctica como un cuerpo de *conocimiento* totalmente general que se refiere a algo meramente *dado*, y cuya verdad puede establecerse simplemente reuniendo los hechos compatibles con ese conocimiento. Ciertamente Marx no negó la existencia de la naturaleza "en sí misma", pero ya en sus *Tesis sobre Feuerbach* de fecha tan temprana como 1845, llegó a la conclusión de que fue el error (de todo el materialismo existente hasta ese momento) concebir la realidad independientemente de la "actividad o práctica sensorial humana".[14] En consecuencia, la dialéctica no se preocupa de cuántas cosas *hay*, sino de cómo las cosas pueden ser *producidas, remplazadas y desarrolladas más* por el hom-

---

[13] F. Engels, *Dialectics of Nature*, Moscú, Ediciones en Lenguas Extranjeras, 1954.
[14] Marx, Engels, *Obras Escogidas* II, Moscú, Ediciones en Lenguas Extranjeras, p. 426.

bre. La dialéctica no es mero conocimiento, una "metodología", sino una crítica tanto del conocimiento como de la realidad.

Aquellos seguidores dogmáticos de Marx que precisamente necesitaban lo primero y no lo segundo, comprendieron la ventaja de separar completamente de Hegel sus propias versiones de la dialéctica. Así pues, bajo el régimen de Stalin, surgió el concepto de que las dialécticas hegeliana y marxista nada tenían en común: toda la filosofía clásica alemana no fue otra cosa que "una reacción aristocrática a la revolución francesa". Según el ministro adjunto de educación superior de Stalin, Svetlov, la dialéctica hegeliana era una simple "manipulación erudita de categorías puras".[15] Esto equivalía, evidentemente, a un total rechazo del tratamiento filosófico de Lenin quien, en uno de sus últimos artículos ("Sobre la importancia de un marxismo militante", 1922), aconsejaba a todos los colaboradores del nuevo periódico *Bajo la Bandera del Marxismo* emprender un estudio sistemático de la dialéctica de Hegel desde un punto de vista materialista y formar, desde su periódico, una especie de club de "los amigos materialistas de la dialéctica de Hegel".[16]

Un intento más reciente y mucho más sutil de interpretar las dialécticas hegeliana y marxista como completamente distintas, es el que ha llevado a cabo el estructu-

---

[15] "Voprosy filosofii", Moscú, 1947, núm. 1, p. 60. Este primer número de la famosa publicación filosófica soviética contiene toda la discusión acerca del tercer volumen de la *Historia de la filosofía* de Alexandrov.

[16] Lenin, *Marx, Engels, Marxism*, Moscú, 1946, p. 483. En 1914, Lenin escribió: "No se puede entender cabalmente *El Capital* de Marx y, en particular, su primer capítulo, sin estudiar y comprender toda la *Lógica* de Hegel. En consecuencia, ningún marxista ha comprendido a Marx en el pasado medio siglo." Lenin, *Filosofskie Tetredi*, Moscú, 1947, p. 154.

ralismo marxista de Louis Althusser. En su libro *For Marx*,* ha subrayado la diferencia entre los problemas tratados, en los campos ideológicos correspondientes y en las estructuras sociales reflejadas en estas dos formas de dialéctica.

De este modo llega a la conclusión de que tienen estructuras absolutamente distintas. Como categorías hegelianas típicas, presenta: la negación, la negación de la negación, la unidad de los opuestos, la trascendencia (*Aufhebung*), la transición de la cantidad a la calidad, la contradicción, etcétera. Dicho autor sostiene que estas categorías no aparecen en Marx o tienen diferentes significados. Por tanto, Althusser dice que Marx no "pone en pie" la dialéctica de Hegel ni tampoco la trasciende en el sentido hegeliano de *Aufhebung*; la desmistifica, literalmente la elimina, destruye la ilusión contenida en ella y la vuelve a la realidad.[17]

El elemento de verdad en la posición de Althusser estriba en el hecho de que las dos dialécticas *son* estructuralmente diferentes y en que sus categorías básicas *no* tienen el mismo significado. También es cierto que han sido creadas como respuesta a diferentes necesidades sociales y culturales, como instrumentos intelectuales de distintas aspiraciones históricas.

Pero esto no excluye un elemento de continuidad entre ambas. Las ideas no solamente están determinadas por las condiciones sociales de su época, sino *también* por ideas anteriores, o por ideas transferidas de distintos campos ideológicos y diferentes contextos socioeconómicos. Negar esto significa adherirse tercamente a una interpretación muy vulgarizada de la "concepción materialista de la

* *Por Marx*, Althusser, L., Garbí, España, 1969.
[17] Louis Althusser, *Pour Marx*, F. Maspero, París, 1965, caps. II y III.

historia" de Marx (el modelo "superestructura de base") y no dar una explicación adecuada de los desarrollos ideológicos del siglo XX.[18] En los fundamentos teóricos mismos de la posición de Althusser hay ideas que indudablemente no son meros reflejos de las condiciones sociales y económicas de la Francia de su tiempo, sino que han sido tomadas por varios autores en diversas épocas. Algunas de ellas no sólo son antihegelianas, sino también antimarxistas. Son, por ejemplo, la concepción de un todo como una *Gestalt* aislada más bien que como una fase de la historia, una idea superestática de estructura, la idea de Bachelard de una brecha epistemológica o "coupure epistemologique" y la idea de negación como una "destrucción de la ilusión y un retorno a la realidad".

Por el otro lado, un estudio más detallado de los conceptos dialécticos básicos del marxismo en la siguiente sección demostrará que simplemente no es cierto que "en las obras del Marx maduro no hay más que un leve rastro de categorías específicamente hegelianas".

Contrariamente a todos estos autores que subrayan unilateralmente ya sea la continuidad o la discontinuidad entre las nociones básicas de las dialécticas de Hegel y de Marx, yo trataré de demostrar, de la manera más concreta posible, cómo en realidad la segunda trasciende a la primera.

### 4) Nociones básicas de la dialéctica hegeliana y de la marxista

Tanto a Hegel como a Marx les preocupaba el problema de la racionalidad del mundo y la forma como surge di-

---

[18] El marxismo soviético, chino y yugoslavo sería inconcebible si se lo considerara aislado de la historia del pensamiento socialista de países más desarrollados.

cha racionalidad. Ambos suponen que había un potencial para esta racionalidad, que en la historia pasada siempre ha habido una discrepancia entre este potencial y la existencia real del mundo. Ambos denominan a esta situación estado de enajenación, un estado en el cual una entidad dada (ya se trate del *Espíritu Absoluto* o *del proletariado*) deja de ser lo que podría ser, en el cual no es "para sí misma" y "para los demás" lo que realmente es "en sí misma", es decir, una posibilidad que aún no es consciente de sí misma. Toda la historia es, pues, un proceso de autorrealización, y ello en un doble sentido: primero, porque había desde el principio un "ser o yo" potencial que debe materializarse o realizarse; segundo, porque no habrá necesidad de que ningún factor externo explique el movimiento: una y otra vez será puesto en marcha por las contradicciones internas que surgen de las condiciones limitadas de cada forma existente.

Éste es el esquema más general del proceso dialéctico común a ambos pensadores. Todas las diferencias provienen del hecho de que formularon clases totalmente diferentes de preguntas básicas y de que sus supuestos filosóficos fueron también absolutamente distintos.

La pregunta de Hegel fue: ¿Cuál es la estructura *racional* del universo y cómo llega a revelarlo la *conciencia*? Sus supuestos básicos eran:

*1)* El universo es la objetivación de una Razón Absoluta.

*2)* Una conciencia humana plenamente desarrollada es idéntica a esta Razón Absoluta. Pero recorre un largo camino antes de alcanzar esta etapa; es completamente pobre y abstracta en el principio mismo (en la etapa de "certeza sensible")[19] y muy rica y concreta al final (en

---

[19] G. W. Hegel. *Fenomenología del espíritu*, FCE, cap. I.

el plano del "Saber Absoluto").[20] También puede describirse este proceso como el avance del Espíritu Absoluto hacia su propia autoconciencia.

*3)* La conciencia humana ha alcanzado el conocimiento absoluto en la ciencia filosófica del propio Hegel.

La pregunta básica de Marx era: ¿Qué es *irracional* en el mundo dado y cómo puede cambiarse mediante la *praxis* humana? Sus supuestos fundamentales fueron:

*1)* El mundo es un ser histórico, es decir, el producto de la acción del hombre sobre medios naturales precedentes.

*2)* El hombre posee ciertas potenciales capacidades y disposiciones para la acción específicamente humanas. El progreso histórico está constituido por una transición de un estado en que dichas capacidades y disposiciones han sido frustradas e impedidas, hacia estados en los cuales serán más plenamente realizadas pasando de la enajenación a la praxis.

*3)* No hay límite para este proceso. La abolición de las formas existentes de alienación constituye únicamente el final de la actual época histórica (de "prehistoria", de "sociedad de clases") y el comienzo de la verdadera historia.

Esta diferencia en la orientación y en los supuestos filosóficos básicos, afectará profundamente todas las categorías dialécticas fundamentales en Hegel y en Marx, tales como: totalidad, intervención, autodesarrollo y trascendencia (*Aufhebung*).

*1)* En la dialéctica hegeliana, la *Totalidad* es una entidad universal eterna que abarca todas las formas particulares de la realidad y etapas del desarrollo y en relación con la cual todo acontecimiento individual adquiere

[20] *Ibid.*

su significación.[21] Para Marx, la totalidad es la historia humana, dentro de la cual hay totalidades más particulares, tales como: la situación histórica en una época determinada, una forma definida de producción, el conjunto de las relaciones sociales en un momento histórico, etcétera. En ambos casos, el principio sostiene: "Lo verdadero es el todo." En ambos casos, un estudio de un mero detalle, de un fragmento, de un aspecto parcial solamente puede tener valor como una fase de la investigación y debería considerarse como un producto intelectual incompleto que requiere su integración dentro de un sistema más amplio. En ambos casos, un estrecho horizonte teórico, un enfoque sistemáticamente parcial de un problema, un limitado punto de vista regional, nacional, racial, religioso, clasista, de una época determinada, producen resultados que deben superarse desde una perspectiva universal. Hasta ahora, claramente hay un momento de continuidad entre las dialécticas hegeliana y marxista. Pero las diferencias que se analizan a continuación son muy esenciales.

La totalidad hegeliana es *espiritual* y lo es en un doble sentido: primero, como un *espíritu del Mundo* (*Weltgeist*) que es "en sí mismo", aún no consciente de sí mismo, todavía no conocido por el hombre; segundo, como la *Idea*, la *Autoconciencia* que ha alcanzado el nivel del *Conocimiento Absoluto*. El primero es totalmente místico desde el punto de vista de Marx y debe considerarse un redundante sustituto filosófico de "Dios" (la expresión que precisamente Hegel utiliza como sinónimo de "Espíritu Universal" o "Razón" o "Pensamiento" o "Noción").

---

[21] "Debemos tener una idea general de la índole y propósitos del todo para saber qué debemos buscar. El elevado valor del detalle estriba en su relación con el todo." (*Hegel's Lectures on the History of Philosophy*, Introducción, Londres, 1892.)

Para Marx nada hay de espiritual en el mundo anterior a la aparición del hombre y fuera de la conciencia humana. La única estructura anterior y dada en sí misma es la Naturaleza. Pero del reconocimiento de cierta desconocida regularidad de los procesos naturales no se desprende, como consecuencia, que dicha regularidad sea la manifestación de alguna Razón Sobrehumana *a priori* ni tampoco que esta regularidad ya contenga todas las futuras posibilidades del mundo.

La totalidad al final de la historia, la Idea, puede concebirse como un producto de la cultura humana, como una autoconciencia humana plenamente desarrollada. Desde el punto de vista de Marx, la totalidad en este sentido es menos oscura pero igualmente irreal. La conciencia humana está creciendo permanentemente, es creadora y está abierta a todas las novedades verdaderas. No se trata simplemente de la identificación con alguna estructura precedente que no puede avanzar más allá de cierto punto en la historia.

En la medida en que se reduce a la historia humana, el concepto marxista de totalidad es más estrecho, pero es mucho más amplio por cuanto abarca no sólo la dimensión espiritual de una situación histórica (su cultura, su conciencia, su racionalización ideológica), sino también sus dimensiones más fundamentales y más objetivas (sus fuerzas productivas, las relaciones de la producción, las instituciones políticas, las leyes, los esquemas de la vida social cotidiana).

Las nociones hegeliana y marxista de la totalidad difieren también en el hecho de que la primera es absoluta, inmutable,[22] y sistemática, mientras que la segun-

---

[22] Ningún filósofo antes de Hegel ha afirmado tanto la idea del desarrollo ni reunido tan inmensa cantidad de material sobre la historia de la ciencia, la filosofía, el arte y la religión. Y sin

da no tiene ninguna de estas características. En lugar de referirnos a una entidad fija, deberíamos más bien hablar de un proceso de *totalización* que tiene lugar toda vez que un ser humano auténticamente racional intenta resolver un problema. Este proceso de totalización comprende tres momentos esenciales:

*a)* el *ontológico*: abarcar una estructura de todos los fenómenos objetivos pertinentes; dejar de lado todas las fronteras de la división profesional del trabajo, todo consuetudinario límite político o cultural.

*b)* el *epistemológico*: tomar en cuenta un cuerpo de conocimiento *a priori* acerca de esta estructura. Ese *a priori* es un *a posteriori* respecto de la historia intelectual precedente; no es trascendental o fijo y se lo puede someter a prueba y remplazar a lo largo del proceso de investigación.

*c)* el *axiológico*: hacer consciente la fundamental necesidad práctica de la investigación. En el proceso de totalización, las necesidades e intereses personales tienen que subordinarse a la finalidad universal de autorrealización humana, y la actividad humana debe llevarse al plano de la *praxis*.

2) *Mediación*. Lo que hace posible la totalidad en ambas dialécticas, la hegeliana y la marxista, es la mediación. El método analítico y al mismo tiempo fenomenológico implica el supuesto de que, a través de cierto procedimiento de reducción (*epojé* en Husserl, traducido a un lenguaje más preciso en Russell, Wittgenstein en sus obras tempranas o Carnap), se podría llegar a las entidades *inmediatamente dadas* (esencias —*eidos*— en Husserl, átomos de experiencia —datos sensibles— en los

embargo, ese mismo filósofo creía que la Razón Universal es inmutable, eterna y fuera del tiempo. Ésta es una de las mayores paradojas de la filosofía de Hegel.

filósofos analíticos). El método dialéctico, por el contrario, parte de entidades aparentemente inmediatas: sensación, percepción, evidencia del sentido común, y demuestra que la inmediación pura es una ilusión, que todas las cosas son intermedias y se desarrollan mediante la mediación. Lo cual significa: *a)* una cosa es lo que es en relación con otra cosa; cualquier propiedad de un objeto supone una relación hacia otro objeto, y sin dicha relación carece de contenido y significado. *b)* por muy inmediato que parezca un objeto, contiene otro en sí mismo; un examen más atento descubrirá que está polarizado en momentos opuestos que se niegan mutuamente. *c)* Dos entidades cualesquiera que, tomadas en su inmediación, parecen excluirse la una a la otra, en realidad están mutuamente determinadas; la una no tiene sentido sin la otra. La mediación es, pues, *a)* reveladora de la esencia de un ser inmediato, *b)* polarización de una cosa aparentemente simple, idéntica a sí misma, *c)* unificación de opuestos.

Puede hallarse un ejemplo muy claro de mediación en el primer capítulo de la *Fenomenología del espíritu* de Hegel, sobre la "certeza sensible". Nuestro conocimiento de lo inmediato de lo que es dado sin "alterar nada en este saber tal y como se nos ofrece y mantener la aprehensión completamente aparte de la concepción" parece ser el conocimiento más rico, el *más verdadero*". Pero "si *nosotros* reflexionamos... vemos que ni el uno ni el otro son en la certeza sensible solamente como algo inmediato, sino, al mismo tiempo, como algo *mediado*". La simple inmediación de "esto" se divide en dos "estos", uno es el yo que observa, el otro es el objeto observado. Yo tengo la certeza a través del otro, el objeto; y éste existe con certeza a través de mí. Al principio, el objeto parece ser la realidad inmediata, esencial, porque existe *per se* y es "indiferente a ser sabido o no". Sin embargo, tan pronto como nos preguntamos cuál es el significado de ese objeto empezamos a actuar como intermediarios de él. No importa cómo tratamos de caracterizarlo; lo cierto es que usamos expresiones del lenguaje e incluso los términos aparentemente más concretos, tales como "Ahora" y "Aquí" son universales. Cubren diferentes experiencias posibles y cada uno de ellos es definido sólo en la medida en que niega al otro: un árbol no es una casa, la noche no es el mediodía, etcétera. "El *esto* se revela, de nuevo, pues, como una *simplicidad mediada* o como *universalidad*." [23]

La explicación que da Hegel de la categoría de *esencia* en su *Lógica* es otro claro caso de mediación en un sentido que también para Marx es aceptable.

La mediación es un proceso que no solamente destruye la inmediación; la implica todo el tiempo, pero la levanta a planos de complejidad y concreción superiores. Una cosa con sus propiedades cualitativas y cuantitativas no es meramente un objeto de percepción sensible, sino algo ya mediado por universales de lenguaje y pensamiento, aunque pertenece a la esfera del ser inmediato, ser que puede concebirse como algo idéntico a sí mismo y existente en sí mismo, no todavía necesariamente relacionado con una estructura compleja de otras cosas.

Una mayor mediación conduce a la *esencia* del ser. La esencia es una relación... hacia otro. *a)* Lo que parecía ser una propiedad cualitativa o cuantitativa, empíricamente observable en forma inmediata, *resulta ser* una relación... hacia otros objetos.[24] *b)* Luego, lo que pareció ser

---

[23] Hegel, *Fenomenología del espíritu*.
[24] "Tener un color" significa reflejar y absorber rayos de luz de una determinada longitud de onda y frecuencia; "ser duro" significa poder resistir la penetración de otros objetos, estar ubicado en una determinada escala de medición, etcétera.

una cosa idéntica a sí misma, resulta ser una unidad de opuestos, de características positivas y negativas, implicando, de esta manera, una negación de sí misma. *c)* Finalmente, más allá de la aparente variabilidad de la cosa, más allá del mero cambio de sus propiedades, la mediación descubre la identidad de sus diversos estados, y esencia es, precisamente, "aquello que es permanente (que persiste) en una cosa".[25]

No cabe duda de que aquellos momentos de la mediación hegeliana hasta ahora mencionados, desempeñan un papel muy importante en el método de Marx, aunque éste no siempre usa el término "mediación". Un buen ejemplo es el análisis que hace Marx de la mercancía en el capítulo I de *El Capital*. Una mercancía es un objeto cuyas propiedades satisfacen algunas necesidades humanas; estas necesidades son intermediarias del *valor de uso* de la mercancía. Por el otro lado, la proporción de intercambio entre diferentes clases de valores de uso es intermediaria del *valor de cambio*. Siguiendo con el análisis se descubre que, más allá de la aparente inmediación de una mercancía, hay cierta cantidad de características *opuestas,* todas las cuales tienen sentido únicamente en relación con una determinada forma de producción e intercambio, en última instancia, en relación con ciertas necesidades, hábitos y capacidades humanos. Éstas son: valor de uso —valor de intercambio; trabajo concreto— trabajo abstracto; trabajo privado —trabajo social. En el caso de cada uno de éstos, su opuesto es el intermediario, y cada uno tiene un sentido definido sólo en relación con el otro. Por último, más allá de la *variabilidad* de sus propiedades físicas, su *utilidad* para *diferentes* personas y los precios obtenidos en *diferentes* mercados

[25] Hegel, *Encyclopedia der philosophischen Wissenschaften,* "Logical science", § 112-114.

en momentos distintos, hay algo *permanente* en cada mercancía que actúa como intermediario de su valor y que constituye su esencia. Es "el *tiempo de trabajo socialmente necesario* para su producción".[26]

Hay muchos otros ejemplos en Marx. Todas las nociones generales son el resultado de la mediación: se llega al *Mundo para el hombre* por intermedio de la praxis; a la *esencia humana* a través de un conjunto de relaciones sociales; al capital mediante la relación social entre un trabajador que no posee ninguna propiedad, que se ve obligado a vender su fuerza de trabajo como una mercancía, y el dueño de los medios de producción que se apropia de toda la plusvalía; las *clases opuestas*, la burguesía y el proletariado, actúan como mutuas intermediarias; la *emancipación humana* y la aparición del hombre con toda una gama de necesidades, ha sido posible, es decir, se ha llegado a ello por la intervención de un periodo histórico caracterizado por el dominio de la propiedad privada y el aumento de necesidades en una forma enajenada.

Una profunda diferencia entre los enfoques hegeliano y marxista de la mediación estriba en el hecho de que mientras para Hegel, la mediación siempre supone un momento de "reflexión", de *retorno a sí mismo*, de identificación con un eterno Absoluto,[27] para Marx es una interrelación dinámica que conduce a una auténtica novedad histórica. Cada nueva categoría de la dialéctica hegeliana que surge como resultado de una mediación

[26] Marx, *El Capital*, cap. I, § 1.
[27] *Cf.* Hegel "...La mediación no es sino la igualdad consigo misma en movimiento o la reflexión en sí misma, el momento del yo que es para sí, la pura negatividad o, reducida a su abstracción pura, el simple devenir" (*Fenomenología del espíritu*, Prólogo, p. 17).

puramente conceptual es una realización del mismo Espíritu eterno que se está reflejando en espejos siempre nuevos. Pero para Marx, cada nueva forma de la realidad histórica que aparece como resultado de la dinámica de las relaciones sociales (incluyendo la lucha de fuerzas opuestas), constituye una nueva etapa de la autoproducción del hombre y la creación de nuevas posibilidades para el hombre.

También es diferente en estas dos dialécticas, la concepción de lo *concreto*. Para Hegel, lo concreto es una unión de distintas determinaciones, que, a diferencia de las vacías y aisladas generalidades de la comprensión, tienen que concebirse como universales interrelacionados y en desarrollo. Puesto que ha sido descartado lo específico e individual, es posible afirmar que tanto el *espíritu del Mundo* al principio del sistema de Hegel y la *Idea Absoluta* al final del mismo, es concreto sólo al principio "en sí" y luego, más tarde, "por sí". Dice Hegel: "El acto no es solamente lo concreto, sino también lo potencial, aquello que se pone en acción en relación con el sujeto que empieza; y finalmente el producto es tan concreto como la acción o como el sujeto que la comienza." [28] La mediación entre universales es todavía abstracta, desde el punto de vista de Marx. Mediación concreta es aquella que tiene lugar en la historia, cuando ocurre un acontecimiento *individual*, que ha sido básicamente determinado por ciertos factores *generales*, actuando como intermediarias varias condiciones *específicas* (económicas, políticas, culturales). El papel mediador creativo de lo específico que vincula los individuos y lo

---

[28] *Introduction from Hegel's Lectures on the History of Philosophy*, Reutledge & Kegan Paul, Londres, 1892. Reeditado en G. W. F. Hegel, *On Art, Religion, Philosophy*, ed. por Grey, Harper Torchbooks, Nueva York, 1970, p. 231.

general en el proceso histórico, no aparece ni en el sistema de Hegel ni en el concepto de historia de la mayoría de los seguidores de Marx. El primero descuida el papel de lo particular y lo individual en la historia del Mundo; de una manera esquemática, sin mediación alguna, el segundo reduce todo lo individual a lo general: a la lucha de clases, a las contradicciones entre las fuerzas productivas y las relaciones de la producción, etcétera.[29]

La mediación marxista hace surgir formas sociales siempre nuevas y específicas. Es precisamente lo contrario de toda forma de reduccionismo.

*3) Auto-desarrollo.* La dialéctica de Hegel tiene un doble movimiento: primero, el Espíritu Absoluto manifiesta su estructura lógica y desarrolla las categorías que subyacen la totalidad de los fenómenos del mundo; luego, la conciencia humana atraviesa todas las etapas, desde la más abstracta de la "certeza sensible" hasta la más rica y concreta del "saber absoluto".

Ambos procesos son esencialmente espirituales. El ser del espíritu es su actividad. "Por el contrario, la Naturaleza es lo que es; sus cambios son, pues, sólo repeticiones y sus movimientos toman solamente la forma de un círculo."[30] "Lo que debemos representarnos a nosotros mismos es la actividad del pensamiento libre; debemos

---

[29] Sartre tenía buenas razones para acusar a este tipo de marxismo de ser formalista, abstracto y "haragán". (Jean Paul Sartre, *Questions de méthode*, Gallimard, París, 1960, pp. 51-82.

[30] *Cf.* la introducción de Hegel a *Lectures on the History of Philosophy*: "El llegar a ser o convertirse en, no es meramente un movimiento pasivo, como suponemos que lo son movimientos tales como los del sol y la luna. No es un mero movimiento en el medio, que no ofrece resistencia, del espacio y el tiempo." (G. W. Hegel, *On Art, Religion, Philosophy*, Harper Torchbooks, Nueva York, 1970, pp. 213, 239.)

presentar la historia del mundo del pensamiento tal como ha surgido y se ha creado por sí mismo." [31] De manera que el cambio natural y el espiritual entraña dos diferencias fundamentales: el primero es externo y repetitivo; el segundo es subjetivo y progresivo: es autodesarrollo. Pero puesto que el ser es un Absoluto, sigue siendo el mismo a pesar de todo desarrollo. En tales condiciones "desarrollo" significa *1)* que dentro de cada una de las dos esferas (puro espíritu, conciencia) hay un avance de lo abstracto a lo "concreto" (es decir, la unidad de todas las determinaciones distintas), y *2)* la transición de una esfera a la otra también es progreso: de lo implícito ("en sí") a lo explícito ("por sí"), de la Razón como ser a la Razón como conocer, de la capacidad a la realidad.[32] Por consiguiente, el proceso dialéctico tiene su dirección y su finalidad: tiende a la plena autoconciencia de una estructura lógica que siempre ha sido implícita en el mundo. Consecuentemente, lo lógico coincide con lo histórico. De este modo, Hegel trata de resolver un problema aparentemente irresoluble: cómo abarcar la totalidad del mundo y el pensamiento en un solo sistema y dar lugar, al mismo tiempo, a que haya desarrollo.

La concepción marxista del desarrollo es estructuralmente distinta, no solamente el resultado de una "interpretación materialista" de Hegel. Pero son muchas más

[31] *Ibid.*, p. 235.
[32] *Cf.*: "Para comprender qué es el desarrollo, deben distinguirse lo que podrían llamarse dos estados diferentes. El primero es lo que se conoce como capacidad, poder, lo que yo denomino "ser en sí"; el segundo principio es el de "ser por sí", la realidad. Lo que el hombre es al principio implícitamente, se vuelve explícito, y es igual que la razón... entrar en la existencia significa sufrir cambios y, sin embargo, seguir siendo la misma cosa. La potencialidad rige el proceso. (*Ibid.*, pp. 228-229.)

las ideas de Hegel que han sido incorporadas, contrariamente a lo que piensan personas como Althusser.

En Marx, hay un *único* proceso histórico. No es puramente espiritual en ninguno de los sentidos hegelianos. Pero también Marx sostiene que dicho proceso supone la existencia de un sujeto. Exactamente igual que en Hegel, el proceso dialéctico no tiene sentido en bruto, tampoco en la naturaleza humanizada, sino en la interacción del hombre y la naturaleza, en la producción humana, en la *praxis*. También se puede definir este proceso como "Autodesarrollo", del Ser pero este término tendrá aquí un significado distinto. El Ser es el hombre y éste es *a)* al mismo tiempo un ser material y espiritual; *b) relativo* a su historia precedente y a sus condiciones sociales existentes; *c)* variable, en evolución, y que se crea a sí mismo en el tiempo. Pero en esta relatividad y variabilidad hay algo característicamente humano que se desarrolla y evoluciona; hay ciertas capacidades potenciales humanas universales, ya sea que se manifiesten en la realidad o que se mantengan latentes, reprimidas y frustradas. Como en Hegel, el progreso consiste en la autorrealización, la transición de la capacidad a la realidad. Pero la capacidad no se halla en una implícita estructura lógica, sino en capacidades, necesidades y disposiciones específicamente humanas, que no son fijas: tienden hacia una mayor riqueza y complejidad, de modo que autorrealización no significa identificación del "en sí" con el "por sí", sino la producción de formas siempre nuevas, tanto del ambiente humano circundante como de las estructuras potenciales del ser humano. En consecuencia, lo lógico *no* coincide con lo histórico. Ningún sistema, ningún esquema lógico *a priori* puede abarcar la total plenitud de la vida del hombre en la historia.

Como consecuencia, toda la concepción del tiempo es

completamente distinta. Del hecho de que en Hegel el proceso dialéctico tiene lugar en un sistema absoluto que ha logrado su plena expresión en la obra de un filósofo en particular —Hegel—, se desprende que todo auténtico o verdadero desarrollo ocurrió en el pasado y sólo puede repetirse en el futuro. En Marx, el futuro es de importancia fundamental para la comprensión y el análisis crítico del presente y el pasado. Cada forma existente lleva dentro de sí misma un complejo de futuros posibles. La elección entre dichas posibilidades, una visión de un futuro óptimo, creará una distancia crítica hacia el presente. Y sólo quien asuma una distancia crítica respecto del presente, podrá interpretar correctamente el pasado, porque será capaz de reconocer, allí, como significativo o importante, no sólo lo que dio nacimiento al presente, sino también lo que únicamente es un embrión de una nueva realidad posible. "La anatomía del hombre es la clave de la anatomía del mono".[33] Que las últimas etapas están determinadas por las precedentes es un lugar común. Que las primeras etapas, a su vez, están determinadas por la posible producción anticipada de etapas posteriores es una idea distintiva de la dialéctica de la praxis.

Aquí historicismo significa algo muy distinto de hallar un lugar en el necesario esquema fijo del desarrollo pasado o hacer una arbitraria excursión al pasado de la materia en la que estamos interesados. El punto decisivo de un análisis histórico marxista es el descubrimiento de

[33] *Cf.* Marx, *Contribución a la crítica de la economía política*, sección "Método": "La última forma tiende a considerar a las formas anteriores como meros pasos hacia ella; como sólo rara vez y en condiciones muy definidas, es capaz de criticarse a sí misma, de ello se desprende que siempre las considera parcialmente... Así pues, la economía burguesa alcanzó una comprensión de las sociedades feudal, antigua y oriental, únicamente cuando desarrolló una autocrítica de la sociedad burguesa misma."

la forma pasada más simple, más primitiva, del objeto dado que, en una forma rudimentaria, ya contiene su estructura básica, careciendo de todos aquellos rasgos no esenciales que poseen las formas posteriores, más complejas. Es posible que esta forma primitiva haya sido algo raro, esporádico, excepcional, en la situación en que apareció por primera vez. Pero es una condición necesaria para el objeto examinado. Puede ser que ya contenga todas las contradicciones básicas de las formas posteriores y que, por lo tanto, pueda servir como modelo natural para su estudio.[34]

Las contradicciones son el principio motor del mundo[35] por igual en Hegel y en Marx. En ambos casos, cada vez que se llega a una etapa de desarrollo o evolución, ésta contiene, desde el principio, un momento de conciencia de la propia identidad y un momento de diferenciación interna. La diferencia aumentará hasta formar una oposición polar, en la cual todavía lo positivo y lo negativo actúan como mutuos mediadores, y esto, a su vez, hará surgir una incompatibilidad insoportable y la mutua can-

---

[34] Véase Ilenkov, *Dialektike abstraktnogo i konkretnogo v Kapitale Markse*, Moscú, 1960, p. 195: "Todos aquellos momentos que tal vez participaron al dar nacimiento a una nueva forma de movimiento, pero que no han sido condiciones necesarias de ese proceso, no sobrevivieron, no fueron reproducidos en el curso posterior del desarrollo. Dejan de percibirse en las etapas superiores del desarrollo de nuestra materia... Desaparecen... De manera que el propio proceso histórico objetivo produce una abstracción que sólo conserva los momentos generales del desarrollo que están liberados de todas las circunstancias accidentales."

[35] *Cf.* Hegel: "La contradicción es el principio mismo que mueve el mundo: y es ridículo decir que esa contradicción es inconcebible. Lo único correcto de esa afirmación es que la contradicción no es el fin de la materia, sino que se anula a sí misma." "Logic, The Doctrine of Essence", § 119, tomado de la *Encyclopedia of the Philosophical Sciences*.

celación. Sin embargo, en Hegel la incompatibilidad es puramente lógica: es una relación negativa de un pensamiento hacia el otro. La contradicción marxista, por el contrario, es un auténtico conflicto histórico: o bien la lucha entre grupos sociales existentes (por ejemplo, la lucha de clases), o bien incompatibilidad de ciertas instituciones sociales y tendencias de desarrollo, o una mutua cancelación de determinadas fuerzas históricas, ciegas, enajenadas. La incompatibilidad lógica solamente será un caso especial [36] incluso en la esfera de la conciencia: los conflictos de ideas e ideologías, así como también los conflictos psíquicos personales, también serán cubiertos o abarcados por el concepto de la contradicción. Seguramente que los marxistas podrían aprobar la conveniencia de establecer una diferenciación entre la contradicción como relación lógica y el conflicto como fenómeno real. Pero la presente generalidad del concepto de contradicción permite conservar el principio de que la *Contradicción es el principio motor del mundo*, en un contexto diferente: a saber, que lo que mueve el mundo, desde el punto de vista marxista, es una amplia variedad de diferentes clases de impulsos, incluyendo los individuales y particulares. El "misterioso poder" de los conceptos universales ha sido remplazado por poderes de individuos humanos reales, empíricamente observables.[37]

4) *Trascendencia* (*Aufhebung*). La contradicción más fundamental, tanto desde el punto de vista de Hegel como desde la perspectiva de Marx, es la que existe entre una capacidad para el desarrollo y una definida propiedad

---

[36] Debe tomarse en cuenta que la dialéctica marxista no deja lugar a una Lógica en el sentido trascendental de Hegel. Por consiguiente, el concepto marxista de contradicción excluye a la contradicción hegeliana como categoría de lógica *pura*.

[37] Marx, *German Ideology*, MEGA I-5, pp. 15-17, 342.

estructural, que reduce a una entidad a su forma real dada, limitando así su posibilidad para el cambio. Este límite interno es, obviamente, una negación de lo que la entidad *realmente* es (es decir, lo que *podría ser* como distinto de su existencia actual). Esto quiere decir que todo futuro desarrollo consiste en la abolición de este límite, o sea en la negación de la negación. En Marx como en Hegel, este principio explica la verdadera índole de la transición de una a otra etapa: es la base misma de un pensamiento radicalmente crítico. Puede interpretarse a Hegel como pensador conservador sólo en la medida en que, a cierta altura del proceso dialéctico, renuncia al principio.[38]

Marx es un pensador revolucionario porque no halla ninguna forma histórica, del presente o del futuro, que no merezca ser *aufgehoben*, es decir, *a)* *t*ener abolido su esencial límite interno, *b)* conservar sus rasgos racionales y *c)* ser elevada a una etapa superior de desarrollo.

Muchos seguidores de Marx y hasta el propio Engels, interpretaron en forma totalmente equivocada la forma triádica de la negación de la negación hegeliana. En Hegel, la tesis, la antítesis y la síntesis se refieren a los tres momentos fundamentales dentro de *cada* noción: *a)* conciencia de la identidad propia, *b)* autonegación en el sentido de una limitación interna y *c)* acto de la trascenden-

---

[38] No es conservador por el mero hecho de ser un idealista. Trascender las ideas que justifican una determinada realidad podría ser un trabajo revolucionario preparatorio de suma importancia *Cf*. Hegel: "Con la transformación del conocimiento, el objeto también se vuelve distinto..." Cuando "la conciencia encuentra que su conocimiento no corresponde a ese objeto, tampoco el objeto perdura" (*Fenomenología del Espíritu*). Esto podría significar: Cuando se desmistifica una realidad social, cuando la conciencia social alcanza un conocimiento que ya no es compatible con ella, la realidad misma "tampoco perdura".

cia, es decir, de la negación de ambas. La "lectura materialista de Hegel" convirtió estos tres momentos de *cada* etapa en *tres diferentes* etapas sucesivas. De esta manera, un principio que constituye el núcleo mismo de todo pensamiento crítico y revolucionario, acabó por convertirse en una trivial "ley" de movimiento en espiral. Con el tiempo, Stalin lo excluyó de su esquema de cuatro "leyes dialécticas".[39] Lo único que todavía no está claro es si *1)* no quería tener una ley para la cual no es fácil siquiera hallar ejemplos, mucho menos verificar la evidencia de su validez universal, o si *2)* comprendió que el pensamiento crítico en términos de la negación de la negación, al ser utilizado por los ciudadanos soviéticos podría tener implicaciones más bien subversivas.

La primera negación en la dialéctica de Marx se refiere a aquellas estructuras sociales, aquellas instituciones económicas, políticas y culturales que constituyen las características definidoras de una determinada forma social y que, por lo tanto, limitan y bloquean toda evolución o desarrollo futuro. Esas instituciones son: la propiedad privada (y su influencia sobre los medios de producción), el capital, el mercado, el Estado. La segunda negación es la acción revolucionaria que deroga todas las instituciones, y conserva todos aquellos logros de la historia pasada que son condiciones necesarias para el desarrollo futuro. Cambio es, en este sentido, mucho más radical que simple crecimiento y modificación. Por el otro lado, no puede ser construido como mera destrucción y no entraña el empleo de violencia o una corta duración de tiempo.

El concepto marxista de trascendencia revolucionaria difiere de la *Aufhebung* de Hegel en tres sentidos im-

[39] Stalin, "On Historical and Dialectical Materialism", *History of SKP (b)*, cap. IV.

portantes: *1)* Se aplica a *toda* sociedad, no sólo a las del pasado. *2)* Su medio es la praxis humana, no solamente la conciencia. *3)* Abre más de una dirección de desarrollo posible, mientras que el proceso dialéctico hegeliano es unidireccional y rígidamente determinista.

Esto último se debe al hecho de que los dos pensadores tienen un concepto totalmente distinto de libertad.

Para Hegel, libertad presupone un conocimiento racional y una aceptación de la necesidad (en última instancia, necesidad lógica) del proceso del mundo. Razón, Dios, Ley y otras ideas similares, constituyen el verdadero ser del individuo. Si se desvía del esquema universal racional, se perderá a sí mismo y, lejos de ser verdaderamente libre, su comportamiento será meramente arbitrario, caprichoso y un accidente fuera de la historia. Para Marx, son los hombres lo que hacen la historia. No siempre actúan de una manera autónoma y, en una sociedad de clases, los individuos están cosificados en su mayoría y son víctimas de poderosas fuerzas sociales ciegas y enajenadas. Pero el progreso significa precisamente un movimiento que va de la cosificación a la emancipación. La rígida determinación a través de las inflexibles leyes de la economía de mercado y la legislación estatal dan paso a un aumento de la iniciativa y el poder individuales. "En lugar de la vieja sociedad burguesa, con sus clases y sus antagonismos clasistas, tendremos una asociación en la cual el libre desarrollo de cada una será la condición para el libre desarrollo de todos."[40]

En tales condiciones, la trascendencia se convierte en un principio de la autodeterminación humana. La dialéctica evoluciona hacia una teoría y un método de la actividad humana auténticamente libre y creadora.

[40] Marx, Engels, *Manifiesto del Partido Comunista*.

## III. CIENCIA E IDEOLOGÍA

En nuestro país y también en el extranjero ha habido últimamente acaloradas discusiones entre los marxistas, acerca de los conceptos de "ciencia" e "ideología" —dónde empieza la una y acaba la otra— y, en particular sobre los aspectos científicos e ideológicos del marxismo.

El problema reviste importancia general y trasciende el mero desacuerdo entre partidarios de diferentes doctrinas. La ciencia ha avanzado a tal punto que hoy día determina, completamente, por lo menos en el mundo civilizado, la relación entre el hombre y la naturaleza. Gracias a la ciencia, el hombre ha logrado liberarse de la esclavitud a las fuerzas de la naturaleza y se ha convertido, en una parte considerable, en amo de ésta. Por el otro lado, hablando en forma general, puede decirse que la relación entre el hombre y la sociedad está dominada por las ideologías; más que ninguna otra, la época en que vivimos es un periodo de diferencias ideológicas y de guerras ideológicas. El problema estriba en coordinar ciencia e ideología. La ciencia debe convertirse en el instrumento del hombre inspirado por una ideología humanista. E, inversamente, una ideología humanista progresista tendría que basarse en la ciencia, si es que el hombre, que en un grado considerable ya se ha convertido en amo de la naturaleza, va a liberarse algún día de la esclavitud que le imponen las ciegas fuerzas de la sociedad. Y, es triste tener que decirlo, debe observarse que en la actualidad hallamos una intensa explotación de la ciencia para fines inhumanos, por un lado y, por el otro, presiones ideológicas desatadas que no tienen base alguna en la comprensión científica de las verdaderas relaciones y tendencias de la evolución de la sociedad moderna.

*Confusión de conceptos.* La falta de precisión en los conceptos de "ciencia" e "ideología", particularmente en lo que se refiere a esta última, es un enorme obstáculo para la coordinación de estas dos formas de la conciencia social. Y, en general, una de las causas directas de numerosas incomprensiones en el mundo moderno es la falta de precisión y la multiplicidad de significados adjudicados a muchas expresiones, sobre todo a aquellas usadas en los debates políticos y filosóficos y en la propaganda ideológica. Naturalmente, esta confusión tiene profundas raíces en la diversidad de las experiencias de la gente, en la variedad de sus prejuicios, sus tradiciones y, en particular, en la disparidad de intereses que tienen los diferentes grupos sociales. Y esta confusión en la terminología y los conceptos es hábilmente fomentada con el propósito de derrotar a los adversarios ideológicos y crear la impresión de que sus ideas son insustanciales. Al dar a las palabras un sentido distinto del que les da el adversario, se cambia fundamentalmente su pensamiento que, de esta manera, resulta fácil de refutar.

Puede demostrarse con incontables ejemplos que las ideas de "ciencia" e "ideología" no están suficientemente claras. Los propios especialistas o eruditos no siempre se ponen de acuerdo respecto de cuáles palabras deben considerarse científicas y cuáles no. Para quienes tienen una orientación positivista, todo lo que no sea una exacta descripción de hechos y de nuestras experiencias inmediatas, no pertenece a la ciencia. Algunos llegan al extremo de decir que toda afirmación que no pueda verificarse mediante la experiencia personal es absurda. En el otro extremo están los que piensan que hasta los lemas de la política cotidiana, las descripciones visionarias de un futuro distante, las normas de la actividad práctica y las especulaciones filosóficas abstractas sobre el mundo y el significado de la vida tienen un carácter científico. Las instituciones que aprueban temas para las tesis doctorales, que juzgan las obras científicas y definen las profesiones científicas, a menudo se hallan en la situación de tener que decidir si una obra escrita pertenece realmente al dominio de la ciencia, dónde están ubicadas las fronteras entre la actividad científica, por un lado y, por el otro, la propaganda ideológica rutinaria, las combinaciones arbitrarias de símbolos lógicos o matemáticos, etcétera.

Respecto de la noción de "ideología", la confusión es aún mayor. El significado que hoy se acepta más generalmente es el de "conjunto de ideas pertenecientes a un movimiento social" y se habla en este sentido del marxismo, de los sindicatos, del anarquismo, del racismo, del nacionalismo socialista, del liberalismo, etcétera...

En la literatura marxista aparece un significado más amplio de este término. Frecuentemente se dice que las formas particulares de la conciencia social de una formación social (política, ley, moralidad, religión) son formas ideológicas que constituyen la superestructura de la base económica de la sociedad en una época particular.

Sin embargo, hay una diferencia, pero no una contradicción, entre este significado y el sentido original que Marx y Engels le dieron a esta expresión en los escritos de su juventud y, particularmente, en la *Ideología alemana*. Para ellos, la ideología es la conciencia social limitada por el espíritu de clase, en la cual los hombres y sus relaciones se reflejan en una forma inadecuada, retorcida, mistificada. No consideran a su propia doctrina como una ideología, sino como una ciencia y por ello la llaman "socialismo científico".

En sus explicaciones del concepto de "ideología" algunos marxistas aún tratan arduamente de adherirse a este significado original que le dio Marx. Lo utilizan en su crítica de las tergiversaciones sufridas por el marxismo contemporáneo, con objeto de conservar su carácter científico y eliminar de él los elementos ideológicos. Al hacer esto, tropiezan con una enconada resistencia por parte de aquellos que ven al marxismo, antes que nada, como una ideología, que anteponen los objetivos políticos a todos los demás, a los fines morales y humanos e incluso a los objetivos económicos; para los cuales el partido político es el supremo árbitro en todas las cuestiones de la ciencia social, la filosofía, el arte, y que consideran que la línea del partido es el criterio para todos los valores: la verdad, el progreso e incluso la belleza artística.

Ninguno de estos extremos puede satisfacernos. Los críticos del marxismo considerado como una ideología (a menudo se los llama "revisionistas"), se concentran demasiado en el significado estrecho y específico del término 'ideología". Actualmente, después de más de un siglo de *Ideología alemana*, es evidente que el marxismo *también* es una ideología. Y lo que es más, se trata de una ideología, precisamente en virtud de lo que es nuevo al respecto, en virtud de su activa relación con la realidad. Una conciencia que no se contenta simplemente con registrar hechos y hacer frías predicciones sin tomar partido (predicciones que se basan exclusivamente en el conocimiento de las leyes objetivas de la evolución), sino que en contraste, *desea* algo y *elige* entre las diversas posibilidades que se le ofrecen, aquellas que mejor le cuadran... una conciencia de tal tipo no es rigurosamente científica ni tampoco puramente racional; es *también* una conciencia que quiere cosas, que es movida por la emoción, que adjudica valores y, por consiguiente, es ideológica. Como lo saben muy bien los críticos de la ideología que toman en cuenta esto, distinguen, pues, entre ideologías reaccionarias e ideologías revolucionarias. Pero en este punto surge una gran dificultad; si toda ideología es un reflejo inadecuado e invertido de la realidad, ¿cómo puede ser revolucionaria? No se pueden dominar las fuerzas ciegas de la sociedad basándose en errores; seguramente se verá que las ilusiones nos oprimen, que no nos liberan...

Por el otro lado, la defensa del marxismo considerado como ideología nos satisface aún menos. En la práctica provoca un descuido catastrófico de la base científica del marxismo. En lugar de elaborar las ideas del movimiento de la clase obrera, como por ejemplo los programas de los partidos laborales, basándose en un análisis científico y objetivo de la situación real de la sociedad, tomando en cuenta las tendencias y las leyes objetivas de la evolución, se deja que los programas e ideas sean dictados arbitrariamente y a menudo *ad hoc*, por los líderes y los foros del partido que descuidan, completamente, numerosos hechos técnicos, económicos, sociológicos e incluso psicológicos. De este modo, se especifican estructuras o sistemas teóricos para las ciencias sociales (y para el arte). El efecto de tales prácticas es un lamentable estancamiento de las ciencias sociales en algunos países que están apuntando a la construcción del socialismo.

Así concebido, el marxismo adolece de las mismas fallas que tan justamente criticaba Marx en la ideología burguesa de su época, pues una ideología así concebida, por más que declare ser "científica", en realidad es una conciencia limitada, inadecuada, mistificada, perteneciente a un grupo social relativamente reducido, a su conciencia de sí mismo y de su relación con la sociedad.

Estas variaciones del sentido y las diferencias de contenido adjudicado al término ideología en los diversos ambientes sociales, hacen que resulte difícil orientarse y tomar una posición en discusiones acerca de la necesidad de desembarazar al marxismo de "elementos ideológicos", sobre la necesidad de ir más allá del "cientificismo" y el "revisionismo", respecto del carácter científico del marxismo, sobre el espíritu de partido, la objetividad científica, etcétera... Consideramos que si queremos lograr una captación lógica de todas estas cuestiones es necesario analizar y determinar exactamente desde el principio el contenido de los conceptos clave: "ciencia" e "ideología".

### 1. El concepto de ciencia

*Los defectos de la concepción positivista de la ciencia.* Ya hemos bosquejado lo que debemos considerar como las dos concepciones extremas de la ciencia que, de esta manera, ponen límites al espacio dentro del cual tendríamos que movernos. La una encierra a la ciencia dentro de las fronteras de una experiencia concebida muy estrechamente; la otra nos permite romper todo vínculo con la experiencia y la práctica social.

Muchos eruditos, especialistas de tendencias positivistas, creen que el rasgo esencial de la obra científica es la determinación, lo más exacta posible, de hechos, su clasificación y descripción. A veces hacen referencia al famoso comentario de Newton: *Hypothesis non fingo* (Yo no invento hipótesis). Por consiguiente, el científico no debería proponer teorías que son dudosas, no debería precipitarse a dar generalizaciones ni forjar amplias síntesis. Su trabajo consiste en registrar fenómenos extraídos de la realidad, que son indudables, y poner orden al material así obtenido. Hojeando al azar libros de colecciones de diversas disciplinas y trabajos editados por instituciones académicas, así como también algunas de nuestras revistas científicas, hallamos que hay numerosas obras de esta clase (exposiciones cronológicas de acontecimientos históricos, enumeraciones de fuentes encontradas en archivos, detalladas descripciones de cuadros y edificios antiguos, de trajes populares, de especies animales y vegetales, de síntomas y desarrollo de enfermedades, de las propiedades de compuestos químicos, de respuestas a encuestas, etcétera).

Obras de esta clase son parte de la ciencia. Pero sólo representan los primeros pasos de la investigación científica. La ciencia no se limita a describir tan sólo; también explica, define las leyes generales de las relaciones entre lo conocido y lo desconocido, presenta hipótesis, y para descubrir estas relaciones verifica dichas hipótesis mediante experimentos organizados. En resumen, el compromiso humano en el proceso de la comprensión científica es mucho más activo y creador, y el papel del pensamiento teórico es mucho mayor de lo que consideran algunos positivistas. Newton no tenía conciencia de que sus axiomas obvios e "inmediatamente" claros de la filosofía de la naturaleza tenían, en una medida considerable, el carácter de hipótesis. En la actualidad, solamente las disciplinas científicas más atrasadas se hallan todavía en la fase rudimentaria de la descripción y recabación de materiales reales. Y en las ciencias más avanzadas, en la física teórica, por ejemplo, el uso de la abstracción, de símbolos que tienen un significado muy general, y de métodos matemáticos de deducción rigurosamente formal, es tan extenso, que resulta difícil hallar puntos de contacto entre estas disciplinas y ciencias tales como la etnografía, la geografía o la sociología empírica.

Los positivistas actuales han tomado nota de esta diferencia y han tratado de explicarla. Han dividido todo el dominio de la ciencia en dos partes estrictamente separadas. En la una se hallarán las "proposiciones sintéticas" de las ciencias empíricas que describen los distintos experimentos que nos permiten adquirir nuevos conocimientos. En la otra se encuentran las "proposiciones analíticas" de la matemática y de la lógica formal que, de acuerdo con ellos, no guardan relación con los hechos de la realidad y con nuestras experiencias; que no nos proporcionan ningún conocimiento nuevo, ya que sólo expresan en una forma diferente lo que ya sabíamos (lo que ya está implícitamente contenido en el significado de los términos usados es formulado explícitamente).

Esta rigurosa división de la ciencia en dos partes distintas hace que resulte en principio imposible una única definición del concepto de ciencia. Además, la lógica y las matemáticas son concebidas de manera tan liberal, que es posible incluir en ellas todo juego arbitrario con símbolos que se desarrolle de acuerdo con reglas formales, también ellas elegidas arbitrariamente. Tal es el significado del célebre principio de tolerancia[1] de Carnap, de acuerdo con el cual todos estamos en libertad de poder hacer nuestra propio lógica, siempre que ésta cumpla con ciertas condiciones formales. La consecuencia fi-

---

[1] "Nuestra tarea no consiste en imponer amonestaciones sino en buscar acuerdos. Todo el mundo es libre de construir su propia lógica, es decir su propia forma de lenguaje. Todo lo que se le pide, si es que quiere discutir con nosotros, es que demuestre su método claramente y que presente reglas sintácticas en lugar de disertaciones filosóficas" (Carnap, *Logische Syntax der Sprache*, Viena, 1934, pp. 44-45).

nal de este principio sería el relativismo y el subjetivismo universales.

De esta manera, cada uno de nosotros tendría su propia verdad, y en este océano de verdades individuales y contradictorias ya no habría nada que tuviera el derecho de llamarse a sí misma verdad objetiva.

No cabe duda de que el concepto de la naturaleza debería estar determinado de tal modo que excluyera todos los sistemas de símbolos que tuvieran un carácter realmente arbitrario y convencional y que, en realidad y en el mejor de los casos, son tan sólo juegos ingeniosamente construidos. Algunos grandes matemáticos y lógicos, tales como Hilbert y Carnap, creían sinceramente que sus teorías no tenían relación alguna con la realidad; que sus puntos de partida eran una convención arbitrariamente escogida y que realmente eran juegos con símbolos. Y, sin embargo, sus teorías eran mucho más que eso, lo cual queda demostrado por el hecho de que tienen una importante aplicación en las ciencias empíricas, es decir, que existen criterios que limitan a la ciencia y a cualquier otra actividad libre de manejo de símbolos. Dichos criterios son mucho más severos que los formulados por los lógicos positivistas y, en la práctica, ellos mismos usan instintivamente esos criterios.

*Ciencia y metafísica.* También habría que precisar el concepto de ciencia de tal manera que quedara rigurosamente diferenciado de la filosofía metafísica no científica. Los positivistas lógicos han trabajado arduamente para el logro de este fin, pero, en su celo, han ido demasiado lejos. Proclamaron que casi toda la filosofía es metafísica y sólo le reconocieron categoría de ciencia a aquella parte de la lógica que se ocupa del lenguaje, su estructura y significado y uso de términos. Todos los demás postulados filosóficos, sobre la relación entre pensamiento y realidad objetiva, las leyes más generales del ser, los problemas del valor, las normas éticas y estéticas, para no mencionar los problemas tradicionales de la filosofía especulativa, tales como los del libre albedrío, la inmortalidad del alma, el infinito, la divisibilidad del mundo, el significado de la vida, han sido declarados absurdos, puesto que, por definición, no pertenecen a ninguna esfera científica. No son postulados analíticos de hechos reales, aun cuando pretenden decirnos algo acerca del mundo; no son postulados empíricos pues no satisfacen el principio de la verificación; no puede verificarlos de manera alguna mediante un experimento real, el sujeto que los piensa. Según los neopositivistas, igual destino aguarda a todos los postulados ideológicos: debe considerárselos absurdos.

Es evidente que, en la actualidad, dicha concepción es insostenible. En primer lugar, incluso muchos de los postulados de la metafísica tradicional no son absurdos, ya que estamos en posición de poder interpretarlos y comprenderlos aunque no los aceptemos. Además, muchas tesis de la teoría del conocimiento, de la axiomática, la ética, la estética y hasta algunos principios fundamentales de la ontología, no sólo no son absurdos, sino que son indispensables como base teórica para el conocimiento científico. Y, finalmente, la crítica que los positivistas hacen de la metafísica parte ella misma de ciertos principios (por ejemplo el de la verificación) a los que no es posible considerar ya sea sintéticos o analíticos y que, por tanto, deben ser considerados como absurdos. En consecuencia, el problema de fijar límites a la ciencia, ante la metafísica especulativa, continúa abierto para los positivistas, a pesar de sus valerosos esfuerzos.

*Ciencia y propaganda ideológica.* Antes de arribar a una exacta determinación del concepto de ciencia es necesario hacer otra distinción más: entre proposiciones que expresan conocimiento racional objetivo y proposiciones que expresan interés, emociones e ideales sustentados por un individuo o un grupo social. No puede determinarse fácilmente esta diferencia desde fuera, mediante la forma lingüística de las proposiciones. Las últimas, como las primeras, frecuentemente son expresadas en el modo indicativo; parecen estar enunciando algo que es objetivamente dado o algo que necesariamente sobrevendrá.

Ahora bien: objetivamente, lo dado es, en el mejor de los casos, sólo la posibilidad de que determinados deseos o metas subjetivas puedan realizarse. Y esta posibilidad generalmente es sólo una opción en el curso futuro de los acontecimientos, y no su resultado inevitable.

La razón de que estos deseos e intereses se expresen en el modo indicativo es bien simple: es la forma más eficaz de incitar a la acción adecuada a aquellos de quienes depende la realización de esas metas y deseos. En la literatura de la propaganda es posible hallar muchos ejemplos de este tipo. Cito el primero que tengo a mano, extraído del artículo de Tsamiriam: "La gran revolución de octubre y el radical cambio en las relaciones nacionales en la URSS" (*Voprosi Philosofii*, núm. 5, 1957): "El sistema socialista ha creado todas las condiciones necesarias para el desarrollo de poderosas fuerzas espirituales en todos los pueblos", y "Los proletarios, como los trabajadores de los países capitalistas, los pueblos oprimidos de las colonias y las semicolonias, ven en el ejemplo de la URSS y de todos los países del mundo socialista el único camino verdadero para su emancipación de la opresión social y nacional."

Estas dos proposiciones se parecen en su forma lingüística a las proposiciones científicas: están escritas en el modo indicativo y son de carácter general; aparentemente no expresan esperanzas y convicciones, sino que son afirmaciones que pretenden ser ciertas. Pero la cuestión no es simplemente que se trata de afirmaciones parcialmente ciertas y de que los hechos reales son únicamente expresados en parte y de que en parte son hermosas esperanzas; pues también hay proposiciones científicas de las que se pensó que eran ciertas en el momento de ser formuladas y que luego demostraron ser falsas. La cuestión es que se llega a proposiciones científicas por medio de definidos métodos objetivos: el punto de partida son hechos de la experiencia socialmente establecidos y las conclusiones se sacan de acuerdo con las reglas de la lógica, es decir, racionalmente, tomando en cuenta lo más posible las emociones, los deseos y los intereses. Estas conclusiones son verificadas por la práctica cuando logran apuntar a experiencias futuras, cuando, inspirados por ellas, obtenemos los resultados prácticos con los que contamos.

La situación es totalmente distinta respecto de las proposiciones de la propaganda ideológica que hemos elegido como ejemplo. No son generalizaciones obtenidas por medio de la lógica, sino, antes que nada, expresiones de emociones e intereses de parte de ciertos grupos sociales. No tienen un carácter objetivo y racional, sino un carácter subjetivo y emocional. Incluso en algunos casos, la persona que las proclama no cree que verdaderamente sean ciertas. Simplemente desea incitar a otros a una acción o actividad que contribuya a la cristalización de esos fines y que con el tiempo origine una situación en la que su proposición se vuelva cierta en el futuro. Sin embargo, muy frecuentemente, uno no se ocupa de un engaño aceptado para llegar a una finalidad, sino de una apariencia de verdad; uno cree que está haciendo algo absolutamente correcto que por cierto podría ser útil a la humanidad y a su progreso. En el lenguaje de la moderna psicología se trata de una forma especial de racionalización de motivaciones psicológicas subconscientes (que en este ejemplo tienen sus raíces en las condiciones materiales de la vida del grupo social en cuestión). Es precisamente esta forma de pensamiento la que Marx y Engels denominaron ideológica.

*Objeto y método de la ciencia.* Resulta interesante advertir que no es tanto objeto de controversia la forma como se define el concepto de la ciencia cuanto la aplicación de dicho concepto (lo opuesto ocurre en el caso de muchos otros conceptos). Hay muchos elementos que los marxistas, así como filósofos pertenecientes a otras tendencias filosóficas o científicos especialistas, ciertamente estarían dispuestos a incluir en su definición de la ciencia. Parece ser, pues, que hay acuerdo en todo: la ciencia es un sistema de conocimiento de la realidad, este conocimiento tiene un carácter objetivo y existen métodos que determinan si una afirmación o una teoría es o no realmente científica. Se trata de los métodos de comprobación teórica y de verificación experimental práctica. Sin embargo, las dificultades comienzan cuando se va más allá de esta determinación del contenido del concepto de ciencia, más allá de este mínimo, por así decirlo.

Ello se debe fundamentalmente al hecho de que en la ciencia moderna se atribuye importancia cada vez mayor a ciertas actividades que no implican la directa adquisición de conocimiento de la realidad objetiva, sino más bien la invención de los más diversos instrumentos que pueden servir (pero no necesariamente) para desarrollar un conocimiento más efectivo de la realidad. El pensamiento teórico en el hombre va mucho más adelante que el pensamiento empírico. Crea hipótesis que sirven de punto de partida para la investigación mediante la cual se buscan los hechos que pueden confirmar dichas hipótesis.

Construye modelos matemáticos y sistemas simbólicos, para los cuales tal vez se hallen, en el futuro, aplicaciones en el conocimiento directo de la realidad material. El pensamiento no sólo generaliza y analiza el material real; también lo anticipa; en tiempos pasados, Francis Bacon consideraba que para obtener conocimientos, el hombre debía escuchar a la naturaleza, adaptarse a ella. Esta actitud pasiva y plástica ya en la época misma de Bacon estaba atrasando al hombre; sin suficientes conocimientos de la ciencia de su tiempo, Bacon perdió de vista a su contemporáneo Galileo, uno de los más grandes revolucionarios de la historia del pensamiento científico, quien introdujo las matemáticas y los métodos del pensamiento abstracto en la mecánica y quien formuló las leyes de un fenómeno (la caída libre), fenómeno que ninguna persona puede demostrar en su forma pura, simplificada e idealizada (sin resistencia del aire) por lo menos sobre nuestro planeta. Se trata de un fenómeno que nunca podría establecerse por deducción o por generalización empírica.

Cuando se inventaron la geometría no euclidiana y el álgebra de la lógica de Boole, nadie pudo imaginar que algún día hallarían su aplicación en la ciencia. Windelband llamó a esta álgebra deporte lógico y Schroeder se lamentó de que la ciencia hubiera construido un instrumento tan perfecto y preciso pero tan inútil al mismo tiempo (que no podía utilizarse para nada). Pero sabemos que la geometría de Riemann se convirtió en la teoría del espacio, en la teoría general de Einstein de la relatividad, y que el álgebra de Boole halló una aplicación muy valiosa en la electrónica y en la moderna tecnología de las telecomunicaciones.

Por ello es necesario desconfiar de aquellas definiciones demasiado estrechas que excluirían de la ciencia toda adquisición perteneciente al pensamiento abstracto. Pero también es necesario desconfiar de las definiciones amplias que incluyen en la ciencia toda actividad simbólica arbitraria, realizada de acuerdo con ciertas reglas formales.

Ya hemos visto que un liberalismo excesivo en este dominio lleva a la confusión y al relativismo. Pero un exagerado rigor, que exija que todo resultado científico refleje la realidad material, conduce a una concepción sobresimplificada y empobrecida de la ciencia.

Podríamos formular de la siguiente manera una definición preliminar de la ciencia: ciencia es aquel sistema de proposiciones y de teorías mediante el cual describimos, explicamos y en la práctica dominamos los fenómenos de la naturaleza objetiva.

Ello implica que aquellos conceptos, proposiciones y teorías cuyos correlativos objetivos están constituidos por objetos imaginarios abstractos, límites de ciertos procesos reales que jamás podemos alcanzar en la realidad, situaciones simplificadas, idealizadas y nociones por el estilo, forman parte, no obstante, de la ciencia, puesto que podemos aplicarlos en razón del hecho de que con su ayuda logramos describir y explicar un fenómeno real, contribuyendo así a nuestro control de ese fenómeno. Esta posibilidad de aplicación a las ciencias empíricas es en realidad el criterio que nos permite establecer los límites entre las actividades que trabajan con símbolos pertenecientes a la ciencia y aquellas otras actividades que verdaderamente tienen un carácter arbitrario y que, desde este punto de vista, se parecen a un juego.

Y sin embargo, aunque es clara desde la perspectiva del sentido común, esta definición está muy lejos de tener la precisión necesaria. Debemos ser precisos acerca de algunos de sus términos, para que la definición de ciencia claramente incluya los criterios que la distinguen de todo aquello que no es ciencia.

La pregunta decisiva es la siguiente: ¿Qué significa decir de una teoría que representa "la descripción, es decir, la explicación de fenómenos de la realidad objetiva"? ¿Es este concepto suficientemente claro para permitirnos decidir con absoluta certeza si una proposición es o no parte de la ciencia? Y debemos decir que esta definición no nos proporciona ese criterio. Frente a una doctrina metafísica tal como la visión del mundo que nos ofrece Heidegger; o a una defensa ideológica de la realidad tal como, por ejemplo, algunos artículos de la revista búlgara *Filozofska Misl*; o a una horrible visión del futuro, al estilo del *Mundo feliz*, de Huxley o *1984*, de Orwell, todos los cuales podrían pretender que nos están dando una descripción y explicación de la realidad, en diversas formas, directa o indirectamente, y también que contribuyen a su transformación práctica, descubrimos que carecemos de criterios formulados de manera precisa sobre qué es la ciencia, de tal modo que pudiésemos trazar la línea entre ésta y todas aquellas otras creaciones del espíritu humano.

Esto surge del hecho de que en nuestra definición preliminar hablamos de la finalidad de la ciencia, sin tomar en cuenta la especificidad de su método. Ahora bien: precisamente en virtud de su método, la ciencia se diferencia más característicamente de todas las otras ramas de la actividad humana.

Lo que fundamentalmente caracteriza al método de la ciencia es que todo conocimiento científico se funda en hechos que han sido socialmente establecidos y que son públicamente verificables. Esto quiere decir que hay condiciones fijas que permiten que diferentes personas en distintas épocas establezcan, por su experiencia personal, hechos científicamente admisibles. De esta manera, puede decirse que un fenómeno físico es socialmente establecido y verificable cuando el experimento que permite su comprobación ha sido descrito de tal manera que todo aquel que tenga la capacidad profesional requerida y cuente con la tecnología necesaria, puede llevarlo a cabo con éxito.

En segundo lugar, todos los resultados del conocimiento científico son expresados en un lenuaje preciso y claro, en el cual el sentido de cada término es definido en forma exacta y formulado explícitamente (con la sola excepción de una pequeña cantidad de términos fundamentales que sirven como definiciones de otros). Para obtener la indispensable comunicación social es necesario que cada símbolo de un lenguaje rigurosamente especializado y cada técnica de una disciplina científica puedan expresarse mediante términos universalmente comprensibles del lenguaje común.

Indudablemente hay sabios que descuidan en sus obras esta norma de comunicabilidad y que utilizan un vocabulario sólo comprensible para sus colaboradores, para aquellos que trabajan en la misma especialidad y, a menudo, merced a la intuición más bien que a las explicaciones racionales. Pero precisamente por ello es discutible el carácter científico de la obra de tales sabios.

La tercera característica del método científico es la lógica rigurosa de todas las conclusiones y la coherencia de los diferentes resultados. La deducción de un nuevo conocimiento a partir de uno ya adquirido, siempre se efectúa en conformidad con las reglas de la lógica. Y en este sentido decimos que el conocimiento en cuestión ha sido comprobado teóricamente. Por supuesto que aquí la lógica no se refiere a las meras teorías sobre las leyes del pensamiento que pueden hallarse en los manuales de lógica. Existe una lógica del pensamiento, muy complicada y muy sencilla al mismo tiempo, que todos usamos incesantemente en la vida cotidiana y de la cual sólo una parte aparece formulada en los libros. Lo esencial es que, por lo regular, no se llega a conclusiones científicas bajo la presión de las emociones, los instintos o los deseos, sino de la manera más racional posible, en conformidad con ciertas reglas que son universalmente aplicables. Además, es esencial que haya acuerdo entre los diferentes resultados científicos (ausencia de contradicción).

La cuarta característica, y quizá la más importante de este método, es el hecho de que el valor de los resultados científicos es reconocido, primordialmente en la medida en que permiten prever con exactitud las futuras experiencias del proceso de su aplicación práctica. Aunque la ciencia también sirve al propósito de satisfacer la curiosidad intelectual que es natural en el hombre, su finalidad principal consiste en lograr la mayor eficacia posible en la práctica humana, la realización de mayor control sobre las fuerzas elementales de los procesos naturales y sociales. Por ello, la meta última de la investigación científica es la adquisición de aquel conocimiento que permita prever los acontecimientos futuros. Se trata del conocimiento de ciertas relaciones constantes, generales y necesarias entre los fenómenos, o sea, conocimiento de leyes.

Esto significa, antes que nada, que la formulación de una ley natural debe permitirnos deducir una relación específica que describa las experiencias que podamos llegar a tener en un momento futuro en ciertas condiciones específicas. En segundo lugar: la realización de dichas condiciones en un momento determinado debería permitirnos observar los sucesos predichos. Cuando esta observación no puede explicarse mediante otra hipótesis decimos que la ley se ha verificado.

Sólo ahora podemos captar claramente la naturaleza de las abstractas teorías matemáticas y lógicas y, también, su papel instrumental en el proceso del conocimiento científico. Puesto que no reflejan directamente la realidad, dichas teorías no pueden ser verificadas de la manera que acabamos de indicar, como proposiciones y teorías de las ciencias empíricas. Sin embargo, para que tengan carácter científico es necesario que sea posible su aplicación, es decir, que puedan extraerse de dichas teorías proposiciones verificables. Hay varias formas de aplicación. Puede aplicarse una fórmula matemática abstracta cuando, en lugar de sus símbolos, ponemos valores cuantitativos específicos obtenidos por medición. Se aplica un principio gnoseológico cuando se lo concibe como una indicación de la manera en que debiera dirigirse un trabajo de investigación. Se aplica una regla cuando se realiza una operación especulativa en conformidad con la misma (definición, clasificación, conclusión, etcétera...). Consecuentemente, aunque en último análisis todas las ciencias se orientan hacia la experiencia práctica, es necesario distinguir el conocimiento concreto que es *verificable* en la experiencia, del conocimiento abstracto, que es *aplicable* en el proceso de obtener conocimiento concreto. Con el objeto de presentar una generalización más amplia podemos especificar las dos formas de establecer la relación entre el conocimiento científico y la experiencia práctica, mediante la denominación *aplicación práctica*.

Ahora estamos en condiciones de poder dar una definición más precisa de ciencia:

*Ciencia es un sistema de proposiciones y de teorías, socialmente comunicables, teóricamente coherentes y aplicables en la práctica, que describen y explican los fenómenos de la realidad objetiva.*

Esta definición nos permite establecer, de una manera precisa, la diferencia entre ciencia, metafísica especulativa y propaganda ideológica.

Sólo excepcionalmente las proposiciones metafísicas son socialmente comunicables. Los filósofos metafísicos son bien comprendidos únicamente por sus discípulos o, al menos, es lo que estos últimos afirman. En una medida considerable, lo mismo se aplica al lenguaje de la propaganda ideológica, en el sentido de que las palabras adquieren un significado totalmente distinto según el bando o tendencia ideológicos al que pertenezcan. Simplemente pensemos en la terrible confusión que reina respecto del significado de palabras tales como "mundo libre", "libertad", "justicia", "democracia", "internacionalismo", "socialismo", etcétera...

Ya en la elección de la terminología y en la interpretación dada a expresiones clave de dicha terminología, la lucha de intereses entre movimientos políticos antagónicos encuentra expresión. Por ejemplo, fuera del campo socialista ¿habría soñado alguien que la palabra "internacionalismo" pudiera ser definida, en el momento en que la revolución socialista está triunfando en una serie de países, como lo hizo Stalin: "El internacionalismo está dispuesto, sin titubeos y sin condiciones, a defender a la URSS"? [2]

[2] Stalin, *Obras*, Vol. 10, p. 51 (en ruso).

A menudo, las teorías metafísicas son muy coherentes (véase la *Ética* de Spinoza), pero frecuentemente, también, están llenas de incoherencias y contradicciones. Esto parece particularmente cierto cuando observamos la propaganda ideológica manejada por las fuerzas reaccionarias de la sociedad.

No hay posibilidad alguna de aplicar la metafísica a la práctica. Es en esto donde se diferencia más agudamente de la ciencia y de la filosofía científica. No hay hechos empíricos que pudieran confirmar o invalidar todo lo que Platón nos dice acerca de las ideas, o lo que Aristóteles sostiene respecto de la entelequia, o Tomás de Aquino acerca de la Trinidad o Descartes sobre la sustancia del pensar o Spinoza respecto de Dios como *natura naturans* o Leibnitz en cuanto a las mónadas, o Hegel acerca del Espíritu Absoluto o Scheler respecto del supremo valor de la santidad o Whitehead sobre los objetos eternos, etcétera. Todas estas teorías afirman que nos dicen algo sobre el mundo, que algo nos explican. Van dirigidas a nuestras capacidades intelectuales para informarnos respecto de ciertos objetos. Pero no podemos conocer esos objetos, no los podemos verificar por la experiencia, ya sea directa o indirectamente. Tampoco poseen esas teorías y proposiciones una función instrumental como las de la lógica y la matemática. Están fuera de los campos a los cuales pueden aplicarse los criterios fundamentales de la verdad objetiva. En consecuencia, caen fuera de los límites de la ciencia.

La situación de las teorías ideológicas es diferente. A veces son aplicables en la práctica, pero en un sentido muy específico. No son *universalmente* aplicables, como ocurre con las teorías científicas. Solamente pueden aplicarlas los miembros de cierta clase, de un movimiento, de un partido. Y precisamente gracias a su acción, a veces muy poderosa, puede alcanzarse un fin previsto, aunque no fuese de esperar si se juzgara con sangre fría, objetivamente y desde un punto de vista no comprometido. En otras palabras, se revela como un factor poderoso pero imprevisible: el efecto estimulante del pronóstico mismo sobre las masas que siguen un determinado movimiento político. Sucede, pues, que cuando el erudito estima que objetivamente hay pocas probabilidades de que una particular valoración de la situación política demuestre estar bien fundada, el futuro certifica que el político estaba en lo cierto, precisamente porque su avalúo de la situación ha sido en sí mismo una de las causas del éxito.

Así fue en 1917, en Rusia: nadie hubiera podido anunciar la revolución bolchevique si Lenin no hubiera afirmado que triunfaría. De modo que, en la vida a veces suceden cosas que, desde el punto de vista puramente científico, "no pueden ocurrir", Gracias a este activismo y a este voluntarismo, en ocasiones la conciencia política —mientras se base en una recta apreciación de la situación— puede resultar más perspicaz que la conciencia científica, pues logra despertar en las masas un gran espíritu de sacrificio.

Desgraciadamente, cuando a este activismo y este voluntarismo las falta una base científica y material, con demasiada frecuencia culminan en derrotas catastróficas. El desastre del pueblo alemán en el curso de la pasada guerra es un ejemplo de esto. Entre los fenómenos de este tipo podemos mencionar la empresa de los comuneros, la revolución rusa de 1905, las revoluciones húngara y bávara de 1917, la formación de los koljozes y los puestos de máquinas y tractores en algunos de los países del "campo socialista". Como consecuencia, podemos decir que si la activación de las masas a través de la propaganda política va a lograr realmente objetivos sociales cuya realización en un momento determinado pueda parecer, desde un punto de vista estrictamente científico, improbable (el socialismo en los países atrasados, por ejemplo), es necesario satisfacer, igualmente, ciertas condiciones materiales.

## 2. El concepto de ideología

*El concepto de ideología hasta la época de Marx y Engels.*[3] La expresión "ideología" fue inventada en 1796, en el Instituto de Francia, por el filósofo Destutt de Tracy, quien, en una época en que todas las instituciones estaban cambiando sus nombres, quería otorgar una nueva denominación a la filosofía que había preparado el camino para la revolución. La palabra metafísica estaba desacreditada. Tuvo que ser remplazada por el término *ideología*, o sea, ciencia de las ideas, de sus cualidades, de sus leyes, sus símbolos y, sobre todo, de su origen. En su *Projet d'Éléments d'ideologie* (1801), Destutt de Tracy trató de demostrar que todas las ideas generales se forman a partir de sensaciones. En este sentido, un gran grupo de filósofos, eruditos y escritores se consideraron a sí mismos o fueron considerados, como ideólogos: Condorcet, Volney, Garat, Cabanis, Chénier, Saint-Simon, Conte, Mérimée, Stendhal, Sainte-Beuve, etcétera.

Muy pronto, esta palabra adquirió un significado peyorativo. Disgustado con las opiniones de los republicanos y las actitudes opositoras de estos pensadores, Napo-

---

[3] Véanse sobre este tema las obras de Miladin Jivotic; "Sobre Ideología 'RAD'", 1958, y "Algunos problemas de la definición del concepto de Ideología" (*Filosofski Pregled*, núm. 3, 1957).

[4] Véase Destutt de Tracy, *Memoire sur la Faculté de Penser*, 1796-1798, y *Projet d'Éléments d'Idéologie*, 1801.

león los llamó, peyorativamente, ideólogos, queriendo dar a entender que se ocupaban de problemas abstractos sin relación alguna con la realidad y la política práctica. Más tarde, Chateaubriand usó la palabra en el mismo sentido. Posteriormente fue adquiriendo cada vez más el significado de pensamiento que presenta la realidad de una manera superficial y que lo hace intencionalmente, para engañar a los demás. Estudiar la ideología y el sentido ideológico del pensamiento significaba, pues, en ciencia, estudiar las causas psicológicas, sociales y de otro tipo del error.

En esa época, es decir, a comienzos del siglo XIX, la conciencia, e incluso una equivocada conciencia deformada de la realidad, era entendida de una manera abstracta, ahistórica. Es cierto que, en comparación con los metafísicos del siglo XVII, para quienes la conciencia era una manifestación de la razón natural, la misma en todos los hombres, los filósofos de la Ilustración del siglo XIX dieron por lo menos un paso adelante al concebir la conciencia como un producto social, como el resultado de la acción del medio social. Pero explicaban el desarrollo de la sociedad y del ambiente en el cual el hombre vive, mediante la evolución de las ideas, de modo que, en último análisis, se trataba también de una conciencia abstracta y ahistórica considerada como el motor de la historia.

Desde el punto de vista de los filósofos racionalistas del siglo XVIII, las ideas predominantes de una sociedad no son falsas porque sus creadores (en razón de su específica situación en la sociedad, por ejemplo) no puedan conocer la verdad que, de acuerdo con ellos, siempre es accesible al buen sentido. Esos filósofos dicen que la razón de que las ideas erróneas se diseminen es el deseo de satisfacer intereses egoístas. El pensamiento ideológico es, pues, un engaño deliberado.

La época romántica, con sus movimientos de liberación nacional, fue la primera que, en cierto sentido, concretó el concepto de conciencia humana: de conciencia humana universal (*Welt Geist*) pasó a ser conciencia nacional, el espíritu del pueblo (*Volks Geist*).

*El concepto de la ideología en Marx y Engels.* Un nuevo paso en la concreción del concepto de la conciencia humana fue el dado por Marx y Engels, quienes antes que nada la entendieron como la conciencia de una clase históricamente determinada. De acuerdo con ellos, las ideas dominantes de una época "no son otra cosa que la expresión ideal de las relaciones materiales dominantes, las mismas relaciones materiales dominantes concebidas como ideas; por tanto, las relaciones que hacen de una determinada clase, la clase dominante, o sea las ideas de su dominación".[5] "Los mismos hombres que establecen sus relaciones sociales de acuerdo con su productividad material, producen también principios, ideas y categorías de acuerdo con sus relaciones sociales".[6]

La primera característica esencial de las ideas que reinan en una sociedad clasista es que, como consecuencia del limitado carácter de las condiciones materiales y espirituales de la vida de sus autores, esas ideas presentan un panorama inadecuado y deformado de las relaciones reales de la sociedad. En *La ideología alemana* hallamos estas fórmulas clásicas de Marx que expresan el elemento esencial del significado que le otorga al término "ideología": "Si en toda la ideología los hombres y sus circunstancias aparecen invertidos como en una cámara oscura, este fenómeno surge tanto del proceso histórico de sus

[5] Marx y Engels, *La ideología alemana*, p. 45, Marx y Engels, *Obras Escogidas* en tres tomos, tomo I, Editorial Progreso, Moscú.
[6] Marx, *Miseria de la filosofía*.

vidas como la inversión de los objetos en la retina proviene del proceso de su vida física." [7] "Si la expresión consciente de las relaciones reales de estos individuos es ilusoria, si en sus representaciones estos individuos dan vuelta la realidad, ello también es consecuencia de su limitada actividad material y de las relaciones sociales que resultan de ella." [8]

La segunda característica del pensamiento ideológico es la falta de conciencia de los verdaderos motivos materiales de las ideas que dicho pensamiento produce, la falta de conciencia del carácter de esas ideas, que está condicionado por la situación material que ocupa en la sociedad la persona que está pensando. Los ideólogos crean específicas ilusiones —en las que sinceramente creen— acerca de la sociedad en la que viven, idealizándola, presentándola como eterna.

A este respecto, el concepto ofrecido por Marx y Engels de los errores ideológicos difiere radicalmente de la teoría vulgar de los intereses, teoría que todavía en la actualidad muchos marxistas adoptan, incluyendo a algunos marxistas yugoslavos. Según esta teoría, los explotadores siempre mienten *intencionadamente* y engañan a las masas para salvaguardar, de esta manera, sus intereses egoístas. Hallamos en Engels una explicación muy clara de esta característica de la ideología tal como los fundadores del marxismo la concibieron: "Ideología es un proceso logrado por el supuesto pensador en forma consciente, pero con una falsa conciencia. Los verdaderos motivos que lo impulsan permanecen desconocidos para él, pues de lo contrario dejaría de ser un proceso ideológico.

Por ende, imagina motivos falsos o aparentes. Debido

[7] Marx y Engels, *La ideología alemana*.
[8] *Ibid.*

111

a que se trata de un proceso del pensamiento, deriva su forma y su contenido del puro pensamiento, ya sea propio o de sus predecesores." [9]

"Sin embargo, una vez que surge, toda ideología se desarrolla en conexión con el material conceptual dado y lo desarrolla aún más; de lo contrario, dejaría de ser ideología, o sea, ocupación en pensamiento como si fueran entidades independientes, que se desarrollan independientemente y que sólo se sujetan a sus propias leyes. Que las condiciones de la vida material de las personas dentro de cuyas cabezas continúa este proceso del pensamiento, en última instancia determina el curso de este proceso, es algo que necesariamente permanece desconocido para dichas personas, pues de otra manera se acabaría toda ideología." [10]

De acuerdo con Marx y Engels, las raíces de la ideología deben encontrarse en la existencia de clases, en la división del trabajo, en la alienación de la conciencia del hombre que resulta de la sociedad clasista.

La división de la sociedad en clases hace del hombre un ser completamente dividido en partes pequeñísimas. El hombre que explota a otros se vuelve incapaz de ver a la sociedad en su totalidad, de sentir los intereses de toda la sociedad como sus propios intereses. En una palabra, deja de ser un ser social en general. Correspondiendo a la índole dividida y limitada de su existencia y práctica social, hay un tipo de conciencia que también está dividida y limitada: la conciencia de su clase social.

La división del trabajo ha tenido como consecuencia el hecho de que algunos pensadores pertenecientes a la clase que ocupa el poder "aparecen como pensadores de esa

[9] Carta de Engels a Franz Mehring, 14 de julio de 1893.
[10] Engels, *Ludwing Feuerbach*, pp. 65-66, Martin Lawrence edition.

clase", como "ideólogos que hacen del arte de fraguar las ilusiones de la clase acerca de sí misma su principal fuente de subsistencia."[11]

"La división del trabajo sólo se vuelve realmente tal desde el momento en que aparece una división del trabajo material y mental... Desde este instante en adelante, la conciencia *puede* verdaderamente hacerse la ilusión de que es algo diferente de la conciencia de la práctica del existir; que *realmente* representa algo sin tener que representar algo real; de aquí en adelante, la conciencia está en posición de poder emanciparse del mundo y proceder a la formación de la teoría, la teología, la filosofía, la ética, etcétera, 'puras'." [12]

La división del trabajo en manual e intelectual ha producido, pues, el efecto de que el hombre sea incapaz de entender la relación entre los productos de su cabeza y la práctica social de la clase misma a la cual pertenece. Y hasta se ha vuelto incapaz de ver esta práctica y sus verdaderas relaciones sociales en su auténtica luz, porque todos los productos del trabajo social adquieren, en la sociedad clasista, la forma de fuerzas que son ajenas al hombre, que lo dominan: no pueden controlarlas ni concebirlas como su propio trabajo.

"La enajenación se manifiesta en el hecho de que los medios de mi existencia se presentan como los medios de otro hombre, en el hecho de que aquello que es el objeto de mi deseo se presenta como inaccesible para mí, porque es propiedad de otro hombre, porque cada cosa se convierte en algo distinto de lo que es... y porque todas están dominadas por un poder inhumano." [13] Los ejemplos típicos de estos productos enajenados del

---

[11]. *La ideología alemana.*
[12] *Ibid.,*
[13] Marx y Engels, *Obras completas,* p. 662 en edición rusa.

trabajo humano son la mercancía y el dinero. Las relaciones sociales que están disfrazadas de valor de mercancía permanecen ocultas, desconocidas, incomprensibles. No pudiendo controlarlas, el hombre concibe las verdaderas relaciones entre los hombres, en el proceso de la producción, como relaciones entre cosas. En la sociedad capitalista, el dinero se convierte, de esta manera, en un fetiche. Es considerado como el amo todopoderoso al cual el hombre se somete; la adquisición de dinero se vuelve la meta a la cual se sacrifican todas las fundamentales necesidades humanas.

La ideología es tan sólo la alienación del hombre al nivel de su conciencia. Los productos del espíritu humano se vuelven poderes que lo gobiernan. No hay mejor ejemplo de esta forma ideológica de alienación, de esta esclavitud ante la propia creación espiritual, que la relación religiosa del hombre con Dios.

Análogos fetiches pueden servir como base para la propaganda política masiva: una "madre patria" que, en realidad, no es la auténtica tierra natal de los trabajadores; un "Estado" que, en verdad, tal vez solamente sea un aparato en manos de la insignificante minoría de los explotadores; un partido político que, durante mucho tiempo, haya traicionado sus ideales originarios y que se ha convertido en un fin en sí mismo, sin que sus devotos tengan la menor idea de este proceso, etcétera...

En el curso de las once décadas transcurridas desde que Marx y Engels presentaron esta noción de la ideología como conciencia de clase inadecuada, deformada, se han producido importantes cambios en el uso de dicho término. En particular, ya Marx y Engels y posteriormente numerosos marxistas, empezaron a utilizar la palabra "ideología" en un sentido más amplio, es decir, en el sentido de la totalidad de las formas asumidas por la superestructura de una época histórica. Es así como, en el clásico texto del *Prefacio a la crítica de la economía política* hallamos la siguiente fórmula:

"Con el cambio del cimiento económico, toda la inmensa superestructura resulta transformada más o menos rápidamente. Al considerar dichas transformaciones, siempre debe establecerse la diferencia entre la transformación material de las condiciones económicas de la producción que pueden determinarse con la precisión de la ciencia natural, y las formas leales, políticas, religiosas, estéticas o filosóficas —en resumen, formas ideológicas— en que los hombres se vuelven conscientes de este conflicto y lo combaten." [14]

*Lenin sobre la ideología.* Es evidente que Lenin evitó el uso de la palabra "ideología". En todas sus obras, que suman más de 15 mil páginas, la empleó tan sólo una docena de veces. Y habla particularmente de la ideología burguesa cuando dice que la democracia social debería luchar contra su influencia. En el artículo *Socialismo y guerra* dice: "La burguesía disfraza sus fines rufianescos de ideología nacional." [15] Aquí la palabra ideología está entendida en el sentido que le da Marx, con la diferencia de que Lenin deja que se entienda, por implicación, que la ideología de una clase explotadora puede ser un engaño deliberado.

Una sola vez, en *Materialismo y empiriocriticismo*, Lenin utiliza el término "ideología" en el sentido de teoría o doctrina en general. Dice: "Toda ideología está históricamente condicionada, pero a toda ideología científica

[14] Edición de Kerr de *A Contribution to the Critique of Political Economy*, 1904, p. 12.
[15] Lenin, Vol. LXI, p. 194, edición rusa.

(como distinta de la ideología religiosa, por ejemplo) corresponde en cada caso la verdad objetiva, la naturaleza como lo absoluto." [16]

Finalmente, en *¿Qué hacer?* Lenin habla por primera vez de *ideología socialista*. Desarrolla la tesis según la cual el movimiento de la clase obrera no puede por sí mismo plasmar espontáneamente su ideología, sino que ésta le es impuesta al movimiento desde fuera, desde las filas de la intelectualidad progresista. En dicho artículo, en su lucha contra el economismo, Lenin se refiere a Kautsky y a un principio en el programa de Hainfeld de la social democracia austriaca, según el cual, la tarea de la social democracia consiste en la inculcación, en el proletariado, de una conciencia de su situación y una conciencia de sus tareas. Todo culto de la espontaneidad elemental en el movimiento de la clase trabajadora (toda disminución de la importancia de la ideología socialista...) significa un fortalecimiento de la ideología burguesa, pues, dice, "el desarrollo espontáneo del movimiento de la clase trabajadora conduce precisamente a su subordinación a la ideología burguesa."[17]

Los marxistas que hoy día insisten en el carácter ideológico del marxismo, a expensas de su carácter científico, por lo general se remiten a estos textos de Lenin. Sin embargo, no deberían pasarse por alto los dos hechos siguientes: primero, en todas sus obras posteriores, Lenin habla casi exclusivamente de la *teoría* del movimiento de la clase trabajadora y no de su ideología. Segundo, no puede haber dudas de que consideraba que la ideología socialista es el resultado de la investigación científica.

En el pasaje tomado de *¿Qué hacer?*, Lenin cita las siguientes palabras de Kautsky y dice de ellas que son

[16] *Ibíd.*, Vol. XIII, p. 111.
[17] Obras de Lenin, Vol. IV, pp. 391-2 (edición rusa).

profundamente acertadas: "En la actualidad no puede surgir la conciencia socialista si no es sobre la base de una profunda conciencia científica. En realidad, una ciencia económica contemporánea es la condición de la producción socialista tanto como, permítasenos decirlo, la tecnología y, a pesar de todos sus deseos, el proletariado no puede crear ni la una ni la otra; ambas surgen del proceso social contemporáneo. El representante de la ciencia no es el proletariado, sino la intelectualidad burguesa: el socialismo contemporáneo nació en las cabezas de algunos miembros de este sector de la sociedad, quienes se lo transmitieron a los proletarios, diferenciándose ellos mismos por su desarrollo intelectual y, a su vez lo introdujeron en la lucha de clases del proletariado toda vez que lo permitían las condiciones. De esta manera, la conciencia socialista es algo importado desde fuera de la lucha de clases del proletariado y no algo espontáneo." [18]

Poco después, en su Carta a la Federación del Norte, Lenin escribió: "En la medida en que el socialismo es la ideología de lucha de la clase proletaria, sufre las condiciones generales del nacimiento, desarrollo y consolidación de toda ideología, es decir, se funda en todo el material del conocimiento humano, presupone un alto nivel de la ciencia, exige trabajo científico, etcétera. ...En la lucha de clase del proletariado que se desarrolla espontáneamente, como una fuerza elemental, sobre la base de relaciones capitalistas, el socialismo es *introducido* por los ideólogos." [19]

Podríamos llegar a la conclusión de que cuando Lenin habla de la ideología socialista, utiliza esta expresión en el sentido de la teoría del socialismo *científico*, teoría

[18] *Ibid.*, p. 391.
[19] Obras de Lenin, Vol. V. Tercera Edición, p. 125 (en ruso).

que sobre la base del conocimiento científico objetivo orienta la práctica revolucionaria del proletariado.

*La confusión actual.* En la filosofía y la sociología contemporáneas, muchos eruditos burgueses han estudiado el fenómeno de la "ideología". Varios de ellos han adoptado, en mayor o menor grado, algunos de los resultados de la crítica marxista a la ideología. Karl Mannheim, por ejemplo, en la famosa obra *Ideología y Utopía*\* llega a la conclusión de que debe trazarse una diferenciación entre los conceptos parcial y total de la ideología. Según este autor, el primero corresponde al proceso de deformación y disfraz de la verdadera situación social del pensamiento; el segundo, al estilo del pensamiento y la civilización de una época.[20]

El sociólogo alemán Theodor Geiger ha basado su concepción de ideología en la diferencia entre conciencia afirmativa y conciencia otorgadora de valores, es decir, entre proposiciones teóricas acerca de hechos reales y proposiciones que evalúan. Las proposiciones ideológicas son, pues, de acuerdo con Geiger, todas aquellas proposiciones que "por su forma lingüística y por el significado que dicha forma expresa, son presentadas como expresiones teóricas de la realidad, pero que contienen elementos a-teóricos que no pertenecen, objetivamente, a la realidad cognoscitiva."[21]

Otro sociólogo, Vilfredo Pareto, ha defendido una opinión análoga expresada de una manera algo diferente.

Sin embargo, hallamos en algunos autores interpretaciones de la palabra ideología que no guardan relación

---

\* Fondo de Cultura Económica, México, 1941.

[20] Karl Mannheim, *Ideología y Utopía.* (FCE, 1941).

[21] Theodor Geiger, *Ideologie und Wahrheit, Eine Sociologische Kritik des Denkens Wien*, p. 66.

con las de otros. Por ejemplo, en el *Philosophical Dictionary* de Dagobert Runes aparece un artículo de George Boas sobre ideología. Según este autor, "Últimamente, el término ideología significa, en inglés y en los escritos de algunos economistas deterministas, ideas ineficaces, en el sentido de opuestas a la eficacia causal, o bien cualquier conjunto de ideas generales o programas filosóficos." [22]

¿Cómo emplean los marxistas la expresión "ideología"? Algunos se ajustan al significado original que Marx le dio y al sentido más amplio de superestructura ideológica. Por ejemplo, el marxista francés A. Cornu considera que esta palabra tiene dos significados: *1)* La expresión mental de la realidad objetiva en la conciencia social, y *2)* el significado que Marx le diera en *La ideología alemana.*[23]

Otros consideran que ideología es, primordialmente, superestructura, reflejo del ser social material. Esta opinión fue expresada por Bogdan Chéchic en su informe ante la asamblea anual de la Sociedad Filosófica Servia, en el año 1954, informe titulado "Algunos problemas de la ideología". Chéchic establece la diferencia entre las ideologías de los explotadores y la ideología socialista. Lo que caracteriza a esta última es que se funda en la ciencia, que tiende a la supresión de las relaciones de clases y que es, en consecuencia, revolucionaria y humanista.

Hay todavía otros autores que se adhieren a la concepción original de Marx. Últimamente, han desarrollado este punto de vista Milan Kangrgra y Miladin Jivotic.[24]

---

[22] Dagobert Runes, *Dictionary of Philosophy*, Londres, 1951, p. 140.

[23] A. Cornu, "Marxisme et Idéologie", *La Pensée*, núm. 2, 1953, p. 88.

[24] La conciencia ideológica es conciencia, invertida, distorsio-

Este último, por cierto, introduce algunas sutilezas en su tesis, ya que trata de comprender el fenómeno de la ideología en toda su complejidad y diversidad. Así pues, en una ocasión define a la ideología como "la forma de la conciencia valorativa que surge de la limitada posición (de clase) del hombre y procura justificar dicha posición e imponerla como la única forma de ser para el hombre." (*Problèmes de la Définition de L'Idéologie*, Filosofski Pregled, núm. 3, 1957, p. 56). En otro lugar dice que la esencia del fenómeno de la ideología está "en el conflicto entre la conciencia racional y la conciencia otorgadora de valores, en su mutua alienación" ("De L'Idéologie", p. 31). Desgraciadamente, no se ve cómo es posible coordinar estas diversas proposiciones en una sola concepción coherente.

Ajustándose básicamente a la concepción marxista de ideología, Mihailo Popovic ha sostenido que "el marxismo no era, básicamente, una ideología", pero que "eso no significa, sin embargo, que en cada caso específico rompió con todo elemento ideológico y con la posibilidad de una especulación arbitraria." Según él, estos elementos ideológicos provienen del hecho de que "como todas las demás ideologías, el marxismo desempeña la función de impulsar a la clase obrera y a los demás trabajadores

nada, cambiada, mistificada... "En la lucha por el nuevo hombre, la Crítica de la ideología debe desempeñar un papel principal" ... (Milan Kangrgra, "Problème de L'idéologie", *Pogledi*, núm. 11, 1953, p. 783.

"La expresión 'ideología' —escribe Jivotic—, debe reservarse exclusivamente el concepto de la superestructura ideal de la sociedad clasista, para la conciencia social de una clase. Pues la superestructura ideal en general no es necesariamente ideológica. Y la totalidad del contenido de la conciencia social de una sociedad clasista no es un reflejo ideológico deformado y alienado de la realidad." ("De L'Idéologie", en *RAD*, 1958, p. 35).

a comprometerse en la acción política para la destrucción de la vieja sociedad y la construcción de la nueva." [25]

Basándose en la concepción marxista de ideología (como un reflejo retorcido, deformado, de la realidad social), algunos marxistas polacos han insistido en que la ciencia y, en particular la sociología, deberían estar libres de ideología.[26]

Aunque hace referencia al marxismo, un cuarto grupo de marxistas implícitamente lo olvida y establece una diferencia radical entre ideología socialista progresista e ideología burguesa reaccionaria. Es así pues como en el *Philosophical Dictionary* de Rozental y Yudin hallamos la siguiente definición de ideología: "Ideología es el sistema de concepciones, ideas, nociones y representaciones que adopta una clase o un partido político. Las ideas políticas, la filosofía, el arte, la religión, son formas de ideología... La ideología de la clase obrera es el marxismo-leninismo; el arma ideológica del partido comunista y de la clase obrera es la revolucionaria transformación socialista de la sociedad. La invencible fuerza de esta ideología proviene del hecho de que refleja correctamente las leyes objetivas del desarrollo progresista de la sociedad y que sirve para expresar las irresistibles necesidades de la evolución histórica del tiempo presente."

La reacción de ciertos filósofos soviéticos a la interpretación de ideología según el espíritu de Marx es muy característica. En un artículo titulado "El mito revisionista de 'La liberación de la ciencia de la ideología'" (*Voprosi Filosofii*, núm. 7, 1958), Kamari ataca violentamente a los polacos Vjatr y Baumann por haber definido la ideología como "el reflejo invertido, deformado de la

[25] *Filozofski Pregled*, núm. 1-2, 1954, pp. 21-22.
[26] Vjatr y Baumann, "Le Marxisme et la Sociologie Contemporaine", en *Mysl Filozoficzna*, núm. 1, 1957.

realidad social". Dice: "Todos aquellos que conocen un poco de historia de la filosofía, inmediatamente comprenderán, al leer estas líneas, que aquí tenemos un nuevo aspecto de la vieja pretensión positivista de liberar a la ciencia de toda ideología, de toda filosofía, es decir, en realidad, de toda filosofía marxista." Kamari se pone luego a demostrar que ningún erudito está libre de la influencia de una u otra filosofía.

Resulta interesante señalar que Kamari equipara ideología y filosofía sin un verdadero fundamento para hacerlo;[27] más aún, nada dice del hecho de que Vjatr y Baumann están simplemente exponiendo la concepción de ideología sostenida por Marx. Es cierto que en otro pasaje, Kamari ya no los acusa de positivismo, sino de dogmatismo: "Solamente empedernidos dogmáticos podrían extraer de la crítica de la Concepción Idealista de la Historia que presentan Marx y Engels, la conclusión de que condenaron a la ideología en general; que consideraron a toda ideología como 'el reflejo deformado de la realidad social'."

No se puede menos que considerar como errónea esta forma de dirigir una discusión. Kamari sabe muy bien que Marx y Engels atacaron la ideología en general, que no consideraron su doctrina como una ideología, sino como una ciencia. Un atento estudio de sus textos muestra claramente que no estaban simplemente hablando de algunos fenómenos específicos de su época, sino del fenómeno de

[27] La filosofía puede tener un carácter ideológico cuando se la reduce a la concepción del mundo sostenida por una clase social. Pero la filosofía que se propone ser científica aspira a la mayor objetividad y universalidad. Mediante métodos científicos, estudia las condiciones del conocimiento objetivo de la verdad (la lógica, la teoría del conocimiento), los criterios para la apreciación de valores morales (la ética), y valores artísticos (la estética).

la ideología en general. Por ello de sus escritos se desprende que, mientras haya grupos especiales de individuos que sólo se ocupan de la producción de teorías separadamente de la práctica material, mientras haya hombres monofacéticos que no son seres sociales y mientras los hombres conviertan en fetiches sus propios productos habrá ideologías en el sentido que ellos dieron al término.

En realidad, los autores pertenecientes a este cuarto grupo han cambiado el significado de la palabra "ideología", en relación con Marx, pero no quieren decirlo tan abiertamente. En lugar de ello, ponen a Marx de su lado en la concepción que actualmente adoptan y atacan como "revisionistas" a aquellos que, en realidad, permanecen fieles a la concepción ortodoxa de Marx. Esta costumbre de querer a todo precio dar la apariencia de estar de acuerdo con las autoridades en toda cuestión, mientras en realidad se está en desacuerdo con ellas (a veces por buenas razones, a veces por malas), no sólo es ajena al espíritu de todo trabajo científico, sino que además tiene graves consecuencias morales; conduce a la hipocresía y al oportunismo práctico, que son las características del *homo-duplex*, es decir, de la conciencia ideológica en el sentido dado por Marx.

En el actual empleo que del concepto ideología hacen algunos marxistas soviéticos es necesario diferenciar dos cosas en relación con el Marx de *La ideología alemana*.

En primer lugar, se entiende al marxismo también como ideología y no sólo como teoría científica. El momento ideológico del marxismo sería aquel que "expresa la posición, los intereses y las tareas históricas de la clase obrera".[28] Creo que dichos autores soviéticos están acertados al subrayar este aspecto. No es tarea de la

[28] Kostantinov, "Las características principales de la ideología socialista" (en ruso en *Voprosi Filozofii*, núm. 2, 1952, p. 32).

ciencia expresar los intereses y tareas de cualquier clase social. La teoría que se ocupa de esto ciertamente tiene un carácter ideológico, en un sentido más amplio que el original de Marx.

En segundo lugar, en la determinación del contenido del concepto de ideología marxista-leninista, o ideología socialista, la política —e incluso la política de todos los días— ha empujado a la ciencia a un segundo lugar.

Según mi criterio, si bien hay fundamentos para la primera modificación, no los hay para la segunda; tiene graves consecuencias para el movimiento contemporáneo de la clase obrera. Cuando se comparan las obras teóricas sobre ideología escritas en los años que siguieron a la Revolución de Octubre, con las actuales, saltan a la vista las diferencias. Para empezar, en las explicaciones del concepto de ideología socialista sólo se trataban los fundamentales principios teóricos del marxismo (por ejemplo, la relación entre el ser social y la conciencia social; el carácter clasista de las teorías sociales, etcétera). Más tarde, se dio una enorme importancia a los pasos prácticos dados por el partido comunista de la Unión Soviética, por ejemplo, para decisiones respecto de literatura, filosofía, economía política, etcétera.[29]

Respecto de la actual concepción de la ideología en los países del campo socialista, es típico el artículo de Konstantinov, ya mencionado. Considera como la característica principal de la ideología socialista el enfoque socialista a la democracia que surge de ella. De acuerdo con este autor: "En la Unión Soviética y en los países de la democracia socialista, ya han triunfado las ideas políticas y legales y las instituciones que expresan los intereses de la auténtica democracia; por consiguiente,

[29] Sólo hay que comparar las ediciones de 1935 y 1955 de la gran enciclopedia soviética.

la democracia socialista."[30] Lo que resulta inmediatamente obvio es que lo que debiera ser resultado de un movimiento de larga duración, lo que por el momento y, en particular en algunos de los países del campo socialista, más bien un ideal que una realidad, es tratado como si ya se hubiera realizado. De modo que nos encontramos cara a cara con una típica justificación de la realidad que no podría ser confirmada por una investigación sociológica objetiva.

Lo mismo sucede con las otras características mencionadas por Konstantinov, tales como el internacionalismo, el principio de igualdad, de amistad y hermandad entre los pueblos, el humanismo en el trabajo, etcétera... Las campañas contra la Yugoslavia socialista forman un violento contraste con estas bellas frases. La ideología, pues, desempeña aquí el papel de idealizadora de las realidades; constituyen su contenido los lemas políticos que no reflejan muy exactamente las verdaderas relaciones. Igual cosa ocurre con el principio de humanismo. Un análisis científico objetivo establecería que lo que se ha hecho para fijar las condiciones del libre desarrollo de cada individuo y, en general, la creación de relaciones humanas entre los hombres (por ejemplo, la mutua confianza, la sinceridad, la libre pugna de opiniones, etcétera) es todavía bastante insignificante en comparación con el éxito obtenido en otras esferas y, en particular, en la de la tecnología y la guerra.

Konstantinov menciona además las siguientes características de la ideología socialista: "Lucha contra el cosmopolitismo, el individualismo, la burocracia, el misticismo, el pesimismo, etcétera..." Actualmente, sin duda habría puesto en primer lugar la lucha contra el revisionismo. Todos estos lemas (adoptando el estilo chino

[30] *Ibid.*, p. 40.

podríamos llamarlos "lucha contra los Cinco [o Siete] males") son, es verdad, una característica socialista en principio. Sin embargo, los conceptos reciben un contenido específico y su significado pleno por el uso que de ellos se hace en situaciones prácticas definidas. De manera que, demasiado a menudo, la práctica subyacente en estos lemas no ha tenido un carácter socialista.

Por ejemplo, en el momento en que estaba en plena marcha la campaña contra el cosmopolitismo, en los años 1948 y 1949, fueron atacados violentamente aquellos hombres que "no habían apreciado suficientemente la contribución al mundo de la cultura hecha por los sabios, filósofos y artistas rusos del siglo XIX y siglos anteriores". Se acusó al filósofo Kedrov de oponerse a ciertas notorias manifestaciones de gran chauvinismo ruso y por haber dicho que consideraba que la cuestión de la prioridad no era de importancia vital para la historia de la ciencia.

Frecuentemente fue atacado como individualismo el deseo natural y positivo de una persona talentosa de dar libre expansión a sus capacidades creadoras en oposición a un medio atrasado.

Respecto de la burocracia, en realidad la punta de la espada estaba dirigida contra los funcionarios que desempeñaban mal su trabajo. Konstantinov dice que "El partido comunista y su comité central luchan contra la burocracia, que es la reliquia más dañina del capitalismo." (p. 47). Pero de esta manera, el verdadero problema de la burocracia sigue quedando completamente oscurecido. Pues aunque el Estado desempeña al principio del periodo de transición un papel progresista en la administración económica y social, la enorme concentración de poder en las manos de un aparato estatal y un partido rigurosamente centralizado e hipertrofiado, conduce a típicas deformaciones burocráticas, que constituyen la consecuencia fatal del sistema.

La experiencia demuestra que la conducción de toda la vida social por parte del aparato estatal desemboca en la separación entre este aparato y la sociedad, sobre la cual el primero se impone como una fuerza. Y esta independencia de la burocracia se afirma, en particular, en condiciones de atraso material.

El optimismo y el buen ánimo son, por cierto, cosas muy buenas. Naturalmente se muestran en la gente sana, bien equilibrada y personalmente feliz, que ha organizado bien su vida y que persigue algunos objetivos personales y sociales. Pero, ¿cuál es el propósito de decir que la ideología socialista es una "ideología de optimismo y buen espíritu" y que "la burguesía reaccionaria inculca en los hombres la psicología de la decadencia, el pesimismo, la desesperación, etcétera..."? [31] Aunque estas características generales son correctas, *básicamente*, no es posible aplicarlas de una manera absoluta. En la práctica, la rígida insistencia en ellas frecuentemente provoca falta de sinceridad y bondad. Puede empobrecer terriblemente al arte el cual nunca ha podido ni puede sustentarse de una sola clase de sentimiento emocional.

No se puede obligar a los hombres a sentir lo que debieran en lugar de lo que *realmente* sienten. Bien cierto es que siempre habrá grandes artistas que a pesar de todo su respeto por el presente y toda su fe en el futuro nunca lograrán ser suficientemente serenos y optimistas. ¿Deberían entonces fingir en sus obras, o abandonar todo trabajo creador o exponerse a los ataques de un oportunismo ideológico tan mezquinamente concebido?

Finalmente, cuando el tema es la lucha contra el dogmatismo y el revisionismo, ambos términos son usados

[31] *Ibid.*, p. 49.

en las polémicas de una manera muy arbitraria. Típica es la actitud de los teóricos soviéticos hacia quienes están tratando de llevar a la práctica la clásica fórmula de Engels sobre la desaparición del Estado después del triunfo de la revolución socialista. Hace algunos años eran tratados como dogmáticos; hoy día, por esta misma razón se acusa a los teóricos yugoslavos de revisionismo.

Cuando Lenin hablaba de ideología socialista, estaba pensando en una teoría basada en la ciencia, en un análisis objetivo de las relaciones sociales. En la actualidad, cuando algunos marxistas hablan de ideología socialista están pensando en un conjunto de concepciones y lemas que expresan la dirección de un partido en un determinado momento. La doctrina de Marx, de Engels y de Lenin es usada como depósito de textos de los que se extraen, según la necesidad, una u otra cita desprendida de su contexto, con la cual se justifica un paso práctico dado de acuerdo con la línea política del momento. Se dice que, en el periodo de transición, el factor subjetivo es decisivo. Esto bien puede ser cierto si se considera que todas las fuerzas progresistas conscientes que construyen la nueva sociedad sobre la base del conocimiento de la situación y de las tendencias objetivas, son un factor subjetivo. Sin embargo, lo que sucede es que solamente algunas personas o un único individuo que se encuentra a la cabeza del aparato del partido es considerado, en realidad, como un factor subjetivo.

En nombre de la ideología marxista se pidió a los escritores que sólo presentaran el lado rosado de la vida soviética, los héroes positivos, los constructores. A los músicos se les pidió que renunciaran al moderno lenguaje de la música y que reverenciaran a Tchaikovsky. Para empezar, se prohibió a los filósofos el estudio de la lógica formal, "el arma del enemigo clasista"; luego se les pidió que escribieran libros de texto sobre esa misma lógica "para que los soviéticos puedan aprender a pensar eficazmente". Todo un dominio de la ciencia, la sociología, ha sido completamente descuidado. En lingüística, Marx y sus discípulos tuvieron en un tiempo una posición dictatorial. Luego, cierto hermoso día, Stalin cambió de idea y entonces se los empezó a perseguir. Lo mismo le sucedió a Varga en economía política. Durante mucho tiempo, Lysenko fue escarnecido y perseguido por los "geneticistas formales". Pero bastó que en una reunión de biólogos dijera que su disertación había sido aprobada por el Comité Central para que una enorme mayoría lo aplaudiera y condenara a sus adversarios.

En un país en que han arraigado tales costumbres, nadie ha podido jamás explicar cómo un político profesional, sobrecargado de trabajo, logra, por muy genial que sea, entender tan bien los problemas de la poesía, la filosofía, la lingüística, la biología, etcétera..., para que sus incursiones en estos campos puedan ser útiles. Y ¿cómo pueden progresar la ciencia y el arte si deben subordinarse en principio a la política del momento?

Indudablemente todo esto no significa que el arte por el arte o el "cientificismo" se justifican, cualesquiera que sean las formas que adopten. Los artistas y los sabios no pueden aislarse del resto de la sociedad. Por el hecho de que sus creaciones son para la sociedad y de que en un país socialista la sociedad les asegura las condiciones necesarias para que puedan realizar un trabajo normal, ellos deben someter los resultados de su actividad al elogio y la crítica de esa sociedad. Ésta no puede ver con indiferencia que artistas y sabios entiendan o no adecuadamente las necesidades y metas de toda la comunidad en la que viven; que estén o no inspirados por las ideas progresistas y humanas de su tiempo; que respeten o no en sus mutuas relaciones y en sus inevitables conflictos públicos los fundamentales postulados éticos.

En consecuencia, no se trata de un problema de intervención o no intervención, en sí mismo. Los organismos consejeros en ciencia, en las universidades, en la pintura, en el cine y en cualquier otra parte, constituyen también una forma de interferencia (e incluso una forma positiva y adecuada), una forma en que intervienen las conscientes fuerzas socialistas de la sociedad. Todo depende de los principios en cuyo nombre (en la realidad y no sólo en las palabras) *se efectúa esta intervención y la forma como se lleva a cabo.* ¿Se desea imponer directivas desde fuera, directivas por parte de los foros de partido, o solamente se quiere ayudar a las personas creadoras a descubrir por sí mismas tesis y formulaciones científicas de los principios subyacentes en sus propios campos de trabajo, a través de una lucha de opiniones para, de esta manera, superar las tendencias negativas?

Las consecuencias de una forma de llevar las cosas diferente de la adoptada por la liga de comunistas en Yugoslavia y cuyos principios aparecen formulados en su programa, han engendrado estancamiento en todos los dominios, en algunos países del bloque socialista, y han producido un fenómeno bastante extraño, que podríamos denominar desplazamiento del genio nacional hacia aquellos sectores donde la creatividad ha permanecido libre, no estorbada por la ideología: hacia las matemáticas, la física, la química, la electrónica y, en general, hacia las ciencias naturales y la tecnología. También es de observar que aquellas ramas del arte en que los profanos tienen dificultad para comprometerse y en que es bastante difícil usar el arte para fines políticos, como sucede por ejemplo con la música, han sido menos afectadas que aquellas en las que cualquiera puede imaginarse que tiene suficiente conocimiento como para dar opiniones autorizadas (por ejemplo en literatura y en pintura).

Otra consecuencia de esta práctica "ideológica" es que el concepto mismo de ideología queda comprometido.

Esto explica por qué algunos marxistas retornan al sentido que originariamente le dio Marx a la palabra y piden que, como ciencia, el marxismo quede liberado de todos los elementos ideológicos.

Así, no tendríamos que sorprendernos de que en la mayoría de los países del bloque socialista haya una violenta condena a esta tendencia considerada como "revisionista". Se le dedicó especial atención en el seminario sobre *Ideología y Problemas Actuales en la Lucha contra el Revisionismo*, realizado en Praga el 16 y el 17 de octubre de 1958. El informe principal fue presentado por el secretario del Comité Central del Partido Comunista Checoslovaco, Vladimir Koucky. Acusó a los "revisionistas" de tratar de establecer una diferencia entre el "Marxismo como ciencia pura" y "como instrumento político y el conjunto de las aspiraciones ideológicas". Citó las concepciones de Pierre Hervé y de Henri Lefebvre y también del polaco L. Kalakowski. Pero no presentó un análisis teórico y crítico de sus teorías. Son simples acusaciones de sus "actividades ajenas al seno del partido", "su acción destructiva dirigida contra el P. C.", su intento de "divorciar al marxismo de la vida y transformarlo en disciplina profesional".

Un análisis paciente y generoso de sus ideas nos lleva a la conclusión de que Koucky está en contra de la diferenciación entre ciencia e ideología en el marxismo, por las siguientes razones:

1. Considera que esto "excluye al marxismo de la política revolucionaria de los partidos comunistas", "lo

priva de su eficacia práctica" "elimina su esencia revolucionaria". Y esta diferenciación es "metafísica".
2. En la distinción entre marxismo como ciencia y marxismo como ideología "se manifiesta el objetivismo burgués" y, en último análisis, un orgullo intelectual para con la clase obrera que, de acuerdo con estas ideas, con su subjetividad clasista sólo podría empañar la teoría revolucionaria.

En toda esta discusión es imposible dilucidar si la cuestión que importa es la *diferenciación* entre los elementos ideológicos y los científicos del marxismo o, en realidad, la completa ("metafísica") separación del marxismo como ciencia pura de toda práctica política y revolucionaria.

En realidad, la separación en este sentido es imposible. La persona que tome al marxismo sólo como pura ciencia, sin relación alguna con la práctica revolucionaria a la que su aplicación lleva, puede ser, en todo caso, un buen filósofo, un sociólogo, un economista, que resuelve algunos problemas científicos con el espíritu de los principios fundamentales del materialismo dialéctico y filosófico; incluso de este modo puede rendir importantes servicios al movimiento de la clase obrera, pero no por todo eso es un marxista, ya que la actividad, el vínculo entre la teoría y la práctica, la orientación revolucionaria hacia una transformación del mundo: tales son las características esenciales del marxismo. Al mismo tiempo, no es marxista el hombre cuya práctica política no esté inspirada por un análisis científico objetivo de la realidad social y de las leyes de su desarrollo. Koucky olvidó mencionar este segundo aspecto antimarxista de la separación entre ciencia y política. ¿Habrá sido por casualidad?

Sin embargo, si todo cuanto se discute es trazar una distinción entre el aspecto científico y el ideológico del marxismo, no se entiende qué mal habría en ello. Una exacta definición y delimitación de conceptos ayuda enormemente a la precisión y claridad del pensamiento. Es una condición del auténtico conocimiento. ¿Considera Koucky que ciencia e ideología son una sola y la misma cosa? Entonces, ¿por qué el trazar distinciones entre conceptos que indican las diferentes formas de la conciencia social sería "objetivismo burgués", "orgullo intelectual para con la clase obrera"?

En realidad, un análisis de este tipo ciertamente demostraría que muchas cosas que hoy día son consideradas como parte de la ideología socialista no tienen fundamento científico. El significado práctico de una distinción entre los aspectos científico e ideológico de lo que en el presente se denomina "marxismo-leninismo" consiste precisamente en realizar una investigación que mostraría cuáles son las metas y las tareas fijadas por los programas de los partidos obreros que en la actualidad poseen una objetiva base científica y cuáles son los que no cuentan con dicha base y han sido injertados en el movimiento de una manera subjetiva y arbitrariamente oportunista. ¿No es precisamente esto lo que quieren evitar aquellos que piensan como Koucky?

¿Qué significado definido debería dársele, pues, al concepto de ideología? Me parece que habría que buscar la solución en el sentido de una generalización de la concepción de Marx que se ajustara a la práctica generalmente admitida de hablar del socialismo científico como de una ideología. Resulta insuficiente e imposible volver de una manera pura y simple a los escritos juveniles de Marx sobre esto. No se puede definir la ideología como "una conciencia social inadecuada e invertida" y hablar al mismo tiempo de la ideología *revolucionaria* del proletariado sirviendo como guía para la creación de una sociedad más evolucionada y humana. Salvo en unos pocos casos raros, el conocimiento inadecuado termina en una práctica ineficaz que da resultados muy diferentes de los que se buscan.

Aparte de todas las deformaciones que hemos estado tratando aquí, no es casualidad que tan a menudo se denomine ideología al movimiento de la clase obrera. La teoría de Marx ha sido una teoría de revolución en la mayoría de los países desarrollados. Parecía que solamente estaba determinando la meta hacia la cual llevaba inevitablemente la revolución de la sociedad. Por ello, Marx consideraba que su predicción, por lo menos en lo concerniente al futuro cercano, tenía un carácter estrictamente científico. En este sentido: "La clase obrera... no tiene ninguna utopía lista para implantarla *par décret du peuple* (por decreto del pueblo)... no tiene que realizar ningunos ideales, sino simplemente dar rienda suelta a los elementos de la nueva sociedad que la vieja sociedad burguesa agonizante lleva en su seno." [32]

Pero ocurrió que las primeras revoluciones socialistas tuvieron lugar en países más o menos atrasados, llenos de contradicciones, algas de las cuales eran tal vez incluso más violentas que la contradicción existente entre la clase obrera y la burguesía. Lo que estaba en discusión no sólo era la liberación de los elementos de la nueva sociedad que ya se habían desarrollado dentro del antiguo sistema burgués que estaba derrumbándose. Antes que nada era necesario crear, en su mayor parte, esos elementos. La nueva sociedad era, en realidad, un ideal; cierto que un ideal para cuya realización ya estaban

[32] Marx, *La guerra civil en Francia*, p. 547, vol. I, *Obras Escogidas*, Ediciones en Lenguas Extranjeras, Moscú, 1955.

dadas ciertas condiciones objetivas fundamentales (condiciones económicas, políticas, etcétera...). El advenimiento de la revolución no era un hecho necesario que tan sólo había que establecer;[33] era necesario desearla, luchar por ella, prepararla. Indudablemente, Marx no era un fatalista y la necesidad objetiva de la revolución no incluía, para él, la acción revolucionaria por parte del proletariado. Era sólo una posibilidad entre otras posibilidades objetivas. Correlativamente, el papel del factor subjetivo se volvía más importante a medida que la experiencia demostraba que cuando los hombres tienen un exacto panorama científico de la situación social y cuando al mismo tiempo están dispuestos a probar lo "imposible", a ir más allá de sí mismos, pueden llevar a cabo con éxito ideales cuya realización sería improbable de no ser por ese enorme y excepcional compromiso de las masas.

La experiencia ha demostrado, pues, que la conciencia de clase del proletariado incluye, además de un aspecto racional y científico, un aspecto emocional valorativo y que el fenómeno de la ideología proletaria no puede explicarse sin dicho aspecto.[34]

*Ideología es, pues, el conjunto de ideas y teorías con las cuales una clase expresa sus intereses, sus fines y las normas de su actividad.*

En el sentido que le otorga Marx, ideología es un caso particular de este concepto. Cuando tenemos que enten-

---

[33] Aquí estamos exagerando esta diferenciación, en bien de una mayor claridad.

[34] Por eso, Todor Pavlov está equivocado cuando afirma que "La ideología misma, bajo la forma de la ideología del proletariado..., se transforma ante nuestros ojos en una concepción científica perfecta, en un sistema completo de ideas científicas acerca de objetos sociales y materiales." ("La théorie du reflet", *Kultura*, 1947, p. 405).

dérnosla con una clase explotadora, dicha clase expresa sus intereses, sus necesidades y sus propósitos en una forma seudo-racional, con una colección de teorías que ofrecen un cuadro falso, que representa inadecuadamente y que mistifica las verdaderas relaciones sociales. Claramente surge del análisis de Marx que lo que se presenta como la ideología del proletariado puede ser, en ciertas condiciones, una ideología en este sentido particular. Puesto que el grupo que ocupa el poder en una sociedad comprometida con la construcción del socialismo tiene intereses particulares, diferentes y opuestos a los intereses de la masa de la sociedad; puesto que este grupo cuenta en sus filas con un grupo privilegiado de puros pensadores que solamente emprenden trabajos teóricos para el grupo en el poder, y puesto que, al mismo tiempo, todavía aparecen casos de alienación y fetichización de productos e instituciones humanas, inevitablemente se termina por glorificar la realidad, por construir mitos e ilusiones que se piensa que es conveniente que crean las masas. En una palabra, el resultado será un reflejo inadecuado, mistificado de la realidad. Al mismo tiempo, los creadores de esta concepción del mundo pueden estar subjetivamente convencidos de que sus intereses son idénticos a los de la totalidad de la sociedad y de que su manera de hacer las cosas es la única ruta posible hacia el socialismo.

Sin embargo, la ideología de la clase obrera no es ni debe ser, como norma, semejante conciencia inapropiada y mistificadora. El proletariado no tiene intereses especiales diferentes de los del resto de la sociedad. Los auténticos teóricos son personas comprometidas con la práctica de la transformación de la sociedad y la creación de relaciones nuevas y más humanas. Para una verdadero comunista, esto no puede incluir fetiches. Sabe que Dios es el producto de la imaginación de los hombres, siendo, por ello, un ateo convencido. Sabe que el dinero es sólo el símbolo del valor que él crea, y por ese motivo la posesión de dinero, o incluso de sumas cada vez mayores de dinero como fin en sí mismo, no es la clave de una vida feliz y de una persona rica en contenido, sino más bien que esta clave ha de hallarse en el florecimiento integral del individuo y de los hombres que lo rodean. Sabe que el dinero sólo debe servir como medio para la realización de valores más profundos y depurados de la vida. Finalmente, considera que, en un Estado socialista, el partido, el Estado y todas las demás instituciones son sólo medios para la creación de una mejor sociedad, más humana, y para garantizar más libertad al individuo, y no fines en sí mismos, poderes alienados que dominan a los hombres.

El auténtico marxismo es una unidad de dos momentos diferentes: el científico y el ideológico. La ciencia establece y explica aquello que es, lo que ha sido y lo que será. La ideología expresa lo que debiera ser, lo que el hombre desea, aquello que es de interés para la clase obrera. La unidad de estos dos aspectos en la estructura del marxismo resulta del hecho de que los fines e ideales de la clase obrera solamente pueden determinarse sobre la base de un análisis científico de la sociedad contemporánea. Deben coincidir con las actuales tendencias del movimiento social. Desde el punto de vista del socialismo *científico*, la clase obrera sólo se fija tareas para cuya realización ya existen suficientes condiciones materiales, de modo que únicamente se necesita de la energía revolucionaria de las masas trabajadoras para que se vuelva realidad lo que ya es objetivamente posible. Por el otro lado, la unidad de la ciencia y la ideología progresista consiste en el hecho de que desde su punto de vista, la investigación científica es inspirada por un ideal humanista de la sociedad futura, por el hecho de que debería servir a una creación más general, la emancipación más completa posible del hombre de las fuerzas que lo degradan, lo encadenan y lo humillan.

El elemento científico del marxismo consiste en las proposiciones que describen y explican el mundo en su totalidad y a la sociedad humana en particular, y que concuerdan con las leyes de la metodología científica. Esto significa que deben ser comunicables (es decir, que se las pueda formular con precisión de modo que los términos usados sean claros y socialmente comprensibles), teóricamente motivadas y mutuamente coherentes. Y, finalmente, es necesario que se las pueda aplicar en la práctica de manera que sean directa o indirectamente verificables o utilizadas como base para la deducción de proposiciones verificabless. Un ejemplo del espíritu científico de los clásicos marxistas es ciertamente *El Capital*, de Marx.

Indudablemente de carácter ideológico son todas aquellas proposiciones que se ocupan de tareas para los comunistas, sean éstas inmediatas o lejanas, cuestiones de organización, el comunismo como meta final, qué clase de gente deben ser los comunistas, etcétera... El primer problema planteado por estas proposiciones es el de saber si verdaderamente son expresión adecuada de las aspiraciones revolucionarias de la clase obrera, y en esto estriba, específicamente, la diferencia entre dichas proposiciones y las opiniones científicas (que por regla general son de índole universal). Consecuentemente, la famosa tesis de Lenin, en su discusión con Martov, según la cual todo miembro del Partido Comunista debe trabajar en una organización de base, no supone la cuestión de reflejar o no una situación real, sino que atañe a la eficacia en la lucha por el socialismo.

No obstante, si una proposición ideológica verdaderamente se va a ajustar a la finalidad buscada y si va a ser eficaz en la práctica, debe basarse científicamente en un exacto conocimiento objetivo de los hechos y del nivel del desarrollo social, del nivel de la conciencia de las masas, etcétera...

Tomemos otro ejemplo: las tesis de Marx sobre el hombre completo y la supresión de la alienación, que aparecen en los *Manuscritos económico-filosóficos* no son ciertas en el sentido de ser afirmaciones de una situación real. Describen un ideal, algo que *debiera* ser. Pero he aquí el punto esencial: para ser un elemento de una ideología científica, la descripción de este ideal debería estar basada científicamente. Tiene que ser posible la presentación de argumentos que demuestren que realmente ya existe, por lo menos en la parte más progresista de la sociedad, una auténtica tendencia hacia la supresión de la enajenación o alienación, hacia la socialización y la superación de un estilo de vida mezquino y parcial. Sólo y únicamente de esta manera los ideales, las normas, los valores, las tareas obtienen su justificación científica y dejan de ser utopías, deseos subjetivos y mitos manipuladores.

Respecto del trazado de la línea divisoria entre lo científico y lo ideológico existe el gran problema de que esos ideales sociales, esas divisiones de un futuro lejano a menudo se expresan en la forma de juicios en el modo indicativo, lo que dificulta su diferenciación de las predicciones científicas. No debe olvidarse que la ciencia de la sociedad no está aún lo bastante desarrollada para poder hacer acertados pronósticos a largo plazo, y puesto que los fenómenos sociales son sumamente complicados, es justo preguntar si la ciencia social podrá alguna vez hacer tales predicciones cuando haya alcanzado un grado mucho más alto de precisión científica. Sus predicciones son generalmente condicionales y relativamente imprecisas, en virtud de que contienen factores variables. De estas variables, la que predomina es la conducta de los hombres. Además, éstos han heredado y adquirido características que difieren notablemente de un individuo a otro y que pueden expresarse en sorprendentes formas de situaciones nuevas. De ello se desprende que la sociología carece del conocimiento completo de las condiciones iniciales y de los factores que pueden influir en el curso de los acontecimientos. Consecuentemente, sus predicciones son hipotéticas.

Un texto de carácter ideológico, que describa las perspectivas de la evolución social desde el punto de vista de una clase, no toma ni puede tomar en cuenta todas estas dificultades, sobre todo si se trata de pronósticos a largo plazo. Por lo general, dicha ideología proyecta al futuro los deseos y metas de la clase en cuestión, y por ello sus predicciones tienen con frecuencia un aspecto simplificado y estrictamente determinista. De modo que, cuando en su obra *Del socialismo utópico al socialismo científico*, Engels describe el proceso de la desaparición del Estado, a pesar de su tono aparentemente apodíctico, no deberían interpretarse sus palabras como predicción de algo que *debe* suceder inmediatamente a continuación de que la clase obrera suba al poder. El hecho es que dicha clase ha asumido el poder en una serie de países sin que el Estado haya empezado a debilitarse siquiera; por el contrario, se ha visto fortalecido. Además, el hecho de que Engels y Marx atribuyan siempre una enorme importancia a la acción del hombre, a su poder para modificar las circunstancias en las que se halla, demuestra claramente que Engels no podía creer en una predicción estrictamente determinista. En consecuencia, hay que interpretar este y otros textos de una manera distinta.

En realidad, en ellos tenemos un *programa de acción*, la descripción de lo que *debería* suceder, de lo que la clase obrera *tiene* que hacer, si *quiere* realizar las posibilidades objetivas de construir una sociedad en que no haya explotación y opresión. No se trata, por lo tanto, de un pronunciamiento puramente científico que, fría e imparcialmente, tome en cuenta todos los aspectos del futuro y determine sus probabilidades. Tenemos aquí una descripción de un aspecto solamente: aquel que coincide con el ideal de la clase obrera. Pero dicha descripción se funda en hechos indudablemente científicos, entre los cuales habría que subrayar especialmente los siguientes:

1) El desarrollo del capitalismo necesariamente conduce a la transformación de la propiedad privada en propiedad social y del Estado;
2) El proletariado es realmente la clase que sólo puede independizarse tomando el poder, pero que al mismo tiempo, no tiene interés en explotar a otras clases y por ende no tiene ninguna necesidad duradera del Estado. Nuestra experiencia actual nos revela un tercer hecho: la existencia del Estado necesariamente produce la burocracia y ello en proporción a la fuerza del aparato estatal y a la cantidad de sus funciones.

Todas aquellas tesis ideológicas que carecen de semejante base objetiva y científica son mistificaciones semejantes a las ideologías acientíficas que Marx combatió.

## IV. CONCEPCIONES DESCRIPTIVAS Y NORMATIVAS DE LA NATURALEZA HUMANA

En este ensayo deseo intentar las tres cosas siguientes:

*1)* demostrar brevemente la conexión entre las ideologías y las concepciones existentes de la naturaleza humana;
*2)* a diferencia de aquellas concepciones normativas que están comprometidas con las ideologías, explorar las posibilidades de levantar concepciones descriptivas de la naturaleza humana;
*3)* indicar cuál sería, en este problema, la posición de alguien que se hubiera comprometido con una teoría social humanista crítica.

I

Existe confusión respecto de la noción de *ideología*; por tanto, debemos escoger el uso que haremos de dicho término. En el sentido más restringido y preciso en que Marx utilizó esta palabra en *La ideología alemana*, es la expresión de intereses y necesidades de un particular grupo social *dominante*. En este sentido, la función de la ideología consiste en ocultar y mistificar las verdaderas relaciones sociales que se caracterizan por la dominación y la opresión, presentar una imagen de las mismas mejor que la que merecen o, al menos, explicarlas como formas naturales, perdurables, necesarias de la vida humana. Para este fin de justificación se necesita de una

*Weltanschauung* que incluya una idea de la naturaleza humana, y es esencial crear la impresión de que esa *Weltanschauung* es teóricamente sólida y universalmente válida. Por ello, las ideologías necesitan de la ciencia y la filosofía; por ello, sus afirmaciones pueden tener un carácter tan general, abstracto y sistemático, y también por ello la mayoría de sus juicios de valor son cuidadosamente disfrazados y expresados en forma de meros postulados indicativos.

En un sentido más amplio, la ideología es la expresión de los intereses y necesidades de cualquier grupo social en particular, los dirigidos y oprimidos, así como también los gobernantes y opresores. El término es muy frecuentemente usado en este sentido, incluso por la mayoría de los seguidores de Marx (por ejemplo, cuando hablan acerca de la ideología *socialista* contra la *burguesa*). El concepto más general no implica que las afirmaciones ideológicas fundamentales sean falsas o juicios de valor disfrazados. Implica solamente su carácter normativo.

Los postulados ideológicos no sólo describen el comportamiento humano *real* en una sociedad determinada: expresan cuál *debe* ser y cómo *tendría que estar* organizada la sociedad. Para dar siquiera la sensación de estar bien fundados necesitan de un concepto de la naturaleza humana. Con este fin, la imagen del hombre que se ajustaría a la estructura social existente o que se requiere para explicar y justificar un determinado proyecto de transformación social, es presentada como una entidad fija, innata e histórica, con características invariables.

Un estudio de las correlaciones entre las diferentes actitudes hacia una sociedad dada, por un lado, y los distintos conceptos de la naturaleza, por el otro, conducen a las siguientes reglas sencillas:

*1)* Las ideologías del *statu quo* tienden a desarrollar concepciones escépticas respecto de la naturaleza humana. Una forma de escepticismo consiste en la advertencia de que los derechos humanos deben estar limitados y que hay que ser realistas respecto de cualquier programa concebible de cambio estructural, pues el hombre tiene instintos bestiales que no deben quedar en libertad. Otra variante más liberal es el rechazo de la idea misma de naturaleza humana como concepto metafísico especulativo. Se desprende, pues, que hay sólo una inmensa variedad de formas observables de la conducta humana. Este criterio es compatible con los programas de cambio social en el sentido de crecimiento y modificación continua de las existentes estructuras sociales. Por ejemplo, armoniza con la idea, presentada por Popper, de la ingeniería social. Pero excluye todo programa a largo plazo de un cambio social radical en el sentido de transformación estructural (revolución). Si no tenemos buenas razones para creer que alguna forma diferente de la sociedad corresponde mejor, en última instancia, a la naturaleza humana o es más humana que la actual, entonces parece ser que el método de prueba y error es el único que nos queda.

*2)* Cuanto más orientada hacia el futuro está una ideología y se opone más radicalmente a la sociedad dada, más optimista es su concepción de la naturaleza humana. Si la tarea del cambio revolucionario parece factible y si, sobre todo, ofrece una posibilidad de realización en una serie de pasos más pequeños (el caso del reformismo revolucionario), es posible una cierta dosis de realismo: no es necesario excluir completamente el lado más oscuro de la naturaleza humana. Cuanto más débiles son las verdaderas fuerzas revolucionarias, más remota y difícil parece ser la tarea, más necesidad hay de idealizaciones, más optimista y utópica es la concepción de la naturaleza humana. En su forma extrema contiene sólo cualidades buenas y admirables: libertad, creatividad, sociabilidad, etcétera. Existe la esperanza de que podrían movilizarse fuerzas sociales suficientemente fuertes para el cambio revolucionario si pudiera demostrarse que hay un abismo insoportable entre posibilidad y realidad y que la sociedad dada es una total barrera para la autorrealización humana.

3) Cuanto más orientada hacia el pasado está una ideología y expresa más los intereses de grupos sociales que tienden a restaurar algunas estructuras de dominación históricamente obsoletas, más pesimista o cínica es su concepción del hombre, básicamente considerado como malo (agresivo, codicioso, posesivo, egoísta).

Otra regularidad es que en uno de los extremos del continuo, en las ideologías orientadas hacia el futuro, se encuentra el máximo igualitarismo: todos los individuos son potencialmente buenos, igualmente creadores, capaces de desempeñar toda clase de funciones en la sociedad, etcétera. De aquí deriva el principio de rotación de todos los papeles, incluyendo los de guía. El hincapié en las diferencias se vuelven más fuertes a medida que avanzamos hacia el otro polo. Los reaccionarios extremos insisten en las permanentes diferencias biológicas entre las razas, las naciones y las clases. De acuerdo con ellos, la democracia y el socialismo favorecen a los débiles, los enfermos, los inactivos, los ineptos. Debería reorganizarse la sociedad para que se hiciera justicia a la evidente superioridad de las élites compuestas de superhombres dotados de instintos fuertes, sanos, agresivos.

## II

Si la concepción de la naturaleza humana que hallamos en las ideologías es claramente *normativa* y desempeña la función de *proporcionar un fundamento teórico* a cierto proyecto de acción práctica de un grupo, más que la de *describir una realidad determinada*, surgen dos preguntas:

1) ¿Son todos los conceptos normativos de la naturaleza humana, desde el punto de vista científico, igualmente inapropiados y desprovistos de contenido de hechos reales, o también contienen (en mayor o menor grado) un componente descriptivo?
2) ¿En qué consiste una concepción descriptiva de la naturaleza humana y por qué métodos puede establecerse?

En cuanto a la *primera*, obviamente es posible tratar a las afirmaciones ideológicas acerca de la naturaleza humana como candidatas a postulados de hechos reales y someter a prueba sus fundamentos teóricos y empíricos. Surgen tres tipos diferentes de situación:

1) Si no se especifican las condiciones en las cuales podrían estas afirmaciones ser empíricamente probadas y falsificadas, el concepto implicado (o parte del mismo) de la naturaleza humana carece de toda dimensión descriptiva.
2) Si se especifican las condiciones pero no resulta claro cómo pueden satisfacerse, el concepto en cuestión no tiene valor científico (es lo que sucede con las descripciones del siglo XVIII del hombre en estado natural o las descripciones más recientes de una sociedad en la que no hay escasez de ninguna especie).

*3)* Si las condiciones son específicas y pueden cumplirse, el concepto de la naturaleza humana se vuelve descriptivo, y de los resultados de operaciones reales de comprobación dependerá que resulte realmente adecuado o no. De esta manera se puede probar la validez de las afirmaciones de que el hombre es esencialmente beligerante en cualquier sistema, o que el instinto de posesión desaparecerá en determinadas condiciones sociales.

El estudio empírico del comportamiento humano en diferentes condiciones históricas proporciona el material necesario para posibles generalizaciones antropológicas de índole descriptiva. No puede haber dudas de que la imagen del hombre construida de tal manera sería de enorme complejidad. Antes que nada hallaríamos una estructura *en evolución* antes que una estática entidad fija. Algunas características tienden a desaparecer (la lealtad patriarcal a la generación más vieja) y aparecen otras nuevas (*homo consumens*). Éstas, a su vez, se vuelven cuestionables para las generaciones futuras. En lugar de tener frente a nosotros un conjunto de estables características deterministas, solamente encontramos tendencias de comportamiento con toda suerte de excepciones individuales. Se hace evidente que hay una enorme brecha entre lo real y lo potencial. La mayoría de las propiedades humanas son sólo predisposiciones latentes que pueden materializarse, pero no necesariamente. Poseen su base material, química, que se presenta en definidos esquemas genéticos.

Un conocimiento mucho más avanzado de esta base bioquímica nos permitiría comprender ciertas limitaciones de los hombres, que actualmente sólo pueden ser objeto de conjeturas. Pero no cabe duda de que dentro de estos límites hay un gran panorama de posibilidades. De las condiciones sociales y culturales dependerá cuál de estas posibilidades se materializará en la forma de tendencias reales de conducta. Lo que el hombre verdaderamente es, sólo es un pequeño fragmento de lo que es *en potencia*, es decir, lo que *podría* llegar a ser. En realidad, el hombre tiene muchas capacidades potenciales que empieza a manifestar cuando niño, pero que son bloqueadas por las condiciones desfavorables de la sociedad industrial contemporánea. Su afán posesivo puede ser un sustituto de aquellas formas de conducta reprimidas. Tales son, por ejemplo: la capacidad para tener una experiencia sensorial cada vez más rica, más cultivada, para la actividad creadora, para la solución de problemas, para la comunicación significativa, para la participación en toda clase de actividades sociales, juegos, festividades, etcétera.

Otro rasgo importante del concepto descriptivo de la naturaleza humana, en estrecha relación con esta dualidad real-potencial, sería su carácter aparentemente contradictorio. Toda la historia precedente presenta un panorama de tendencias opuestas del comportamiento humano: un anhelo a la libertad, pero también una huida de la responsabilidad; un esforzarse por lograr el universalismo y el internacionalismo, pero también egoísmo clasista, nacional y racial; necesidad de crear, pero también poderosos impulsos irracionales, destructivos; predisposición al sacrificio de sí mismo en ciertas circunstancias, pero también deseo vehemente de poder personal y de dominio sobre los demás; profunda necesidad de amor, pero junto con ella, la incomprensible necesidad de infligir dolor y sufrimiento a los seres amados.

¿Qué podemos decir, científicamente, acerca de la naturaleza humana cuando tenemos que enfrentarnos a tan evidentes paradojas?

### III

La tarea parece posible. Los eruditos saben cómo entendérselas con problemas similares en otros campos. Hay que analizar los datos, generalizar y extrapolar; introducir términos abstractos, abreviaturas.

Una vez que hemos aprendido las diferencias que existen entre un hecho empírico y una ley y entre la blancura y la solubilidad de la sal, es decir, entre las propiedades reales y de predisposición de los fenómenos, no debería haber problema alguno en establecer la diferencia entre la forma actual de la existencia humana, por un lado (que puede ser muy estrecha y totalmente limitada) y, por el otro, toda la riqueza de las capacidades humanas potenciales. Tampoco deberíamos tener dificultades en resolver paradojas especiosas mediante la especificación de diferentes condiciones históricas en las cuales tienen lugar tendencias de conducta opuestas.

Sin embargo, hay dos problemas graves:

1) ¿Estamos seguros de que el cuadro descriptivo resultante es puramente científico y de que no se deslizó de rondón una gran cantidad de ideología en los supuestos mismos y los procedimientos de nuestro método científico? La respuesta es que, por supuesto, no existe una ciencia pura, no ideológica, especialmente en el caso de una ciencia social. Como consecuencia, nuestro concepto descriptivo no estará del todo libre de elementos normativos.

2) Una segunda pregunta, más trascendental es: ¿Cuál es la utilidad del concepto descriptivo de la naturaleza

humana si no estamos contentos con la actual condición humana y queremos cambiar la sociedad?

Un enfoque muy común entre los científicos sociales críticos consiste en rechazar completamente el concepto descriptivo como producto del pensamiento positivista y como mera apología de la realidad social *dada*. Pero ¿cuáles son entonces las alternativas?

O bien hay que abandonar el concepto de la naturaleza humana por completo, o bien postular uno que no tome en cuenta ninguna información científica disponible. En el primer caso, hay que abandonar todo criterio humanista de evaluación de la vieja o la nueva sociedad y deben evitarse, sistemáticamente, todos los términos críticos del tipo de "deshumanización", "degradación", "alienante", "antinatural", etcétera. Habría que emplear el lenguaje tecnocrático utilitario: "útil", "eficiente", "racional" (en un sentido técnico), "óptimo" (sin referencia a nigún criterio [humanista] de nivel superior). Indudablemente caeríamos bajo la famosa crítica que Marx hace de Bentham en *El Capital*:

> Si queremos enjuiciar con arreglo al principio de la utilidad todos los hechos, movimientos, relaciones humanas, etcétera, tendremos que conocer antes toda la naturaleza humana en general y luego la naturaleza humana históricamente condicionada por cada época.[1]

(En relación con esto, Marx estableció la diferencia entre "los impulsos constantes que existen en todas las condiciones y que sólo pueden modificarse en cuanto a la forma y dirección que toman" y los "impulsos y apetitos

[1] Marx, *El Capital*, vol. I, p. 514, nota, Fondo de Cultura Económica.

relativos que deben su origen a un tipo definido de organización social").[2]

Si, por el contrario, simplemente postulamos el concepto de la naturaleza humana, no sólo sufre el procedimiento a causa de una arbitrariedad excesiva e innecesaria, sino también todo el concepto se vuelve completamente estático, ahistórico y, en una medida considerable, místico. No hay historia si el hombre sigue siendo el mismo todo el tiempo. Si es que existe una naturaleza innata, entonces el papel de las condiciones sociales, la educación y la cultura se vuelve insignificante y resulta imposible explicar los grandes cambios de la conducta humana cuando se producen considerables transformaciones de las condiciones sociales.

Esta crítica nos lleva a la conclusión de que en lugar de rechazar el concepto *descriptivo* de la naturaleza humana deberíamos tomarlo como una base real para plasmar un concepto *ideal* que abarcara por igual un componente descriptivo y uno normativo.

Todo este procedimiento presupone un criterio básico intuitivo respecto de cuáles cosas son intolerables y cuáles son aceptables en la sociedad humana. Este criterio es cuestión de nuestra orientación práctica general en la vida social. En el caso de un estudioso que esté en favor del cambio social radical, este criterio es primordialmente una manifestación de *rebelión* contra las condiciones humanas de la sociedad clasista contemporánea. La inmediata experiencia de la miseria humana, la humillación, toda clase de privaciones, vacío y sufrimiento, despierta una conciencia rebelde que, al principio, tiene una forma predominantemente *negativa: no debe permitirse que ciertas cosas le sucedan al hombre.* Una mayor observación, experiencia práctica, el estudio de la litera-

[2] Marx, *La sagrada familia*.

tura y el pensamiento conducen a un sistema de ideas básicas respecto de qué estructuras sociales son las responsables de las formas existentes de degradación humana. También descubrimos que hay un alto grado de acuerdo entre los grandes pensadores humanistas del pasado respecto de ciertos valores tales como la libertad, la igualdad, la paz, la solidaridad, etcétera. Este acuerdo no prueba nada, pero demuestra el carácter universal de ciertas normas de la vida humana. Esta creencia en que ciertas normas tienen carácter universal en un momento histórico determinado, es una base *a priori* para una teoría del cambio social. Aquí *a priori* debe ser tomado en un sentido relativo, histórico y no como una entidad absoluta, trascendental. Es una cristalización del pasado y es relativo. El proceso mismo de elaboración de una teoría que incluya el cambio de la naturaleza humana comprende los siguientes pasos:

1) Descubrir las limitaciones internas en las formas reales del comportamiento humano, así como también en las predisposiciones latentes (tales como la agresividad, la voluntad de poder, la posesión obsesiva). Aquí limitaciones significa características negativas que deberían superarse.
2) Descubrir en qué condiciones sociales surgen estos rasgos negativos.
3) Mostrar cómo pueden ser transformadas estas condiciones (cuáles estructuras sociales e instituciones habría que abolir) para eliminar estas características negativas. Por supuesto, no es posible eliminar las predisposiciones latentes, profundamente arraigadas, con sólo suprimirlas: podría suceder que únicamente se tratara de un retroceso temporal. Una forma mucho más prometedora consiste en crear condiciones en

las cuales pudieran manifestarse libremente pero de una manera modificada, socialmente aceptable (como por ejemplo, la agresividad cultivada, controlada, que se expresa en debates, en deportes, en el sexo, etcétera; la capacidad para gobernar, transformada en poder creativo, etcétera).

*4)* Por el otro lado habría que crear condiciones para la plena realización de otras capacidades potenciales no negativas. Con el tiempo, deberían predominar estas últimas.

De este modo, comprometiéndonos en forma práctica y haciendo surgir uno de los posibles futuros, al mismo tiempo cambiaríamos nuestra propia naturaleza: fomentando el desarrollo de algunos de nuestros rasgos, suprimiendo y modificando otros, creando actitudes, necesidades, impulsos, aspiraciones, valores completamente nuevos.

### IV

Un hecho histórico que a menudo se pasa por alto es que algunos valores que han sido muy importantes en el pasado reciente pierden su sentido y provocan hartazgo y rebelión en la nueva generación. En momentos de este tipo puede observarse una súbita mutación de la conducta humana. Es lo que particularmente ocurre con aquellos valores que se han originado en la impotencia y en todas las clases de privación, y que han dirigido la conducta humana por tanto tiempo, que muchos teóricos los consideran como características perdurables de la naturaleza humana. Así por ejemplo:

*1)* La escasez material ha provocado un apetito por los

bienes, avaricia por la propiedad privada ilimitada. Este deseo inmoderado, esta típica mentalidad del *homo consumens* se desarrolla sobre todo cuando, por primera vez en la historia, en la sociedad industrial, se crearon las condiciones de toda actividad humana para la satisfacción masiva de las necesidades materiales. Sin embargo, pierde una buena parte de su significado en las condiciones de abundancia de una sociedad "posindustrial". En una escala de valores, algunas cosas se vuelven más importantes... tendencia que ya puede observarse en los países industriales más avanzados en los cuales la gente da preferencia cada vez mayor a los viajes y a la educación por encima de la comida y la ropa.

2) Una situación de impotencia e inseguridad frente al poder político alienado hace surgir una evidente sobrestimación del poder político. Esta especie de obsesión se desarrolló sobre todo a una escala masiva en los países más civilizados de nuestro siglo, debido a la introducción de varias formas de semidemocracia, es decir, ese tipo de sociedad en la cual el poder político aún está alienado y establecido en un orden estrictamente jerárquico, pero al mismo tiempo abierto a un círculo mucho más amplio de ciudadanos. Por el otro lado, el surgimiento de la voluntad de poder es producido por la destrucción de otros valores: es un sustituto de la aspiración espiritual y el poder creador; es un síntoma infalible de nihilismo y decadencia. Sin embargo, iría quedando sin sentido en la medida en que las funciones políticas básicas perdieran su carácter profesional y se descentralizaran en un grado considerable; en la medida en que cada individuo tuviera posibilidades reales de participar en el proceso de gobierno y administración.

*3)* En una sociedad en la cual una persona está condenada a una actividad técnica rutinaria —que no ha elegido libremente y que no le ofrece la oportunidad de realización de sus habilidades potenciales—, la motivación del éxito se convierte naturalmente en el *primum mobile* de toda actividad humana, mientras que el pragmatismo se establece como la única filosofía pertinente. No obstante, ya es posible vislumbrar las condiciones en las cuales podrían ocurrir cambios fundamentales en la motivación humana. Si el individuo pudiera tener una verdadera posibilidad de elegir su lugar en la división social del trabajo de acuerdo con el tipo de sus capacidades, talentos y aspiraciones, si, en general, la actividad profesional pudiera quedar reducida a un mínimo y a una función de importancia secundaria respecto de las actividades libremente escogidas en el tiempo libre, la motivación del éxito perdería su posición dominante. El éxito dejaría de ser considerado como fin supremo, merecedor de cualquier sacrificio, para convertirse tan sólo en una consecuencia natural de algo mucho más importante. Esta cosa más importante y por cierto esencial, es el acto mismo de la creación (no importa que sea en ciencia, arte, política o relaciones personales), el acto de objetivación de nuestro ser de acuerdo con "las leyes de la belleza", la satisfacción de las necesidades de otro hombre, el formar una genuina comunidad con otros hombres mediante los resultados de nuestra acción.

En general, la escasez, la debilidad, la falta de libertad, la inseguridad social y nacional, un sentimiento de inferioridad, de vacío y pobreza a los cuales la vasta mayoría de la gente está condenada, provocan mecanismos de defensa y compensación, tales como el odio nacional y clasista, el egoísmo, la huida de toda responsabilidad, el comportamiento agresivo y destructivo, etcétera. Muchas formas actuales del mal realmente podrían superarse en una sociedad que le asegurara a cada individuo la satisfacción de sus necesidades vitales básicas, liberación del trabajo obligatorio rutinario, inmediata participación en la toma de decisiones, un acceso relativamente libre a las fuentes de información, educación prolongada, una posibilidad de adueñarse de auténticos valores culturales, protección de los derechos humanos fundamentales.

Sin embargo, aún no podemos predecir, en la actualidad, qué nuevos problemas, tensiones y conflictos, qué nuevas formas de mal serán producidos por la llamada sociedad "posindustrial". Por esta razón, deberíamos tener una actitud crítica de cualquier forma de ingenuo optimismo tecnicista, que espera que todos los problemas humanos queden resueltos en las condiciones de abundancia material.

Una mejoría considerable de las condiciones de existencia de los individuos no supone la creación automática de una auténtica comunidad humana en la que haya solidaridad, sin la cual es imposible una radical emancipación del hombre. Porque es posible superar la pobreza y aun retener la explotación; remplazar el trabajo obligatorio con entretenimientos sin sentido e igualmente degradantes; permitir la participación en cuestiones insignificantes dentro de un sistema esencialmente burocrático; dejar que los ciudadanos prácticamente queden inundados por semiverdades cuidadosamente seleccionadas e interpretadas; que se utilice la educación prolongada para una prolongada programación de los cerebros humanos; que se abran todas las puertas de la antigua cultura y al mismo tiempo se pongan severos límites a la creación de una nueva; que la moralidad quede reducida a leyes de protección de ciertos derechos sin que pueda crearse un sentido universalmente humano del deber y de la mutua solidaridad.

El problema clave que la humanidad tendrá que afrontar durante otro largo periodo es el siguiente: cómo evitar que *gobernar cosas* no se convierta, de tanto en cuanto y en todo nuevo modelo social, *en gobernar gente*.

Este problema es de importancia fundamental para toda visión radical del futuro: la existencia de un concentrado poder político y económico alienado en las manos de cualquier élite gobernante: de militares, propietarios de los medios de producción, administradores, políticos profesionales, o incluso de científicos y filósofos, obstaculizaría todo cambio radical en la esfera de las relaciones humanas. La división de la gente en sujetos y objetos históricos supondría una hipertrofia del aparato del poder, una conservación de la forma ideológica de pensar, un control sobre los medios masivos de comunicación, una limitación de la libertad política y espiritual. En consecuencia, una concentración permanente del poder en las manos de cualquier grupo social particular resultaría un esencial factor limitador de todo el desarrollo futuro.

Afortunadamente, el progreso científico y tecnológico, con sus consecuencias de largo alcance en los planos económico, social y cultural, abre posibilidades históricas para un radical sobreseimiento de todas aquellas instituciones que en el pasado han permitido que determinadas élites privilegiadas gobiernen a la gente (tales como el Estado, los partidos políticos, el ejército, la policía política, el servicio de seguridad, etcétera).

Un cambio estructural radical de estas instituciones es la condición necesaria para la creación de un hombre nuevo y de nuevas relaciones humanas.

# V. ÉTICA DE UNA CIENCIA SOCIAL CRÍTICA

I

El problema de la responsabilidad social de los científicos y tecnólogos se ha convertido en uno de los temas decisivos de la cultura moderna a comienzos del último tercio del siglo xx. Esto surge del hecho de que la ciencia y la tecnología mismas se han vuelto problemáticas. Hace un siglo, si bien los intelectuales más radicales discutían todas las instituciones existentes, se mostraban reticentes a desafiar a la ciencia. Los nihilistas rusos, como Pisarev y sus seguidores, por ejemplo, atacaban todos los valores tradicionales: desde la filosofía idealista, la religión y la moralidad cristianas hasta el Estado y la familia. Estaban seguros de que la tiranía y la ignorancia eran la fuente de todos los males, que la primera debía ser barrida por la revolución y la segunda superada mediante la ciencia. Los héroes de la obra *Padres e hijos* de Turgueniev creían que, en una sociedad futura, la ciencia resolvería todos los problemas y curaría todas las enfermedades. Semejante optimismo ha desaparecido en la actualidad. Ciertos jóvenes de hoy, que no necesitan ser siquiera levemente rebeldes, mucho menos nihilistas, se inclinan a pensar que, después de todo, es la ciencia misma la que constituye un problema y una enfermedad que debe curarse. Por supuesto, el espíritu de la Ilustración está todavía muy vivo, y una de las corrientes sociales más fuertes en todas las sociedades se basa, ideológicamente, en la fe en la ciencia y en sus resultados: **poder sobre la naturaleza, riqueza mate-**

rial, eficiente organización de la vida social. Por el otro lado, cada vez hay más desconfianza, ante el número creciente de consecuencias del desarrollo científico, tales como el inesperado deterioro de las relaciones personales en las sociedades científica y tecnológicamente avanzadas, la investigación con fines de destrucción, lo cual puede, en última instancia, llevar al suicidio colectivo de la humanidad, al aumento de las oportunidades de controlar y manipular a los individuos, al uso masivo de los científicos y sus métodos y equipos para propósitos represivos y a una patológica obsesión por el consumo, que puede desembocar tanto en el desperdicio de los recursos más necesarios como en una irreversible contaminación del medio natural.

Ésta es una situación nueva y que exige una rápida reacción por parte de los científicos. Si ocurre algo de importancia universal, planetaria, que pueda seguirse hasta sus orígenes en la propia producción de los científicos en forma enajenada, entonces indudablemente ellos tienen que hallar la manera de hacerse cargo del problema. Pueden, o bien aceptar la alienación como estado natural de las cosas y continuar trazando una tajante línea demarcatoria entre las responsabilidades para la creación y para el uso del conocimiento, o puede rebelarse contra la enajenación, contra el *status* de los productores de información que ni cuidan los fines básicos de la indagación ni el contexto más amplio del conocimiento dentro del cual sus productos intelectuales adquieren su significado último, ni se les permite participar en el proceso de toma de decisiones acerca del empleo de esos mismos productos.

Si aceptan la segunda opción, entonces los científicos deben cambiar sus supuestos fundamentales respecto de la naturaleza de su tarea. Tienen que remplazar las ideas antes dominantes de la ciencia *positiva* por la concepción de una ciencia crítica y su metodología; su tradicional desapego e indiferencia debe dar paso a un interés muy serio acerca de todos los malos usos de los descubrimientos científicos para propósitos inhumanos.

Sin embargo, si aceptan la primera opción, los científicos pueden continuar insistiendo en una estrecha división profesional del trabajo y rehuir sus responsabilidades fingiendo que la objetividad científica nada tiene que ver con el compromiso. Pueden tratar de asumir una postura defensiva basada en la posición de que, o bien la investigación debe estar libre de toda valoración y ser éticamente neutral, o bien los hallazgos carecerán de objetividad y tendrán un carácter predominantemente ideológico.

Esta posición no tiene una historia larga. Hasta finales del siglo XIX, la evaluación crítica de la realidad fue considerada una función legítima de la investigación científica. Dos ideas filosóficas constituían el criterio supremo de la evaluación. Una era la idea del *orden natural* y los *derechos naturales* de los hombres. Se originó en la antigua filosofía estoica y alcanzó su desarrollo fundamental en los siglos XVII y XVIII (gracias a Bodin, Althusius, Grotius, Hobbes, Leibniz, Kant y otros). La segunda era la idea más reciente del *progreso* que surgió con la Ilustración y que dominó todo el siglo XIX. Hizo posible asumir una actitud crítica hacia cualquier estado actual de la economía, la política y la ley desde el punto de vista del orden y el progreso naturales. Por cierto que estas ideas eran vagas y estaban apuntaladas por supuestos ingenuos, parciales o inverificables. Eran usadas no sólo para propósitos críticos, sino también apologéticos: por ejemplo, la economía capitalista era interpretada como el orden económico que mejor armoniza con la naturaleza humana y permite un progreso óptimamente rápido. De aquí que la fuerte resistencia a estas ideas, la resuelta exigencia de eliminar de la ciencia todos los juicios de valor y de reducir la investigación social a la descripción y explicación de las situaciones de hecho se debió, en parte, al creciente rigor metodológico. En parte también fue expresión de una tendencia conservadora a erradicar toda base científica de la crítica social y a relegar la evaluación, los proyectos o planes y la básica toma de decisiones, al reino de la política. No obstante, los problemáticos conceptos del orden natural y el progreso no han sido remplazados por otras categorías normativas. En las décadas de 1930 y 1940, la tendencia filosófica predominante —el positivismo lógico— explicaba todos los postulados de valor como meras expresiones de emoción, sin ningún significado cognoscitivo. Como resultado, la filosofía se divorció completamente de los temas sociales vivos, perdió su papel anticipatorio, crítico y de guía, y quedó reducida al estudio de la estructura lógica del lenguaje. En contraste, la ciencia fue interpretada como el estudio de fenómenos dados, empíricamente observables que, en el mejor de los casos, puede establecer ciertas regularidades y extrapolar de ellas determinados fenómenos posibles. Toda evaluación en términos de necesidad, sentimientos o normas morales fue considerada básicamente irracional y digna tan sólo de que se le descartase.

Hay periodos y condiciones en la historia en los cuales semejante hincapié en la neutralidad ética de la ciencia tiene un carácter progresista. Max Weber acertó al insistir en que, en las condiciones de libertad limitada de la investigación y enseñanza científicas, el principio de neutralidad ética puede salvar el honor y dignidad del sabio, permitiéndole desentenderse de los fines inmorales de los círculos gobernantes. En situaciones de este tipo y, en este sentido, una ciencia libre de valores puede desempeñar un papel progresista, desmistificador.

Sin embargo, parece que el principal peligro social actual proviniera no tanto de los regímenes tiránicos y autoritarios cuanto del vacío espiritual que se llena con la fe en el poder y en el éxito, con una ideología de consumo, con una obsesión casi patológica por la eficiencia de los medios, unida a una fatal carencia de interés por el problema o por la racionalidad y la humanidad de los fines. En semejante situación histórica y en semejante atmósfera espiritual, el principio de la neutralidad ética desempeña un papel bastante mistificador, sostenedor del sistema. Por su indiferencia hacia todo plan o proyecto a largo plazo, por su profundo escepticismo respecto de cualquier visión de cambio social radical, la ciencia libre de valoración sólo lleva al desarrollo y fortalecimiento del poder enajenado, a un control aún más eficiente sobre los procesos naturales e históricos, *dentro del marco* de la estructura histórica existente. El conocimiento "puro", positivo, fraccionado, siempre puede ser aceptado, interpretado y usado del modo más conveniente para la élite gobernante. La sociedad que favorece esta clase de ciencia permanece desprovista de su potencial autoconciencia crítica.

II

En realidad, el concepto mismo de investigación libre de valoración es engañoso. Ciertos valores y normas siempre están presentes en cualquier investigación social; la cuestión es solamente: a qué clase pertenecen. Determinados valores cognoscitivos son elementos básicos del método científico: claridad, precisión, flexibilidad, fertilidad y poder explicativo del aparato conceptual, exactitud de la deducción, posibilidad de verificación y aplicación de las teorías, etcétera. Algunos de éstos se complementan mutuamente, y no necesariamente armonizan con otros. Los esquemas de prioridad difieren de una a otra orientación metodológica. Elegir entre método analítico, fenomenología y dialéctica, adoptar el empirismo, el racionalismo o la intuición, preferir el método de la explicación o el método de la comprensión, todo esto no sólo significa la adopción de cierto tipo de lenguaje, una forma de pensar y un conjunto de postulados descriptivos, epistemológicos y ontológicos, sino también significa dar, a ciertos valores cognoscitivos, prioridad sobre otros.

Aparte de los valores cognoscitivos, los no cognoscitivos también están invariablemente implícitos en las presuposiciones teóricas y metodológicas de los científicos sociales, por muy neutrales que pretendan ser. Por ejemplo, los funcionalistas sociológicos suponen que la sociedad es un sistema *estable*, cuyas partes están *bien integradas*, teniendo, cada una de ellas, una *función* definida y contribuyendo a la *conservación* del sistema. El funcionamiento adecuado del sistema depende del *acuerdo* acerca de sus valores básicos. El orden social es la condición fundamental para el buen funcionamiento del sistema. Finalmente, toda desviación de este orden es disfuncional, descarriada, *patológica*. En contraste, un sociólogo marxista supone que todos nosotros vivimos en una época de transición de la actividad humana cosificada a la actividad humana libre, de una sociedad clasista a una sin clases, ya que todos los sistemas sociales son más o menos *inestables*, con claras tendencias *desintegradoras*, con muchas instituciones obviamente *disfuncionales*, desgarrados por el *desacuerdo* y la *lucha de clases*. Lejos de ser patológica, la desviación y disidencia respecto de una sociedad enferma puede ser *revolucionaria* y una indicación de salud. Aquí evidentemente tenemos actitudes opuestas hacia todo el sistema de valores que forma la sociedad existente. Al insistir en la estabilidad, la armonía y el orden, el funcionalismo trata de defenderla. Al suponer que es inevitable un cambio social estructural, revolucionario, al favorecer la posición crítica y rebelde, el marxismo busca destruir las declaraciones de legitimidad de ese sistema de valores y demostrar que, por lo menos, algunos de sus supuestos básicos no tienen un carácter universalmente humano, sino que expresan las necesidades e intereses de determinados grupos dominantes. Así, por ejemplo, la propiedad privada, la competencia económica, el trabajo como tal (independientemente de si es alienado o no), el orden, la obediencia civil, la unidad nacional, la libertad de expresar ideas sin la libertad de participar en la toma de decisiones, etcétera, son realmente valores sólo para cierta gente, en cierto momento y en ciertas condiciones específicas. Abogar por ellos (explícita o implícitamente), sin reparos, sería incompatible con la objetividad y universalidad científicas. Cierto es que los científicos individuales pertenecen a una nación y a un grupo social particulares; han sido educados en una determinada tradición y atmósfera social. La tarea más difícil y de mayor responsabilidad de quienes forman a los jóvenes científicos es, pues, el ayudarlos a superar su horizonte espiritual estrechamente crítico y a comprender que la ciencia es un producto humano *universal*.

En realidad, ciertos valores éticos universales van implícitos en los conceptos mismos de objetividad y racionalidad, que constituyen el fundamento propiamente dicho del método científico. (Geige estaba muy acertado al insistir en que hay un estrecho vínculo entre las capacidades cultas [*Fachkönnen*] y la conciencia culta

[*Fachgewissen*].) *Objetividad* presupone una básica probidad en la aplicación de las normas profesionales de investigación; la despiadada eliminación de toda especie de intereses creados personales; un espíritu cooperativo en todo el proceso de la actividad simbólica (sin la cual la comunicación sería imposible); estar dispuesto a dar prioridad a la verdad por encima de la lealtad al grupo; estar libre de todo tipo de intolerancia racionalista, social, religiosa e ideológica. La objetividad de la investigación científica depende de ciertas condiciones sociales y éstas, a su vez, de la realización de toda una serie de otros valores, tales como la *apertura* de una sociedad hacia el resto del mundo; una atmósfera general de *tolerancia* política y cultural (lo cual no excluye la lucha contra la superstición y el prejuicio); el *libre flujo de información* (que incluye la libertad de expresión, de discusión, de viajar, de estudiar cualquier problema científicamente interesante); la *autonomía de la ciencia* de otras esferas sociales, especialmente de la política; un clima social que favorezca *actitudes antiautoritarias*, lo cual implica que la única autoridad en la ciencia es la que se basa en el conocimiento, en la capacidad, y que la única élite de la sociedad sería la del espíritu y el gusto. Por el contrario, cualquier barrera a la comunicación, cualquier hostilidad ideológica hacia enfoques filosóficos y orientaciones metodológicas rivales, todo monopolio del poder que imponga control y censura a la investigación y publicación científicas y tienda a promover a los partidarios leales a la categoría de autoridades científicas, reducen enormemente la objetividad y culminan en un deterioro general del trabajo científico.

Hay otra condición social de objetividad que muestra mejor su conexión con el humanismo. Si bien el trabajo científico es el privilegio de una pequeña minoría y en general sigue siendo un campo estrictamente aislado en la división profesional del trabajo, "objetivo" a menudo significa aquello en lo que los expertos profesionales están de acuerdo. Sin embargo, en proporción con la extensión en que un creciente número de personas obtiene la educación necesaria en su tiempo libre y desarrolla un interés activo por la ciencia, el grupo de observadores preparados, de teorizantes y críticos, especialmente en las ciencias sociales, se ha ampliado considerablemente y los juicios sociales respecto de la validez objetiva de los datos y teorías se han vuelto más críticos y exactos.

Es posible hacer un análisis similar respecto del concepto de *racionalidad* científica. Todo comportamiento racional está cargado de valores: consiste en seleccionar la mejor opción para alcanzar cierta meta. Dichas metas o finalidades no son examinadas en la mayoría de los casos, se las acepta tácitamente, se las pone entre paréntesis, lo cual crea la ilusión de que la racionalidad instrumental, tecnológica, está libre de valoración y es éticamente neutral. Por supuesto, no lo es. Muchos nuevos artículos que surgen de procesos productivos sumamente racionalizados no son más que *lucrativos* para el productor, no superiores para la satisfacción de las *necesidades humanas*. Un examen de los valores ocultos dentro del concepto mismo de racionalidad pone al descubierto el problema de los fines últimos de la investigación científica. Por cierto que a esta altura de la historia ya se ha vuelto evidente que algunos de los enormes esfuerzos científicos de este siglo han estado, hasta cierto punto, mal dirigidos; que se han descuidado muchas necesidades humanas esenciales; que se han desperdiciado increíbles cantidades de materiales, conocimiento y lo mejor de la energía humana, para satisfacer necesidades incidentales y artificialmente inducidas, y que la ciencia en general requiere de una autoconciencia crítica y articulada y de una nueva orientación humanista.

### III

Teóricamente, el problema clave en la creación de esta nueva orientación es la justificación de la declaración de que sus normas éticas básicas poseen un carácter *universal*.

Hay tres clases de razones que pueden presentarse para legitimar esta pretensión.

*Primero:* la historia de la filosofía y de la cultura muestra un grado muy elevado de consenso entre los grandes pensadores reconocidos respecto de ciertos valores fundamentales, tales como libertad, igualdad, paz, justicia social, verdad, belleza, etcétera. Este consenso en sí mismo nada prueba, pero indica el carácter universal de ciertas normas de la vida humana.

*Segundo:* la antropología filosófica crítica ofrece una teoría del hombre, de sus capacidades esenciales y auténticas necesidades, de la cual pueden hacerse derivar todas las consideraciones valorativas, incluyendo el problema de una jerarquía de valores. Ovbiamente, dicha teoría no sólo contiene un componente *indicativo*, sino también uno *normativo*. El primero está implícito, por ejemplo, en la justificación teórica de la concepción de que hay predisposiciones universalmente latentes (tales como: las capacidades para usar símbolos y comunicarse, para resolver problemas nuevos, para desarrollar una conciencia de sí mismo, etcétera), que las mismas pueden realizarse al llegar a cierta etapa de desarrollo en condiciones sociales favorables, y que pueden desperdiciarse y extinguirse si faltan las condiciones apropiadas. El componente normativo está implícito en la selección misma de las capacidades humanas esenciales y en la distinción entre necesidades *verdaderas* y necesidades *falsas*. La universalidad de este componente normativo sería validada si pudiera demostrarse que, *ceteris paribus*, todos los individuos humanos normalmente desarrollados realmente tienen necesidades y preferencias afectivas estructuralmente similares en ciertas situaciones existenciales de privación y sufrimiento, actividad grupal, atracción sexual, etcétera.

*Tercero:* la psicología humanista contemporánea deriva los valores humanos universales del estudio de personas psicológicamente sanas, autorrealizadas. El punto metodológico esencial, a este respecto, es que la salud pueda definirse *operativa y funcionalmente* y no con la ayuda de conceptos abstractos de nivel superior. Abraham Maslow define el concepto de ser humano sano, que está autorrealizándose, mediante las siguientes características empíricamente descriptibles: percepción más clara de la realidad, más apertura a la experiencia, creciente integración de la persona, mayor espontaneidad, una identidad firme, creciente objetividad, recuperación de la creatividad, capacidad para fundir concreción y abstracción, estructura democrática del carácter, capacidad para amar, etcétera.[1] Por el otro lado, lo característico de todos los estados mentales patológicos es la desintegración de la persona y la homeostasis del organismo como totalidad. Este enfoque permite a los psicólogos humanistas remplazar la pregunta: "Cuáles *deberían* ser los valores humanos?" por la pregunta concreta: "¿Cuáles *son* los valores de los seres humanos sanos?"

Considerados en conjunto estos tres enfoques, histórico, filosófico y psicológico, nos permiten hablar de una ma-

---

[1] Abraham **Maslow**, *Toward a Psychology of Being*, p. 157, Nueva York, Van Nostrand Reinhold, 1968.

nera significativa del fundamento humanista universal para una ciencia social crítica.

De estas consideraciones generales se desprende que se abren al científico social, por lo menos, las siguientes tres posiciones opcionales: *a)* actuar como apologista de la ideología oficial de una sociedad determinada; *b)* tratar de hacer investigaciones guiado solamente por las normas cognoscitivas, relegando al fondo todo principio ético o aspiraciones económicas, políticas y culturales; *c)* comprometerse con un estudio crítico desde un punto de vista humanista universal.

No es difícil explicarse por qué muchos eruditos sociales asumen el papel de apologistas. En el mejor de los casos pueden identificarse con la ideología oficial, con las aspiraciones y fines de la élite dominante. En el peor de los casos pueden conformarse porque reconocen el precio de aceptar o rechazar el desempeño de ese papel: elevada categoría social en un caso, rechazo en el otro. Cualesquiera que sean sus motivaciones, aquellos estudiosos que deciden subordinar su trabajo a las exigencias ideológicas, no pueden dejar de violar las normas del método científico, que se relacionan con la verdad y que, por tanto, tienen validez universalmente objetiva. Todas las ideologías, por el contrario, son falsas racionalizaciones; siendo expresiones de intereses limitados y particulares, *nolens volens* explican las relaciones sociales de una manera mistificadora, fingiendo que tan sólo producen verdades científicas.

Este abuso de la peor especie puede ser evitado por los estudiosos que se comprometen con una neutralidad ética e ideológica. Hay algunas variantes de este tipo de enfoque. Obviamente existen considerables diferencias entre: un erudito que se escapa encerrándose en la seguridad de la ciencia pura mientras rechaza silenciosamente el sistema oficial de valores de su sociedad represiva; un frustrado y escéptico rebelde de otro tiempo, para quien todo compromiso ha perdido sentido; el dueño de una particular especie de mercancía, conocimiento y especialidad intelectual, a disposición de cualquiera que esté dispuesto a pagar el precio que él pide; el servidor del gobierno o de la compañía que tiene cierto orgullo en su función social, pero que, en contraste con el doctrinario ideológico, trata realmente de producir conocimiento "positivo" en las tareas que el orden establecido le asigna; y, por último, como el *Der Denkende* de Bertold Brecht, el portador de conocimiento, quien, como el personaje de Brecht, Herr Kenner, no quiere luchar, ni decir la verdad, ni servir a nadie; "sólo tiene una de las virtudes: lleva consigo conocimiento". Un rasgo común a todas estas actitudes diferentes es la huida de la responsabilidad por el uso que se haga del conocimiento.

Sin embargo, ya no es posible que los estudiosos rechacen esta responsabilidad. El mayor abuso cometido en la historia con el esfuerzo de tipo científico, la creación de la bomba nuclear, produjo inmediatamente una serie de reacciones por parte de los principales científicos contemporáneos: las cartas de Einstein y Szilard, el informe de Franck, la petición al presidente de los Estados Unidos del 17 de julio de 1945, más tarde el movimiento Pugwash y la participación cada vez más numerosa de los científicos en los movimientos por la paz y la protección ambiental y en diversas actividades culturales de las Naciones Unidas y la Unesco. En las últimas décadas ha empezado a formarse una nueva solidaridad internacional de intelectuales. Se está desarrollando una conciencia crítica que tiende a trascender las limitaciones de nación, raza, clase o religión y que asume una posición humanista. Una de las expresiones más ampliamente difundidas del nuevo y espontáneo universalismo es la Primera Declaración Pugwash firmada por Bertrand Russell y Albert Einstein: "No hablamos como miembros de esta o aquella nación, continente o credo, sino como seres humanos, como miembros de la especie del hombre, la continuidad de cuya existencia está en duda.

"La mayoría de nosotros no es neutral en cuanto al sentimiento, pero como seres humanos debemos recordar que si van a decidirse las cuestiones entre Oriente y Occidente de alguna manera que proporcione una posible satisfacción a cualquiera, ya sea comunista o anticomunista, asiático, europeo o americano, ya sea blanco o negro, dichas cuestiones no deben decidirse mediante la guerra.

"... Apelamos como seres humanos a los seres humanos: recuerden su humanidad y olviden el resto." [2]

IV

Muchos estudiosos se sienten intranquilos cuando se enfrentan con semejante apelación humanista universal, y hay buenas razones para estar en guardia. En primer lugar, puede suceder que un punto de vista universal sea tan abstracto que no haga justicia a ninguna declaración o punto de vista *particular*. Es intelectual y moralmente muy cómodo, y también en esa medida una actitud irresponsable, hacer comentarios sobre todos los temas y asumir la apariencia de "neutral" juez universal que condena a todos los bandos en nombre de la "Humanidad". Seguramente algunos puntos de vista particulares

[2] Russell, Einstein, "Appeal for the Abolition of War, set. 1955", en Grodsius y Rabinowitch (eds.), *The Atomic Age*, pp. 535-41, Nueva York, y Londres, 1963.

pueden ser más compatibles que otros con los intereses y necesidades universales de la evolución humana y de su autorrealización. Además, no es siquiera posible, en la práctica, promover estos intereses universales sin asumir una determinada posición en cada situación particular. En algunas condiciones, eso puede implicar la condena de todos los bandos, en otras podría ser el respaldo y el apoyo activo del sector que, al luchar por sus propios fines, también lucha por la humanidad como totalidad. Lo que se necesita es un *universalismo histórico concreto*, no uno abstracto, trascendental.

En segundo lugar, tan frecuentemente se ha asociado en la historia y en los diccionarios el humanismo a la filantropía, la tolerancia, la caridad, el buen corazón y la beneficencia, que muchos reformadores y revolucionarios sociales pueden sentirse reticentes a adueñarse de este rótulo, aun cuando, objetiva o subjetivamente, tengan un punto de vista universal. La prédica de universalismo abstracto y tolerancia humanista podría ser la ideología del poder dominante que acaso tratara de esta manera de neutralizar la crítica radical a las existentes relaciones sociales y desviar el activismo militante hacia esfuerzos de bienestar, o inocentemente benignos. En realidad, un concreto punto de vista humanista universal nada tiene que ver con semejante concepto superficial y diluido.

Desde comienzos de la antigua cultura griega, de una u otra forma, lo *universal*, lo *humano* y lo *crítico* van juntos. Según Heráclito, por ejemplo, el hombre vive en la prisión de su mundo individual por tanto tiempo, que llega a confiar solamente en sus experiencias y aspiraciones personales. El pensar le permite captar el *logos*, la estructura universal de todo ser y, de esta manera, entrar en un mundo común a todos los que piensan. Es así como los hombres superan su anterior estado y se convierten en seres *despiertos*. En Platón, en los filósofos estoicos y en muchos otros pensadores clásicos, hallamos una fusión similar de tres grandes ideas: *a)* que existe la estructura universal del ser; *b)* que esta universalidad no está estrictamente fuera del hombre, sino que puede ser descubierta y apropiada por el hombre; y *c)* que la transición de un estado individual, existente, a un estado potencialmente universal posee un carácter crítico: el hombre vive en un sueño, en una caverna, en una prisión antes de que su pensamiento crítico (en el que se funden razón y sentimiento)[3] le permita despertar, liberarse, llegar a ser realmente humano. El hecho principal que decidió el avance del moderno humanismo más allá de la versión antigua fue su carácter *histórico*, lo cual puso, en consecuencia, un mayor énfasis en la dimensión *práctica* del hombre. Como individuo activo, el hombre universal se desarrolla con el tiempo, la brecha entre el ser humano real y el potencial asume diferentes formas en cada época histórica y el propósito de la crítica no se limita a despertar al hombre, sino, prácticamente, a superar toda situación social en la que éste siga sin realizarse y esté degradado.

Finalmente, una tercera razón para la actitud de rechazo de algunos estudiosos contemporáneos respecto del humanismo, aunque implique crítica, o precisamente por ese motivo, es el hecho de que ciertos humanistas no satisfacen las normas metodológicas científicas y hasta asumen una posición marcadamente anticientífica. Aquí deberíamos señalar la diferencia entre dos tipos de ataque humanista a la ciencia positiva, siendo totalmente distintos

---

[3] El pensamiento griego tiene un fuerte matiz intelectual, pero está muy lejos de la fría y calculada racionalidad de la ciencia actual. Para Platón, la auténtica *emoción* filosófica es la raíz de toda filosofía.

sus motivaciones y argumentos. El uno se origina en las humanidades tradicionales que siempre han manifestado indiferencia hacia la aplicación práctica del conocimiento y la eficacia como un valor. Esto tiene sus raíces en la relación que los antiguos griegos tenían con el trabajo y en su convicción de que la *theoria* es primordialmente significativa como forma de lograr la plena humanidad, no como medio para la realización de ciertos fines prácticos. En Cicerón, el término *humanitas* designa un conjunto de propiedades auténticamente humanas que pueden desarrollarse en cada individuo a través de la educación adecuada. Por ello, en las universidades medievales, durante el Renacimiento y más tarde, el propósito de los estudios humanistas siempre era: cultivar las capacidades espirituales y desarrollar la necesaria base cultural para una sociedad determinada. Durante muchos siglos, las humanidades crearon las élites intelectuales para las sociedades europeas, pero perdieron su papel dominante como campo de estudio desde comienzos de la revolución industrial y el creciente desarrollo rápido de la ciencia de orientación tecnológica. Sin embargo, la rivalidad nunca desapareció del todo. Los humanistas hacen una diferenciación tajante entre ciencias nomotéticas y ciencias ideográficas, sostienen que respecto de la sociedad humana, la búsqueda de leyes científicas no tiene sentido; que el método que intenta explicar las leyes debe ser remplazado por un método de comprensión; que los métodos formal y cuantitativo son inútiles y engañosos, etcétera. Los "positivistas" replican que toda auténtica indagación científica debe seguir reglas metodológicas claramente formuladas, para confiar en un trabajo escrupuloso y para ofrecer resultados intersubjetivamente comparables. Por el contrario, los humanistas tienden a ser arbitrarios, a confiar en facultades mentales inverificables (intuición, imaginación, comprensión, etcétera) y a ofrecer resultados problemáticos y subjetivos.

Indudablemente, los defensores de la ciencia positiva son prisioneros de un paradigma muy parcial y simplificado de la ciencia que, aparte de su ingenuidad respecto de los valores, adolece de incapacidad para explicar los aspectos heurísticos y creadores de la investigación científica. Pero tienen razón cuando critican los intentos de separar las ciencias y las humanidades. La diferencia entre las ciencias naturales y las sociales es sólo de grado. Toda idea concerniente al potencial óptimo de una situación social (que es el punto decisivo de una teoría social crítica) requiere la más escrupulosa investigación de la situación real, sus tendencias generales y sus resultados futuros más probables. Sin ese estudio concreto, un enfoque humanista generalmente crítico sigue siendo peligrosamente vago e indefinido. La falta de conocimiento de los hechos y de las leyes de una determinada situación social implica ignorancia de los límites dentro de los cuales las metas de la posible acción social tienen oportunidades de éxito.

La crítica de que es objeto la ciencia positiva de parte de algunos círculos izquierdistas tiene diferentes motivaciones, pero a menudo adolece del mismo defecto de ser un enfoque dicotómico respecto de la relación entre humanismo y ciencia. Los miembros de la Escuela de Francfort y, especialmente, Max Horkheimer, han rechazado toda construcción teórica positiva en nombre de la "dialéctica negativa". El argumento es que todas las teorías positivas tienen una función sustentadora del sistema. Por consiguiente, el papel de una teoría social dialéctica sólo puede ser la crítica de una realidad social dada y de todas las teorías científicas propuestas. Un argumento similar, presentado por autores existencialistas, sostiene que establecer las leyes científicas de una sociedad supone determinar las condiciones de su funcionamiento formal y de su perpetuación; así pues, la ciencia tiene una función implícitamente conservadora.

La fuerza de este argumento estriba en el hecho de que se refiere a algo que, en la mayoría de los casos realmente ocurre, si bien únicamente porque en su mayor parte los estudiosos aceptan, por cierto, papeles sostenedores del sistema. La metodología científica como tal no impide que un sabio establezca una ley que describa una tendencia *destructiva* dentro del sistema. Efectivamente, pareciera que el requisito mismo de objetividad científica hace que incumba a todo especialista el establecer *tanto* las condiciones de supervivencia y funcionamiento normal de un sistema, *como* las condiciones para su cambio cualitativo y el surgimiento de un nuevo sistema. Lo cual solamente significa, primero, que la construcción teórica científica no necesita desempeñar un papel apologético y, segundo, que un dialéctico no está condenado a una crítica negativa únicamente. En realidad, el término mismo "dialéctica negativa" resulta confuso. La negativa de un pensamiento dialécticamente crítico consiste en el descubrimiento de una esencial limitación a un sistema dado y de las formas de superar esta limitación. Esta doble negación (*Aufhebung*) conduce a un nuevo sistema y nada hay en el proceso dialéctico que pudiera impedirnos describir este nuevo sistema (para Hegel ésta era la etapa de la síntesis). Por supuesto que el proceso del pensamiento crítico no se detiene con el nuevo sistema. Entre la situación real presente y la visión de una óptima oportunidad histórica sobre toda la época dada, aparece una serie de pasos intermedios, sucesivos, proyectados en la forma indicada por la teoría crítica. Sin esta mediación, una visión humanista de un futuro perfecto sigue siendo sólo una cuestión de fe o esperanza. El humanismo necesita de la ciencia para trascender su carácter utópico y arbitrario, es decir, para llevar sus aspiraciones teóricas a la práctica.

V

Una vez que los estudiosos asumen su responsabilidad y aceptan un punto de vista ético-humanista, se comprometen no sólo a mostrar el camino a la práctica social, sino también a intervenir en forma directa en esa práctica. Obviamente, el carácter de su compromiso depende de la naturaleza misma del problema creado por el moderno desarrollo científico.

La tarea más urgente es luchar por todos los medios posibles por suprimir y eliminar la inhumana tecnología existente. Esto significa, en primer lugar, luchar por el desarme y por una nueva tecnología anticontaminadora.

Una tarea mucho más amplia es la que se refiere al compromiso activo contra el abuso que se comete con el conocimiento actual, ya que los que lo crean no sólo tienen todo el derecho, sino además el deber de preocuparse por sus aplicaciones prácticas.

Como ya estamos familiarizados con algunas de las peores formas de abuso para con el conocimiento, a veces se vuelve posible identificar el carácter patológico de la investigación en una etapa temprana. Aquí "patológico" significa investigación para fines inhumanos, por ejemplo, la destrucción de vidas humanas, el envenenamiento de nuestro ambiente natural o el dominio sobre las mentes humanas. Tomar parte en este tipo de investigaciones, con plena conciencia de sus propósitos, es obviamente inmoral. Es cierto que muchas veces no se conoce la finalidad práctica de algunas investigaciones e incluso puede suceder que no venga al caso saber el uso de sus posteriores resultados, pero hay otros casos en que se conoce y puede conocerse. Es obligación moral del estudioso negarse, en esos casos, a prestar servicios. Sólo puede conservar su integridad moral y evitar la prostitución intelectual si se niega a ser cómplice en la preparación científica de crímenes contra la humanidad, en la violación de los derechos humanos o en la destrucción psicológica de las aspiraciones humanas de libertad y desarrollo. La negativa a utilizar el propio conocimiento y la especialidad profesional para tales objetivos puede asumir diferentes formas, desde la abierta rebelión siguiendo el consejo de Goethe: "Desafía al poder, nunca te inclines, muéstrate fuerte", hasta la actitud de resistencia más pasiva del tipo de la del Herr Kenner de Brecht: "No sirvas a los poderes vigentes, pero no digas no en voz alta. No tengo espinazo que me puedan romper; debo sobrevivir a los poderes que existen."

Ya es tiempo de que los científicos desplieguen estrategias de desobediencia y resistencia profesionales ante el abuso, lo cual requiere también un cambio en el carácter de sus organizaciones. Hasta ahora se han organizado, primordialmente, ya sea en sociedades de sabios con el objeto de promover el conocimiento, o en asociaciones comparables a los sindicatos, con el propósito de proteger sus intereses profesionales. Actualmente es la orden del día organizarse para la lucha contra el abuso (y el desperdicio) del conocimiento científico y, puesto que dicho abuso es en escala internacional, solamente se puede contraatacar en forma relativamente eficaz por medio de una organización mundial de especialistas y sabios.

Indudablemente, ese tipo de organización sería necesario también para otro propósito, es decir, para proteger a los sabios que son perseguidos por sus actitudes éticas, especialmente por delitos tales como el análisis crítico de los sistemas el desafío a la ideología oficial, la desmistificación de las instituciones y de los líderes carismáticos o la revelación de hechos públicos, que el pueblo tiene el derecho de conocer, sobre las alienadas fuerzas políticas, económicas y militares que moldean su vida.

Indudablemente, la fuerza moral de un individuo no puede depender de la existencia y eficiencia de ninguna organización. Las organizaciones pueden ayudar a movilizar la opinión pública y a expresar la solidaridad colectiva. Es bueno saber que uno no está solo. Pero hay que tomar decisiones morales aún cuando uno esté solo. Las normas éticas son totalmente sociales, pero la decisión de actuar de acuerdo con ellas y de correr todos los riesgos que semejante acción implica es individual y puramente autónoma. Hay ciertas condiciones que reducen la vulnerabilidad y aumentan la necesaria autonomía de una persona. Todas ellas tienen que ver con los cambios en la conciencia y la vida del individuo, como resultado de un mayor sentido de la identidad propia y de la autodeterminación. Parecen ser de importancia básica:

1) El reexamen crítico de los valores y de los papeles de vida que nos han impuesto durante el proceso de educación, con el propósito último de erigir una orientación vital, nueva, coherente, fundamental. Sin este esfuerzo crítico y auto-integrativo, al estudioso le puede faltar la fuerza de convicción moral. Como cualquier individuo, hallará en su conciencia varias normas que dirigen su conducta; pero por ser un especialista, un erudito, a diferencia de otros individuos, a menudo se dará cuenta de que esas normas carecen tanto de unidad cuanto de fundamento, que surgen de diferentes fuentes y que constituyen las fuerzas

ajenas, no dignas de confianza, de su vida consciente. Semejante erosión de la conciencia moral originaria conduce a un comportamiento pragmático o escapista. Sin una nueva *Weltanschauung* libremente aceptada, que forme la base para un firme sentido de dirección, es casi imposible un compromiso moral autónomo con todos sus concomitantes riesgos.

2) La emancipación de las necesidades falsas, artificiales, tales como la necesidad de poder, riqueza e innecesarias mercancías de consumidor, títulos y honores insignificantes, o amistades ficticias. Es característico de tales necesidades que no sólo hacen perder el tiempo y ocasionan angustias constantes, sino también que vuelven dependiente y vulnerable a la persona. La libertad implicada en un acto moral supone estar preparado para recibir golpes del poder contra el cual ha sido dirigido el acto moral. Puesto que la satisfacción de la mayoría de las necesidades artificiales depende de los poderes existentes, el desquite se vuelve fácil, el precio que hay que pagar por la libertad parece elevado y la renuncia a pagar dicho precio equivale a la renuncia a la libertad. Spinoza fue uno de los hombres más libres de su tiempo porque, entre otras cosas, se ganó la vida puliendo cristales ópticos. Los sabios o especialistas que anhelan promoción, rango y oportunidades para influencia política, que se muestran demasiado ansiosos por vivir en medio de grandes comodidades, de viajar a expensas del erario público y de conservar por cualquier medio todas sus amistades ilusorias, no pueden permitirse el ser libres para compromisos morales.

3) Elevar la actividad profesional, científica, al nivel de la praxis. Las necesidades artificiales son sustitutos de las auténticas; son necesarias para plasmar una

vida espiritualmente vacía. En la medida en que un estudioso experimenta su investigación como *fin en sí mismo*, que le permite satisfacer sus mejores aspiraciones y capacidad potencial, puede organizar su vida de manera sencilla, sana, logrando el máximo de independencia necesaria y de autonomía moral.

Hay otras condiciones que vale la pena mencionar tales como: amplios intereses científicos y culturales, apertura para cambiar, captación de las nuevas necesidades sociales, excelencia profesional. No son condiciones necesarias ni suficientes: la libertad requerida por un acto moral no puede estar determinada por ellas. Pero pueden crear una situación personal en la que los obstáculos para la autodeterminación queden reducidos considerablemente.

VI

Aparte de sus responsabilidades como productores de conocimiento y técnicas, los científicos tienen una responsabilidad especial como educadores de aquellos que prepararán a las futuras generaciones.

Es posible que en un futuro no muy lejano, los maestros que sólo son capaces de transmitir información y destrezas rutinarias, resulten superfluos: se los podrá remplazar, colectivamente, por máquinas educadoras. Por el otro lado, los estudiantes siempre necesitarán del contacto viviente con un maestro que pueda hacer ciertas cosas que las máquinas jamás podrán realizar, pues se trata de cosas que no son cuestión de rutina y que, por tanto, no pueden programarse. Entre ellas están:

*1)* Poner trozos de información dentro de contextos más amplios, mostrando las conexiones, mediaciones, lugar en la historia, condiciones sociales y psicológicas en las cuales se originó el conocimiento, el método científico mediante el cual fue creado, las implicaciones para la investigación futura y la práctica social. Este contexto más amplio proporcionado por el maestro no es prefabricado, no puede construírsele en varias direcciones, surge de un diálogo entre las dos facciones del proceso de la enseñanza, y no depende solamente de la amplitud del conocimiento y la cultura del profesor, sino también de los intereses específicos de los estudiantes.

2) La interpretación creadora del conocimiento. La mera transmisión del conocimiento, aunque se lo reproduzca en toda su complejidad, debería ser remplazada por un intento por dotar a las formas simbólicas en las que se expresa el conocimiento, con nuevo significado a la luz de la específica perspectiva filosófica personal.

3) Despertar la curiosidad intelectual de los estudiantes, ampliando su horizonte espiritual, desarrollando sus capacidades para el pensamiento crítico. Para educar un tipo de jóvenes creadores, de mente amplia, que tengan un sentido de la historia, un buen profesor debe enseñarles a enfocar la realidad no sólo a partir de las preguntas "¿Cómo?" y "¿Cuáles son los medios mejores para lograr que las cosas sigan marchando?", sino también de las preguntas: "¿Por qué", "¿Con qué objeto?", "¿Cuáles son las limitaciones esenciales y cómo se las puede superar?".

Para ser un buen educador, el científico debe poseer personalidad, y ser, no únicamente un hombre de conocimientos y cultura, sino también un hombre de integridad y carácter, que se comprometa activamente con la realización de sus creencias. Los estudiantes saben perdonar que las creencias sean algo utópicas o demasiado realistas. Lo que no pueden perdonar, y tienen razón, es la discrepancia entre pensamiento, palabra y actos reales.

De ello se desprende, pues, que el profesor que quiera vivir a la altura del ideal implícito en su profesión, extenderá sus actividades más allá de los límites del círculo académico relativamente estrecho y se convertirá en una figura activa dentro de la comunidad global. Esta necesidad no necesariamente implica compromiso político en el estricto sentido de la palabra, pues puede consistir en cualquier iniciativa práctica que conduzca a una reforma intelectual y moral de la sociedad y que contribuya a la creación de una nueva cultura, más adecuada a las necesidades de la época.

La actividad pública es un eslabón importante en el proceso de mediación entre la mente teórica y la praxis concreta de una sociedad. Se necesita del inmenso esfuerzo colectivo de los mejores cerebros de una nación para llevar la realidad social dada al nivel de su óptimo potencial histórico. Sin semejante esfuerzo o en el caso de irresponsable escapismo o conformismo de sus principales eruditos, es probable que una nación o una clase social pierda su óptimo nivel y termine en un estado de estancamiento y declinación.

Un maestro tiene la oportunidad de influir en el curso de los procesos sociales más importantes, en un sentido doble: por un lado, mediante su acción directa, por el otro lado, indirectamente, educando a aquellos que cambiarán el mundo. Ello implica, simultáneamente, cambiar las condiciones externas y cambiar el ser.

Este tipo de actividad interrumpe la cadena del ciego determinismo histórico y merece, plenamente, ser calificado como "hacer historia" o brevemente como "praxis".

# VI. DETERMINISMO SOCIAL Y LIBERTAD

El pensamiento filosófico contemporáneo se ha dividido en dos formas, totalmente distintas e incompatibles de enfoque y metodologías para resolver problemas filosóficos: por un lado, un realismo científico, desprovisto de valores, que hace hincapié en el conocimiento positivo y que supone requisitos metodológicos de precisión, validez empírica y exactitud lógica; por el otro, un romanticismo anticientífico, cargado de valores, principalmente interesado en la crítica del presente, ya sea en nombre de una utópica visión del futuro o de una gran tradición idealizada del pasado. La discrepancia no sólo es consecuencia de una excesiva especialización y del fuerte impacto de las tradiciones nacionales específicas, sino que también es expresión de una aguda polarización en el mundo intelectual bajo la influencia de ciertos poderosos factores sociales.

El crecimiento sin precedentes del conocimiento científico y la tecnología, que dio lugar a un sustancial aumento del poder humano sobre la naturaleza y, por lo menos, sobre algunas de las ciegas fuerzas de la historia, apoya la idea básicamente racionalista (originada en la Filosofía de la Ilustración del siglo XVIII e *implícita* en todas las tendencias científicas de la filosofía contemporánea) de que usando los adecuados métodos y técnicas de investigación, el hombre puede alcanzar un conocimiento fidedigno de las leyes de la naturaleza, ajustarse a ellas y de esta manera llegar a ser poderoso, rico y feliz. El otro aspecto de esta concepción de racionalidad científica y tecnológica es obviamente una filosofía de la eficacia y el éxito *dentro* de un determinado marco o estructura de la vida social e individual. La estructura misma por lo general no ha sido desafiada por este tipo de filosofía; ésta se ha ocupado, más bien, de la validez de los medios para determinados fines; no cuestiona la racionalidad de los fines mismos. El problema de la libertad humana apenas entra en el círculo de los problemas realmente interesantes y "significativos"; si lo hace, por lo general queda reducdo a un problema mucho más estrecho de *elección racional* dentro de un determinado sistema de opciones. Podemos, pues, atrevernos a decir que esta filosofía ha estado fuertemente apoyada por una difundida actitud de conformismo y utilitarismo. Sin embargo, su gran poder estriba en el hecho de que es una expresión teórica y una racionalización de un impulso general hacia la sociedad opulenta.

Esta filosofía básicamente cerebral, realista e intelectualista se enfrenta hoy con una fuerte oposición de parte de todos aquellos pensadores solitarios que prefieren "la lógica del corazón" a "la lógica de la razón" y que se rebelan contra las perspectivas de una vida abundante pero impersonal, inauténtica y carente de libertad en una sociedad de masas del futuro. Nuevas experiencias en la vida política, las artes modernas, la investigación social y psicológica, indican la presencia de imprevisibles nuevas formas de irracionalidad y enfermedad, fortalecen la sensación de que vivir en la abundancia y con aparente poder exterior no hace más felices a los hombres y que, después de los triunfos de la ciencia y la tecnología, el hombre ha creado una sociedad básicamente esclava, irrazonable y suicida. Así pues, ha ido surgiendo gradualmente una poderosa actitud anti-Ilustración: existe el mal en los hombres, la existencia humana carece fundamentalmente de sentido, el papel de la razón y el conocimiento es despreciable, la historia no demuestra que haya determinismo ni progreso, toda la civilización moderna no es más que la culminación del enajenamiento y olvido de sí mismo del hombre. Este hincapié en la irracionalidad humana y la falta de orden de la historia generalmente corre parejas con una actitud muy hostil hacia la ciencia, el método científico y la lógica. La rebelión contra la presente realidad dada implica una negativa a admitir que tiene raíces en el pasado o que (no importa cuán flexiblemente) determina el esquema de posibilidades del futuro. Por ello, el futuro es considerado la dimensión primordial del tiempo y se interpretan las posibilidades como márgenes ilimitados de cursos de acción completamente abiertos. Los principios de la absoluta libertad y responsabilidad se han opuesto a los principios de la realidad y la determinación.

Sin embargo, esta filosofía anti-Ilustración (cuya expresión más coherente y sólida es el existencialismo) es sólo una expresión impotente y romántica de rebelión contra los aspectos inhumanos de la sociedad moderna. Equivale a remplazar la insatisfactoria situación concreta por pensamientos abstractos, es decir, es una forma alienada de desalienación.

Para dar un paso verdadero hacia la solución del esencial problema antropológico de la libertad humana se necesita de una filosofía:

*a)* Que remplace al mismo tiempo la superficialidad erudita del razonamiento del tipo sentido común, basado en fragmentos de datos descriptivos, y la estéril abstracción de consideraciones especulativas, por una unidad de visión teórica-crítica y un conocimiento concreto de la situación histórica dada, como una totalidad;

*b)* Que estudie los factores determinantes de la situación dada, con el propósito de hallar las posibilidades que *realmente* están abiertas y los planes humanos que *realmente* son factibles, no solamente para ajustarse a lo que es más probable;

*c)* Que considere a la praxis humana como uno de los factores determinantes esenciales de la historia; este tipo de filosofía activista no sólo pregunta qué posibilidades *se dan*, sino también qué nuevas posibilidades pueden *crearse mediante* la adecuada acción;

*d)* Finalmente, dentro de la estructura de esta clase de filosofía, la libertad es mucho más que la falta de compulsión externa, mientras se elige una entre varias posibilidades dadas; la libertad plena es la capacidad de autodeterminación y de poder cambiar las condiciones mismas de un sistema determinista.

Puede formularse de la siguiente manera el principio general del determinismo: *si en el momento $t_0$ se da un determinado estado de un sistema dinámico S, entonces un conjunto único de estados de S ocurrirán en el momento $t'$*.

Esta formulación puede aplicarse tanto al futuro como al pasado. También permite una interpretación ontológica, epistemológica y axiológica. En caso de que el momento $t'$ preceda al momento $t_0$, el principio del determinismo expresa la posibilidad de reconstruir una situación pasada partiendo de una presente dada. En caso de que el momento $t'$ siga al $t_0$, el principio expresa la posibilidad de dar origen o predecir el futuro sobre la base del presente.

Cuando se lo interpreta *ontológicamente*, el principio establece que todos los acontecimientos de la naturaleza y la sociedad humana son necesarios, en el sentido de que ocurren de acuerdo con ciertas leyes objetivas que son independientes de cualquier sujeto particular.

La interpretación *epistemológica* del principio del determinismo consiste en la afirmación de que existe un método mediante el cual, toda vez que se conoce el estado de un determinado sistema dinámico en un momento dado, puede describirse (predecirse si es en el futuro, retrodecirse si es en el pasado) el estado de ese sistema en cualquier otro momento.

En conexión con las ciencias sociales e históricas es importante señalar que, como caso especial, también debería haber una interpretación *axiológica* del principio del determinismo. De acuerdo con ella, la noción del estado de un sistema podría, entre otras cosas, definirse en términos de una tendencia (consciente o inconsciente) a realizar un determinado fin. "Determinar" significaría, pues, crear o materializar el estado del sistema que corresponde a ese determinado fin.

Otra importante característica del principio general del determinismo es que abarca, como casos especiales, tanto al rígido determinismo clásico como a las diversas formas más débiles de determinismo que, siendo incompatibles con las primeras, han sido denominadas, frecuentemente, "indeterminismo". El lenguaje en el que aquella famosa disputa solía expresarse era bastante confuso. La verdadera cuestión entre el determinismo clásico y el indeterminismo no era si había o no leyes científicas mediante las cuales de alguna manera pudieran determinarse (de una manera más fuerte o más débil) los acontecimientos de la naturaleza y de la sociedad humana. La verdadera diferencia entre esas dos concepciones consiste en que adoptaron diferentes nociones respecto del *estado de un sistema* y distintas interpretaciones de la idea de una *clase* de estados determinados.

La noción del *estado de un sistema* presupone: *a)* un lenguaje con específicas reglas sintácticas y semánticas; *b)* un método lógico para trazar deducciones; *c)* un conjunto de datos, así como también de generalizaciones empíricas confirmadas respecto de un determinado campo de objetos; *d)* cierto cuerpo general de conocimiento y conciencia de una meta (de investigación y acción) que nos permita distinguir entre características pertinentes (importantes, esenciales, etcétera) y carentes de importancia (insignificantes, accidentales, etcétera) del determinado campo de objetos; esta capacidad para discriminar nos permite establecer las condiciones límite del dinámico sistema $S$ en consideración; *e)* finalmente, conocimiento de la condición inicial de $S$ en $t_0$.

Ahora bien: la específica interpretación de la noción del estado de un sistema, desde el punto de vista del determinismo clásico, es el caso especial en que: *a)* el lenguaje a nuestra disposición contiene reglas que nos permiten hablar significativamente no sólo acerca de las clases, sino también respecto de objetos individuales; *b)* se pueden sacar deducciones; *c)* las leyes del campo determinado son comprobables dentro de un sistema axiomático; *d)* el conocimiento total y preciso de todas las condiciones límites e iniciales es posible, en principio. El cumplimiento de todos estos requisitos nos permite reducir la clase de posibles estados futuros (o pasados) a un solo elemento. En todas las formas deficientes de determinismo, esta clase contiene varios elementos. Esta es la consecuencia del hecho de que las condiciones fuertes que abogan en favor del determinismo rígido no pueden cumplirse: o bien sólo podemos hablar significativamente de clases, pero no de objetos individuales; y/o la inferencia deductiva no siempre es posible; y/o las leyes tienen la forma de afirmaciones de probabilidad; y/o no es posible la plena descripción de las condiciones límites e iniciales. Lo que se desprende, pues, de un determinado estado del sistema en $t_0$ es una desarticulación de estados alternativos en $t'$ que podrían esperarse con mayor o menor grado de probabilidad. Así pues, la no determinación en un sentido específico aún podría implicar determinación en otro sentido. Todos los métodos científicos de tratamiento de procesos dinámicos, por muy complejos que sean, podrían ordenarse dentro del continuo de un solo concepto unificador, tomando como criterio de ordenamiento el *grado de determinación*, o sea, el grado de certeza con que podemos hacer predicciones acerca de los estados del sistema $S$ en $t'$ cuando conocemos el estado de $S$ en $t_0$.

La dificultad esencial con que se tropieza al explicar el principio del determinismo es la interpretación de la noción misma de *determinación*. ¿Qué significa decir que si se conoce el estado de un sistema en $t_o$ entonces ocurre o puede predecirse una clase de estados en $t'$? ¿Qué tipo de necesidad se expresa aquí por la implicación *si... entonces*? El valor informativo del principio obviamente depende de lo que deseamos negar. Lo primero qque queremos negar es que la clase de determinados estados del sistema es, o bien una clase vacía o una clase universal.

En otras palabras, negamos tanto *1)* que pueda existir un sistema sin ninguna historia y ser no existente en algún momento futuro o pasado, y *2)* que todas las posibilidades *lógicas* están abiertas. Por consiguiente, la formulación más flexible del principio del determinismo tendría una forma negativa: no se trata de que si se da un estado de un sistema $S$ en el momento $t_o$, entonces ninguno o cualquier estado podría seguir en el momento $t'$. Parafraseando el aforismo de Spinoza *Omnis determinatio negatio est*, podríamos decir que toda determinación es esencialmente exclusión de ciertas posibilidades.

Cada sistema $S$ abre un campo de posibles estados $P$

y contiene ciertas condiciones limitadoras *CL*, y decir que una determinada *x* es *necesaria* con referencia a *S* significa que *x* es una subclase no vacía de la clase de posibles estados *P* y que todas las otras posibilidades del campo *P*, excepto *x*, son excluidas debido a las determinadas condiciones limitantes *CL*. Obviamente, mediante la introducción de nuevos elementos en la clase de condiciones limitadoras, aumenta el grado de determinación (la extensión de la eliminación) en que logramos el caso especial en el que la subclase de las posibilidades permitidas contiene un único miembro: ésta es la situación especial descrita por el determinismo clásico.

La clase de necesidad que tenemos aquí (expresada mediante el *si . . . entonces* en el principio del determinismo), de ninguna manera es una necesidad *lógica* (como lo han discutido a veces los filósofos racionales). La clase de condiciones limitadoras contiene reglas lógicas (sintácticas y semánticas) y condiciones empíricas, entre las cuales las leyes empíricas establecidas desempeñan un papel clave. Por consiguiente, podemos llamar a este tipo de necesidad, *empírica* (o *real*). Aquí el término "necesidad" no es el nombre de algún pegamento misterioso que une acontecimientos; más bien puede ser interpretado como una abreviatura de la expresión más compleja: "aquello que resiste todos los intentos de eliminación." Debería advertirse que el concepto de necesidad empírica es relativo a todo un conjunto de supuestos, reglas e información, que constituyen el sistema *S* dado. Cualquier cambio en el sistema, cualquier discrepancia entre el sistema y la estructura real de los correspondientes objetos, permite desviaciones ("acontecimientos casuales") de lo que ha sido considerado "normal" y "necesario" dentro del sistema. Contrariamente, los acontecimientos casuales con respecto a un sistema (*S*) pueden ser reinterpretados como sucesos necesarios respecto de un sistema más rico y más fuerte $(S')$.

A menudo se ha discutido la aplicabilidad, en nuestro siglo, de la idea del determinismo a las ciencias sociales y a la historia. De lo dicho anteriormente se desprende que el rechazo del determinismo con frecuencia concuerda con una rebelión antropológica romántica contra el conformismo positivista y la indiferencia ante el problema de la libertad humana. Cuando el determinismo se explica de una manera clásica y rígida y la libertad es exaltada a la categoría de principio absoluto de la auténtica práctica humana, ambas ideas resultan realmente incompatibles.

La negación del determinismo y la causalidad en las ciencias sociales a menudo también se origina en la tendencia a trazar una línea de demarcación demasiado tajante entre las ciencias naturales y las sociales y entre la naturaleza y la historia en general. Las concepciones de la escuela neokantiana de Baden son típicas a este respecto. Puesto que, de acuerdo con Windelband y Rickert, las ciencias sociales se ocupan de sucesos únicos, irrepetibles, no se pueden generalizar y explicar sino tan sólo describir y comprender. (Son *ideographische, verstehende* en contraste con *nomothätische erklärende Wissenschaften*). Por el otro lado, no pocos filósofos idealistas, por ejemplo Dilthey, Croce, Collingwood y otros, han cuestionado la objetividad de los hechos históricos y recalcado el papel de los juicios de valor en el proceso de interpretación. No hay necesidad de rechazar todas las concepciones de estos grandes filósofos, especialmente si son tomadas como argumentos para defender la tesis de que existen diferencias muy importantes entre las ciencias naturales y las sociales. No obstante, dichos filósofos introducen un dualismo absolutamente insostenible. La única naturaleza que es importante para nuestras vidas y para la investigación científica es la naturaleza transformada por la práctica humana (física y mental) y vista desde la perspectiva del idioma, la experiencia y las necesidades prácticas humanas. Así pues, el tema de las ciencias naturales (y las técnicas) no es la naturaleza "en sí misma", sino la naturaleza que ya se ha convertido en parte de la historia humana. Consecuentemente, hay una tendencia a pasar por alto el hecho de que aun en las ciencias naturales más exactas los juicios de valor desempeñan cierto papel, por ejemplo, en las controversias acerca de la teoría de la relatividad y la mecánica cuántica, y que la interacción entre objeto y sujeto en el proceso de la investigación tiene lugar en toda ciencia.

Sin embargo, si negamos todo dualismo entre las ciencias naturales y las sociales, y si no podemos ver ninguna razón verdaderamente nueva o convincente para abandonar un aparato conceptual que es sumamente adecuado y, en realidad, indispensable para la explicación de los acontecimientos sociales, aun así, no se desprende de ello que la única opción que nos queda es la unificación de los conceptos y los métodos, característica del positivismo lógico. Por el hecho mismo de que, después de todo, la historia es hecha por el hombre y de que, incluso las ciegas e impersonales fuerzas sociales son, en última instancia, los valores medios de las acciones humanas individuales (que hasta cierto punto son libres e imprevisibles), las estructuras deterministas de los procesos sociales deben ser mucho más complicadas, dinámicas y discontinuas.

Las características específicas más importantes del determinismo social son las siguientes:

*1)* En las ciencias sociales la noción de un *sistema*, frente al cual el principio del determinismo es relativo, se vuelve bastante vaga. La extensión de fenómenos de los cuales depende un proceso natural es a menudo muy limitada y puede identificarse y aislarse muy fácilmente. Generalmente sólo nos interesa una pequeña cantidad de propiedades del proceso natural estudiado. Para explicarlas y predecir su cambio futuro basta tomar en cuenta una reducida cantidad de otras propiedades con las cuales por lo general mantienen alguna relación funcional relativamente sencilla. Incluso en los sistemas más complejos de los fenómenos naturales, en los que, en principio, no pueden aplicarse los métodos deterministas (por ejemplo, en la mecánica cuántica), la cantidad de variables independientes es pequeña y especificable y sus relaciones son bastante sencillas. Aquí la principal fuente de dificultades es la imposibilidad de dar una descripción completa de las condiciones iniciales del sistema. Que el sistema de los fenómenos sociales debe ser mucho más complejo se desprende ya del hecho de que los seres sociales son también seres físicos, químicos, biológicos, etcétera. Todas las características del mundo ya están contenidas en ellos; podemos dejarlos de lado, en su mayoría, pero persiste el hecho de que en la sociedad humana tratamos con totalidades concretas y no con propiedades absolutamente abstractas.

Otro aspecto más complejo de los sistemas de los que se ocupan las ciencias sociales consiste en el hecho de que frecuentemente los seres humanos no reaccionan inmediatamente a los estímulos externos. Son capaces de aprender y de postergar reacciones, de modo que muchas veces no podemos saber en qué momento del pasado están ubicados los factores determinantes más importantes de un cierto esquema de conducta. Para un objeto natural el pasado está muerto: no hay nada en él que ya no esté cristalizado en la forma presente y que pueda desempeñar algún papel importante en el futuro. Es característica de un ser social la constante repetición del pasado: la reinterpretación y revaluación de las experiencias y la tradición pasadas desempeñan un papel importante en toda la vida subsiguiente, y sólo en el futuro se materializarán o concretarán algunas consecuencias y reacciones de los acontecimientos pasados. Así pues, el sentido en que los fenómenos sociales tienen una historia es completamente distinto de lo que a veces se da en llamar la "historia" de un proceso natural.

La consecuencia de todo esto es que la noción de sistema en las ciencias sociales debería abarcar una gran cantidad de variables pertinentes de varias esferas a diversos niveles y en diferentes momentos. Como es muy difícil especificar todo esto, las condiciones límite del sistema son más o menos vagas. Puesto que la interacción entre las variables no es totalmente controlable, el científico social casi nunca puede utilizar métodos deductivos para proyectar posibilidades. Por consiguiente, la deducción estadística desempeña un papel aún más importante que en las disciplinas más complejas de la ciencia natural.

2) Un sistema, con referencia al cual hablamos acerca de la determinación de un proceso, no es tan sólo una colección de fenómenos mutuamente relacionados *en sí mismos*. Los criterios de la pertinencia e importancia que ciertos fenómenos puedan tener para otros dependen de la naturaleza del problema, de la finalidad de la investigación y, por fin, de la orientación epistemológica y de valor de la persona interesada en la determinación. Por tanto, un sistema es una estructura *significativa*. Incluso en las ciencias naturales, las necesidades prácticas, el interés en el rápido progreso tecnológico, los supuestos filosóficos, los prejuicios teológicos, ideológicos y de otro

tipo, pueden influir considerablemente en la elección del problema, la selección de los datos, el aparato conceptual usado para la interpretación, la clasificación y generalización del material empírico y, especialmente, para la decisión final de aceptar una teoría o de persistir en rechazarla. Desde Copérnico y Galileo hasta las disputas modernas, toda la historia de las ciencias naturales acerca de la relatividad, el determinismo, la evolución, la genética, la cibernética, etcétera, demuestra convincentemente que la objetividad absoluta de los resultados de las ciencias naturales es sólo una cuestión de fe de un lego.

No cabe duda, sin embargo, de que las consideraciones de valor desempeñan un papel mucho mayor en las ciencias sociales. Aunque la ciencia es un producto humano universal y los requisitos del método científico aseguran un grado considerable de imparcialidad y de intersubjetividad universal, la índole misma de la investigación social es tal que sus resultados pueden ser sumamente aplicables a los intereses particulares del grupo social (clase, nación, raza) a la que el científico pertenezca. Aunque dejemos de lado los casos de deliberado comportamiento pragmático, el hecho es que la metodología científica, en el mejor de los casos, sólo proporciona las condiciones necesarias y *no* las suficientes de la verdad. Si no siempre hay un solo camino a la verdad en cada situación, obviamente es posible elegir entre las opciones aquella que mejor se adapta a los intereses y propósitos de un grupo particular. Es posible, incluso, que el científico no tenga conciencia de ciertos valores, normas y preferencias profundamente arraigados. Cuando éstos influyen y dirigen su trabajo muy intensamente, cuando el científico presenta semiverdades como verdades completas, frecuencias estadísticas favorables como leyes científicas establecidas, correlaciones útiles como relaciones causales, proyectos para el futuro como la realidad ya existente, claramente ha asumido el papel del adepto de un credo particular.

Entre ciencia y racionalización ideológica o teológica hay muchos casos de transición. No es necesario que los valores particulares en cuestión estén restringidos a una nación, una clase, una raza o una religión, sino que pueden también sustentar a toda una civilización. De modo que el problema consiste en ser plenamente objetivo al tratar el problema de la antigua Grecia, el Renacimiento o la Ilustración, cuando ni siquiera sabemos suficientemente cuántos supuestos fundamentales de valor de la filosofía y las ciencias occidentales modernas tienen su origen en aquellas cultura. Por el otro lado, es muy difícil adoptar una posición realmente objetiva respecto, digamos de China, cuando al mismo tiempo se están rechazando instintivamente los valores básicos de su tradición cultural, particularmente del confucionismo, el taoísmo y el budismo. Lo que se desprende de todo esto no es que la determinación objetiva sea absolutamente imposible en las ciencias sociales, sino, solamente, que merece un análisis más cuidadoso.

También sería erróneo llegar a la conclusión de que la determinación objetiva es posible únicamente en condiciones de una investigación social libre de valores. Lo único que hace falta es desarrollar una autoconciencia y una autocrítica respecto de todas las clases de consideraciones *particulares* de valoración (incluyendo las de toda una civilización particular). Los valores humanos universales que expresan los intereses y necesidades de la humanidad en general, de ninguna manera son incompatibles con la verdad y el método científico. Sin ellos la ciencia quedaría reducida a mero conocimiento positivo y estaría desprovista de auténtico espíritu crítico.

*3)* Una tercera característica específica importante del determinismo social es que las leyes sociales no pueden ser formuladas ni cuantificadas de manera muy precisa: los conceptos abstractos que contienen no siempre tienen importancia funcional. En consecuencia, el grado de confirmación de los mismos generalmente no es muy elevado.

Debido a estas dificultades epistemológicas y metodológicas deberíamos concebir a las leyes sociales como *tendencias* y no como fatalidades. Hay también razones ontológicas para considerarlas de esta manera. Sólo excepcionalmente las leyes sociales (por ejemplo, en la ciencia económica) expresan relaciones de dependencia funcional entre propiedades simples, relativamente invariables. En la mayoría de los casos son expresiones de tendencias centrales estadísticas de un conjunto de acontecimientos individuales fortuitos. Muchas leyes que se ocupan de los microfenómenos de las ciencias naturales también tienen esta forma estadística o de probabilidad. Las características específicas de las leyes sociales, en oposición a las leyes estadísticas de las ciencias naturales son: en primer lugar, las diferentes razones que explican por qué un suceso es casual y, en segundo lugar, la limitada validez de la ley de los grandes números.

En general se considera que un acontecimiento es *accidental* con referencia a un sistema, si las propiedades de dicho sistema no lo determinan plenamente. En la naturaleza, por lo general la razón de la desviación es una imprevisible interacción de factores dentro del sistema o la intervención de factores que no pertenecen al sistema. En la sociedad, un suceso casual es la consecuencia del hecho de que el agente individual es un ser consciente, capaz de escoger entre varias posibilidades de su acción y que puede comportarse de una manera totalmente excepcional, imprevisible, superando los límites de su carácter y sus hábitos, abandonando la tradición o rebelándose contra la coerción social externa.

De haber actuado la gente siempre en forma consciente y libre, de haber sido la sociedad tan sólo una acumulación de individuos mutuamente aislados, no habría habido orden ni determinación en la historia. Habríamos tenido que aceptar la teoría de Bury acerca de la nariz de Cleopatra, según la cual toda la historia no es otra cosa que una serie de accidentes. Sin embargo, los seres humanos no siempre se comportan como agentes libres y no son, únicamente, individuos aislados. En un mundo cosificado el hombre está reducido a una cosa, a un fragmento de una máquina del proceso de producción, a un objeto de manipulación de la vida política.

Un ser humano cosificado (por inercia o por temor) no hace uso de su capacidad de discriminar y elegir; o su elección no es consciente y crítica, de modo que prevalecen las fuerzas psíquicas inconscientes; o, siendo una personalidad dividida, actúa contrariamente a lo que ha sido elegido; o, finalmente, muchas acciones contrarias de diversos individuos aislados se neutralizan mutuamente. Esta situación se parece bastante a las de la naturaleza: cada acción individual parece ser un suceso casual y, debido a muchos choques imprevisibles e incontrolables de voluntades individuales, el resultado de una acción difiere considerablemente de aquello que se pretendía hacer o lograr. Cuando el número de los agentes y sus acciones aumenta, se vuelven cada vez más insignificantes las desviaciones de una tendencia estadística central. Así pues, la estructura determinista de los procesos de las situaciones sociales "cosificadas" (por ejemplo en una economía de mercado) son muy similares a las que se dan en termodinámica, en microfísica, en genética, etcétera.

Sin embargo, los procesos históricos tienen, por lo menos temporalmente, una estructura por completo distinta, típicamente *social*, en un mundo verdaderamente humano, en una auténtica comunidad social: *a)* donde hay una considerable cantidad de solidaridad y coordinación de los esfuerzos prácticos individuales; *b)* donde hay un conocimiento bastante adecuado de la situación histórica y una correcta estimación del reino de las posibilidades históricas que realmente están abiertas; *c)* finalmente, donde hay una conciencia crítica de la realidad social existente y de sus limitaciones.

En estas condiciones, la "ley de los grandes números" ya no se sostiene. El proceso histórico no conduce al estado *más probable*, sino al *más perfecto* desde el punto de vista de las necesidades y propósitos humanos, aunque podría suceder que estuviera en el margen mismo de la gama de posibilidades reales.

Así pues, surge una nueva cualidad de la determinación social; la práctica sumamente creadora, racional e intensa de agrupamientos sociales suficientemeste bien organizados, hace posible que se aparte de los caminos medios de la historia hacia senderos muy riesgosos, pero también mucho más rápidos y radicales, que abren gamas completas de nuevas posibilidades que, de otra manera, seguirían siendo casi inalcanzables. En tal caso, es posible hablar de la discontinuidad dentro del determinismo social. El hombre se vuelve libre en un sentido nuevo, hasta ese momento desconocido. Ya no se trata solamente de la libertad respecto de ciertas leyes que son completamente independientes de la voluntad humana. Por supuesto que el hombre no puede abolir las leyes mientras continúe dentro de las limitaciones de un sistema determinado. No obstante, la comunidad humana, que corre el riesgo y que sobrepasa de lejos los esquemas corrientes de conducta, es capaz de transformar las *condiciones en las cuales se sostienen ciertas leyes*. Es esto lo que ocurre en todos los momentos de gran cambio social y de creación de nuevos sistemas económicos y políticos.

*4)* Una cuarta característica específica importante del determinismo social se relaciona con la causalidad en los procesos sociales. Algunos científicos sociales consideran que la causalidad es un concepto de las ciencias naturales y se oponen a su aplicación a la historia y las ciencias sociales. Entre otras cosas, pasan por alto el hecho de que la idea de causa se ha desarrollado en conexión con la práctica humana y que sólo más tarde fue transferida, por analogía, a los fenómenos naturales. Hume estaba en lo cierto al decir que sin nuestra inmediata experiencia de producir prácticamente ciertos cambios, la corriente idea clásica de causalidad carecía de fundamento. No obstante, se equivocó al negar que *realmente tengamos* una inmediata experiencia de producción. Una gran parte de la explicación de los sucesos históricos por cierto consiste en establecer el carácter de las acciones humanas que los producen.

En su aplicación a la física y a otras ciencias naturales, el concepto de causa se ha ido modificando y generalizando gradualmente, y la idea de *causa final* tiende a desaparecer. Después de Galileo, la pregunta "¿cómo?" en lugar de "¿por qué?" ocupó el centro de la atención de los científicos de la naturaleza. Y todavía en la actualidad, la idea de causa como condición antecedente activa que es necesaria y suficiente para un cambio determinado, es un supuesto indispensable en todo experimento, en todo trabajo de laboratorio.

No solamente ocurre que hay muchas más causas en la sociedad que en los procesos naturales, sino también que los conceptos de *necesidad* y *suficiencia* de las condiciones adquieren un significado diferente. Únicamente cuando analizamos un proceso ya completado, podemos, *a posteriori*, llegar a la conclusión de que en ausencia de ciertos acontecimientos no habría podido ocurrir, mientras que la presencia de los mismos influyó en forma decisiva en el curso y resultado de dicho proceso. Aquí hemos incluido la práctica humana como una cantidad *conocida*, pero jamás podemos estar seguros, *a priori*, de esta variable. Por lo tanto, a menudo debemos hablar sobre las condiciones "necesarias" y "suficientes", con ciertas salvedades: en las mismas condiciones objetivas pero en diferente momento, las personas pueden comportarse en forma distinta, pues es posible que hayan adquirido experiencia de su comportamiento en el pasado; pueden evaluar de diferente manera las consecuencias de sus acciones; pueden, por diversas razones racionales o irracionales, actuar de un modo excepcional, anormal, completamente inesperado; o, finalmente, puede suceder que cambien sus objetivos. Esto último es particularmente interesante para nosotros, porque constituye una de las características esenciales del determinismo social.

En la naturaleza, las causas son principalmente fenómenos materiales. En la sociedad, una causa puede ser *la conciencia de cierto objetivo*. Con frecuencia, todos aquellos historiadores y científicos sociales que creen que la historia es el resultado de ciegas fuerzas impersonales, geográficas, económicas, políticas y de otras clases, han descuidado por completo esta dimensión de la causalidad. Mientras ellos ignoran por completo el papel desempeñado por los proyectos humanos conscientes, otros, como Tucídides o, más recientemente, Collingwood, lo reducen a una motivación personal, exclusivamente subjetiva, de un *individuo* libre y responsable. Indudablemente este dilema es falso: están desempeñando un papel cada vez más importante en la historia *los propósitos de grandes grupos sociales*, propósitos que son objetivos en un doble sentido: implican el cambio de *estados realmente existentes* y son una expresión de los intereses y necesidades de todo un *grupo social* (clase, nación, etcétera).

Si bien en las primeras etapas de la historia humana prevalecían formas relativamente sencillas y burdas de la causalidad, que estaban constituidas por factores externos e impersonales y que eran comparables a la causalidad en la naturaleza, más tarde, a un nivel más elevado de la evolución histórica y con una progresiva extensión de la gama de posibilidades humanas, han ido desempeñando un papel cada vez más importante en la determinación de los principales acontecimientos sociales los compromisoss prácticos de los individuos y los grupos para lograr propósitos o finalidades libremente escogidos. Éste es uno de los aspectos fundamentales del proceso de remplazo del "reino de la necesidad" por el "reino de la libertad" al cual se refiere Marx al final de *El Capital*.

Hablar acerca de la necesidad y la libertad como de dos diferentes reinos o esferas o etapas de la historia podría llevar a confusiones y a fortalecer la creencia popular de que la una excluye la posibilidad de la otra. Las consecuencias de toda concepción que suponga que hay una incompatibilidad lógica entre estas dos ideas son muy graves. Parece poco realista sostener que en nuestra conducta no hay ninguna determinación, pero si aceptamos el criterio opuesto, entonces parece ser que de ello se desprende que no hay motivos para hacer a la gente responsable de sus acciones. La única manera de resolver este antiguo problema consiste en mostrar las limitaciones de los opuestos conceptos iniciales y suprimir la contradicción existente entre ellos haciéndolos más concretos y flexibles mediante la introducción de diferenciaciones y salvedades necesarias.

Es esto lo que se intentó hacer en las secciones anteriores en cuanto a lo que a la noción de determinismo social se refiere. Si podemos hablar significativamente de la determinación de toda la *clase* de posibles estados futuros; si la actividad práctica de los grupos sociales es uno de los factores determinantes más importantes y si esta actividad depende, entre otras cosas, de las metas y valores libremente escogidos, al parecer se ha creado un lugar para la libertad humana dentro de la noción misma de determinismo social y *viceversa*, para un determinismo que tiene un carácter *social* y que presupone una cierta libertad inicial de la acción humana.

Sin embargo, no se puede reducir el problema de la libertad a la cuestión de la *posibilidad* de libertad dentro de una generalizada estructura determinista. La cuestión esencial a este respecto es la siguiente: ¿En qué condiciones *es* libre un sujeto histórico? Puesto que libertad de los grupos sociales y de las comunidades implica libertad de los individuos, podemos concentrarnos en estos últimos. El dilema principal es, pues: ¿Tomamos a la libertad en una forma descriptiva o predominantemente crítica y normativa? O, en otras palabras, ¿es la libertad personal una cuestión de conciencia inmediata del sujeto dado o una cuestión de evaluación crítica de toda la situación?

En el primer caso, un sujeto sería libre en el sentido de verse confrontado con varias posibilidades de elección y de tener la oportunidad de escoger la más favorable sin ninguna coacción exterior. Sin embargo, es posible discutir inmediatamente este enfoque formulando las siguientes preguntas y haciendo las observaciones que siguen:

*1)* ¿*Conocía* el sujeto dado *todas* las posibilidades de la situación? Generalmente, la gente toma menos libertad de la que está disponible en una situación dada. Una de las razones de esta pérdida de oportunidades es el conocimiento insuficiente de las fuerzas (leyes) constantes que actúan en un determinado campo. Las antiguas teorías (de los griegos, Spinoza, Hegel, Engels) según las cuales la libertad es esencialmente conocimiento de la necesidad, ya no son sostenibles, porque reducen la libertad al conformismo y a la esclavitud voluntaria. Sin embargo, estas teorías tienen un mérito, por lo menos: sin un considerable conocimiento adecuado, la libertad degeneraría en una arbitraria elección de estados de cosas imaginarios, que ni siquiera tendrían la más mínima oportunidad de realizarse. Así pues debe considerarse que una elección es libre solamente si la posibilidad escogida es una *verdadera* posibilidad histórica; es decir, si es compatible no sólo con las reglas lógicas, sino también con todas las condiciones y leyes empíricas pertinentes del sistema dado. Sería ridículo decir que una elección fue libre aunque fue hecha sobre la base de supuestos falsos. La ignorancia es incompatible con la libertad, si bien su negación, el conocimiento, es solamente su condición necesaria (y no suficiente).

*2)* Una razón mucho más importante para una difundida escapatoria de la libertad es la renuncia a correr riesgos, a comprometer una posición ya establecida en la vida social práctica, a arriesgar incluso la propia existencia. En su famoso análisis de la relación entre amo y sirviente, en su *Fenomenología del espíritu*, Hegel demuestra que, en las condiciones de la lucha social, la libertad solamente puede ser el resultado de la aceptación de la posible muerte. El hombre ("autoconciencia" en la terminología de Hegel) que depende demasiado de la vida y que teme a la muerte, se convierte en un esclavo subordinado a la voluntad de su amo y, en el mejor de los casos, experimenta la libertad sólo en su pensamiento, o sea, en una forma alienada.

Aunque no tomemos en cuenta las condiciones históricas particulares en las cuales las relaciones sociales adquieren la forma de la despiadada lucha por la posición de un amo que satisface su avaricia (*Begierde*) apropiándose de los resultados del trabajo de un sirviente, la pregunta más general es: ¿Puede alguien estar al nivel máximo de la libertad posible en su tiempo, aunque no supere su temor, mientras corre el riesgo de explorar en forma práctica los límites de su posible ser?

*3)* Una libre elección presupone la existencia de un criterio de evaluación y selección entre diferentes opciones. Surge entonces la pregunta de si el sujeto tiene conciencia de sus normas de evaluación, si éstas han sido alguna vez examinadas críticamente y si en realidad corresponden a sus necesidades.

*4)* El siguiente paso en el análisis crítico de la libertad es un examen de la autenticidad de las necesidades mismas que dirigen todo el proceso de la libre selección. ¿No sucede acaso que muchas de estas necesidades son artificiales, creadas por las poderosas influencias del ambiente social al cual pertenece el individuo? Y ¿cómo vamos a distinguirlas de las necesidades que son verdaderas y auténticas? Teóricamente, sólo se puede responder a esta pregunta desarrollando toda una teoría antropológica. Una respuesta más concreta y descriptiva sería la siguiente: cuando satisfacemos nuestras necesidades básicas y auténticas tenemos una experiencia inmediata de la intensidad y riqueza de la vida, de nuestro propio poder, de nuestra propia realización. Por el contrario, es característico de las necesidades artificiales que su satisfacción a menudo vaya seguida de la sensación de vacío, hartazgo, hastío, desarraigo, impotencia, en una sola palabra, de la nada. Resulta importante señalar que algunas de las necesidades básicas de una personalidad desarrollada que se haya convertido en un auténtico ser social son: la necesidad de solidaridad y de justicia social y la necesidad de aquellos tipos de actividad, incluyendo la producción material, que satisfagan las necesidades y enriquezcan la vida de otra persona.

5) El desarrollo de una autoconciencia crítica plantea algunos problemas nuevos. En primer lugar: ¿No es incluso mi autoconciencia (al menos en parte) un resultado de la manipulación? Entonces, ¿es mi auténtico ser una totalidad simple o un campo dinámico con considerables tensiones entre motivaciones e impulsos sociales más o menos egoístas o más o menos altruistas? Generalmente, mi ser puede realizarse en más de una manera. Esto significa que cada realización de una posibilidad de mi ser es, al mismo tiempo, la negación de alguna otra posibilidad de mi ser auténtico. ¿No es pues, toda libertad al mismo tiempo un acto de la limitación de la libertad, no sólo respecto de alguna otra persona, sino también de mí mismo? El determinismo social y la libertad se presuponen mutuamente; son momentos necesarios de la praxis humana en una situación histórica concreta.

En resumen, lo que muchos filósofos que han escrito sobre este tema han pasado por alto es que tanto el determinismo como la libertad tienen sentido únicamente respecto de un determinado contexto o situación o, más exactamente, respecto de un *sistema* determinado, constituido por el lenguaje y la lógica a nuestra disposición, por el problema y la finalidad de nuestra investigación y por cierta información que consideramos pertinente para nuestro problema.

Determinación, pues, significa eliminación de todos los otros estados lógicamente posibles, excepto una única clase de posibilidades reales, que, en el caso especial del estricto determinismo clásico contiene solamente un elemento. Cuantas más leyes y demás condiciones limitantes existen, cuanto más restrictivas son, mayor es el grado de determinación de un sistema. En lugar de contar tan sólo con dos formas de examinar y describir esta situación (determinismo en el sentido clásico e indeterminismo), en realidad tenemos un continuo de métodos deterministas que varían en el grado de determinación.

Por las diversas razones que mencioné, la noción misma de sistema es, en la sociedad y en las ciencias sociales, bastante vago: el número de variables es mucho mayor, las consideraciones de valor desempeñan un papel mucho más importante y la conducta de cada miembro individual del sistema no siempre es totalmente predecible.

Cuando la sociedad o un grupo privilegiado de la misma logra manipular a los individuos en una gran medida, mediante la coacción o por medio de la adecuada educación y propaganda, o cuando los individuos están aislados, desorganizados y son gobernados por las ciegas fuerzas sociales o por las leyes de los grandes números —por ejemplo, en el mercado relativamente libre—, el grado de libertad de los individuos es muy bajo o el grado de determinación de su conducta es muy elevado. Por supuesto, puede suceder que la gente tenga ilusiones respecto de su libertad: puede imaginar que es libre toda vez que una autoridad externa le deja a elegir entre dos o más posibilidades. En realidad, esta libertad imaginaria está determinada por los criterios de elección y por el carácter de nuestras necesidades, que pueden ser artificiales y, también, por nuestra renuncia a aceptar cualquier riesgo.

No obstante, mientras los individuos vivan en una situación que les permita una elección y, también, mientras hayan examinado críticamente y aceptado sus criterios de elección y, en la medida en que están dispuestos a arriesgar su posición social —su seguridad e incluso sus propias vidas—, su comportamiento se vuelve cada vez más libre. Libertad aquí no significa negación de toda causalidad o determinación, y de ninguna manera podemos hablar de la libertad absoluta.

Hay varios pasos para esta libertad relativa. En el nivel más bajo, libertad es meramente la elección entre opciones dadas. El nivel de libertad depende de la medida en que controlamos las diversas condiciones limitantes del sistema y de que seamos capaces de realizar aquellas posibilidades que (no importa cuán probables pudieran ser) mejor correspondan a nuestras necesidades.

El más alto nivel históricamente posible de libertad se caracteriza por la satisfacción de las necesidades humanas fundamentales, que se han desarrollado durante la historia precedente y que constituyen la base necesaria para la futura autoproducción de los hombres. Este nivel solamente puede ser alcanzado cuando, por sus esfuerzos coordinados, los individuos asociados logran remplazar totalmente el insatisfactorio sistema existente y crear condiciones para uno nuevo, en el que se reduzcan las diferentes leyes y condiciones limitantes y se abra un campo más amplio a la praxis humana.

# VII. IGUALDAD Y LIBERTAD

## Introducción histórica

Podemos distinguir tres etapas principales en la historia de las ideas de igualdad y libertad: al principio, el problema se plantea en su forma más abstracta, filosófica y religiosa, como la igualdad y la libertad de un individuo como *ser humano* en general. Luego adquiere su dimensión política y legal, y se convierte en el problema de la igualdad y la libertad de un individuo como *ciudadano*. Por último se concentra en las relaciones económicas, y se transforma en el problema de la igualdad y la liberación de un individuo como *productor*.

En todas las grandes religiones antiguas, los hombres eran tratados como iguales en algún aspecto importante. Si bien justifica las extremas desigualdades sociales de un sistema de castas, el hinduísmo sostiene la idea de que todas las personas son igualmente capaces del autodescubrimiento, de la autoperfección y de convertirse en el centro de la experiencia religiosa superior. El judaísmo y el cristianismo sostenían que todos los hombres son iguales en el sentido de que todos fueron creados por Dios, tienen almas iguales —la imagen interna de su divino creador— y son igualmente responsables ante Él. En el libro del Levítico, la Biblia dice: '"Tendrás una sola ley para el extranjero y para el natural porque Yo, el Señor, soy tu Dios." Aquí ya hallamos la idea de la igualdad ante la ley, claro que se trata de la ley divina.

En su forma secular, racional, el concepto de la igualdad de ser de todos los hombres aparece por primera vez en las ideas de los sofistas. Por ejemplo, Antifón considera que "nuestras dotes naturales son las mismas para todos nosotros en todos los sentidos, ya seamos griegos o bárbaros". Por lo tanto, "es propio de bárbaros reverenciar y venerar a una persona tan sólo porque nació en una gran casa". Después de estas primeras indicaciones, hallamos una doctrina sólida de la natural igualdad universal en la filosofía de los estoicos. Durante un largo periodo, los estoicos sostuvieron, en oposición a Platón y Aristóteles, que todos los hombres son iguales por naturaleza, porque todos tienen la razón y la capacidad de conocer y hacer el bien. "Si los malos hábitos y las falsas creencias no retorcieran las mentes más débiles y las volvieran hacia cualquier dirección a la que se inclinan, nadie sería tan igual a su propio ser como todos los hombres lo serían a todos los demás" (Cicerón, *De legibus*, L. I, cap. 10).

En una época de enormes desigualdades sociales, la idea de una natural igualdad universal debió parecer bastante irreal. Pero sus autores no pretendían dar descripciones de las realidades sociales de su tiempo. Proyectaban la igualdad natural en un pasado, en una era anterior de inocencia, que precediera a la introducción de la propiedad, la esclavitud y el Estado. Este dualismo de la desigualdad y opresión presentes *versus* la pasada igualdad y libertad; de la organización social *versus* el estado natural; de la actual realidad deformada *versus* un ser potencial más humano continuará siendo la característica del pensamiento humanista de toda la época de la sociedad clasista.

Lo que caracteriza la segunda etapa en la historia de las ideas de igualdad y libertad son las implicancias políticas y legales de la idea de la igualdad natural. La igualdad del ser se convierte en la igualdad ante la ley.

Hay un largo periodo de transición. La idea de igualdad natural fue adoptada por el derecho romano: por ejemplo, en las *Institutas* de Justiniano hallamos el siguiente pasaje: "Por la ley de la naturaleza todos los hombres desde el principio nacieron libres", y en el *Digesto*: "De acuerdo con la ley natural, todos los hombres son iguales." La idea de la igualdad natural pasó del derecho romano al pensamiento legal del Medievo y de allí a la cultura renacentista. Nicolás de Cusa fue el primero en sacar implicaciones políticas muy definidas de la idea en su forma abstracta. En su *De Concordantia Catholica* (1433) dijo: "Consecuentemente, puesto que por naturaleza todos los hombres son libres, toda autoridad... debe provenir del acuerdo y consentimiento de los sujetos. Pues si por naturaleza los hombres son iguales en poder e igualmente libres, la autoridad adecuadamente ordenada de uno que es naturalmente igual en poder solamente puede establecerse mediante la elección y consentimiento de los demás, y también la ley es constituida por consentimiento" (L. II. cap. XIV).

En los siglos siguientes, durante el liberalismo clásico y la Ilustración, en la ideología democrática de las grandes revoluciones burguesas de América y Francia, se elaborará plenamente una vigorosa crítica de las características autoritarias y jerárquicas de la sociedad feudal. La ficción del contrato social servirá no solamente como explicación del origen de la autoridad estatal, sino también como la justificación de la soberanía del pueblo y de los derechos inalienables del ciudadano. Entre estos derechos habrá libertades civiles completamente definidas: de pensamiento, autoexpresión, organización, elección, libertad para hacer manifestaciones de protesta pública, etcétera. La igualdad ante la ley será garantizada, lo cual significó un gran paso adelante, no sólo por comparación con la sociedad feudal, sino también respecto de aquellas desigualdades políticas que, hasta hoy mismo han sobrevivido en todas aquellas sociedades que jamás gozaron del beneficio de pasar por el periodo de la Ilustración y de una auténtica revolución burguesa.

La limitación básica de la interpretación liberalista de las ideas de igualdad y libertad consiste en la casi completa abstracción de la dimensión económica de la vida social. La sociedad es dividida en la esfera política y la civil. Se garantiza la igualdad y libertad del individuo en la primera, pero no en la segunda. Como consecuencia, la así llamada y muy elogiada igualdad de *oportunidad* marcha a la par de una sorprendente desigualdad de *condición*.

Por ello, en las condiciones históricas contemporáneas, todas aquellas concepciones de igualdad y libertad que no supongan la abolición de las desigualdades sociales y la represión clasista deben considerarse conservadoras del *statu quo*.

El pensamiento de Karl Marx todavía sigue siendo representativo de la concepción de igualdad y libertad que mejor expresa las fundamentales demandas sociales de nuestra época.

Indudablemente, este pensamiento no puede ser clasificado como igualitarismo radical o como apología de la libertad absoluta. Marx tenía clara conciencia de las diferencias naturales que existen entre los individuos y del hecho de que éstas aumentarán de importancia cuando desaparezcan las instituciones que favorecen la discriminación y la desigualdad social. Estaba muy lejos de concebir al comunismo como una rígida sociedad igualitaria en la que todos los individuos serían igualmente pagados y cultivarían un estilo de vida uniforme. Su concepción de la igualdad se concentra en exigir la abolición de la explotación clasista, es decir, la abolición del capital y el trabajo asalariado, en última instancia, en la superación de la producción de mercancías y el mercado como regulador básico de la producción. Su concepción de la libertad también es concreta y crítica: en su esencia, es la idea de la eliminación del Estado, de la superación de la democracia puramente representativa y de la creación de un sistema de democracia participatoria, una federación de juntas de productores, sin ningún centro de poder económico y político alienado.

Hoy debemos reconocer que estamos muy lejos de la realización de este proyecto, incluso en el caso de aquellas sociedades que han pasado por las etapas iniciales de la revolución socialista.

Está claro, en el momento actual, que el proyecto de Marx no expresa el resultado *necesario* del proceso histórico. En la ciencia social contemporánea ya no hay lugar para una doctrina de rígida determinación social. Consecuentemente, las ideas de Marx sólo expresan una óptima *posibilidad* del proceso histórico. Es posible que no estén presentes las fuerzas sociales capaces de realizar esta posibilidad y que tampoco estén preparadas para la apropiada actividad revolucionaria. También puede suceder que sufran todo tipo de deformaciones, mientras tratan de realizar su tarea. Puesto que el periodo de transición que va de una sociedad clasista, cosificada, a una forma social más equitativa y más libre, requiere de diferentes papeles y clases de función durante un largo intervalo de tiempo, es inevitable que surjan nuevas formas inesperadas de desigualdad y discriminación; se las había perdido completamente de vista en el análisis preliminar. Una dificultad más se desprende del hecho de que Marx deliberadamente dejó su concepción de la meta o finalidad en una forma muy vaga y general, susceptible de toda clase de interpretaciones, confusiones y controversias.

De un gran conjunto de problemas de esta especie seleccionaré los tres siguientes:

*1)* ¿Cuál es el significado concreto de los principios de igualdad y libertad al nivel actual de la teoría y la práctica social crítica?

*2)* ¿Cuál es el aporte de la revolución socialista yugoslava a la realización de las ideas de igualdad y libertad?

*3)* ¿Cuál es la relación entre igualdad y libertad? ¿Es la igualdad una condición necesaria de la libertad? ¿Qué tipo de igualdad se requiere para promover la emancipación humana en un sentido marxista?

1) EL SIGNIFICATIVO DE LA IGUALDAD Y LA LIBERTAD

El sentido concreto de las demandas de igualdad y liberación se vuelve claro solamente en un enfoque crítico negativo, en demanda de abolición de algunas formas existentes de desigualdad y determinación.

Hay diferentes tipos de desigualdad, y muchos de ellos no pueden ser el objetivo de la acción social. Deberían hacerse dos distinciones importantes. Primero: hay una diferencia entre las desigualdades en las capacidades naturales, los talentos, los intereses, etcétera, y las desigualdades en los papeles sociales que deben desempeñarse. Segundo: hay una diferencia entre la mera diferenciación y estratificación, es decir, entre desigualdad de especie y desigualdad de categoría.

Sobre la base de estas dos normas se obtienen los siguientes cuatro tipos de desigualdad:

*a)* Diferenciación sobre la base de las capacidades naturales.

*b)* Estratificación sobre la base de las capacidades naturales.
*c)* Diferenciación sobre la base de los papeles sociales.
*d)* Estratificación sobre la base de los papeles sociales.

*a)* En toda sociedad habrá diferencias entre los individuos en cuanto a sus capacidades, carácter, dones, etcétera. La uniformidad impuesta por un igualitarismo rígido es incompatible con la aspiración a la autorrealización individual, que sigue siendo el objetivo básico de todo pensamiento humanista. La sociedad puede interferir únicamente en otro sentido totalmente opuesto: muchas diferencias aparentemente naturales no sólo son las consecuencias de diferencias de las predisposiciones genéticas heredadas, sino también de las condiciones sociales en las cuales tiene lugar el crecimiento de un individuo joven. Por consiguiente, muchas diferencias presumiblemente naturales de categoría (inteligencia, talento, imaginación creadora, etcétera) pueden reducirse creando específicas condiciones apropiadas de crecimiento.

*b)* Son inevitables algunas desigualdades en el *status* sobre la base de capacidades distintas. No obstante, es esencial que no impliquen ninguna forma de dominación o de explotación económica.

*c)* También en toda sociedad moderna habrá diferentes papeles sociales. Pero no deben suponer ninguna jerarquía política o económica; deben continuar siendo diferencias *de especie*.

*d)* Lo que queda por abolir es la *estratificación* sobre la base de los distintos papeles sociales. Hasta ahora, algunos papeles han tenido una categoría privilegiada y han significado, para el que los ejerce, poder, riqueza, prestigio, glorificación. El desarrollo moderno ha hecho que algunos de estos papeles resulten socialmente superfluos (reyes, sacerdotes, capitalistas privados). Algunos han sobrevivido (políticos profesionales, administradores, soldados, policías) y han dado origen a nuevas élites que concentran en sus manos enorme cantidad de poder alienado. Esto puede ocurrir incluso cuando todas las clases hayan sido abolidas. Toda teoría que trate de entender las desigualdades sociales sólo por las diferencias de clase no comprende este fenómeno. A ello se debe que muchos marxistas no puedan dar una adecuada explicación a la estratificación social de los países socialistas.

Consecuentemente, se necesita de un aparato conceptual más refinado para la descripción y análisis de la estratificación social. Es necesaria una diferenciación, por ejemplo, entre clase, poder y *status*. La élite del poder político no es la misma que la clase dirigente. El poder político no siempre emana simplemente del poder económico. De otra manera sería imposible explicar el surgimiento del fascismo, del *New Deal* en los Estados Unidos, de las tendencias socialistas en los países escandinavos y de la burocracia en el socialismo. El poder de la burocracia no se deriva de una posición específica en el proceso de producción, sino de una posición privilegiada en el proceso de la toma de decisiones.

Por lo menos teóricamente, resulta claro cómo impedir el surgimiento de diferencias de clase sobre la base de una diferenciación de los papeles sociales. Sería esencial que se aplicara estrictamente el principio de la remuneración de acuerdo con el trabajo impidiéndose, consecuentemente, que alguien pudiera apropiarse de cualquier forma de plusvalía sobre la base de su específico papel social. En otras palabras, la renta sobre la tierra, la ganancia y los privilegios burocráticos tendrían que ser radicalmente abolidos. (Aquí el radicalismo no excluye que se produzcan apropiados cambios dentro de un intervalo mayor de tiempo de una manera compatible con los principios éticos y la dignidad humana).

Es también teóricamente concebible cómo puede impedirse el surgimiento de una jerarquía del poder. Es esencial introducir la elección democrática, la posibilidad de sustitución y la rotación vertical para todas las funciones de la administración social e impedir cualquier división del trabajo en toda esta esfera.

No resulta claro, sin embargo, cómo puede impedirse la adquisición de un alto *status* y prestigio por desempeñar ciertos papeles sociales. El elevado *status* puede conducir a una gran influencia y, con el tiempo, al poder político. La sociedad puede combatir este peligro solamente desarrollando una conciencia crítica del mismo y conservando celosamente sus normas democráticas. En ese caso, la única élite de la sociedad sería la del espíritu, la autoridad moral y el gusto. No obstante, esta forma de desigualdad no pone en peligro las relaciones humanas, no degrada a nadie y es benéfica más que peligrosa para la sociedad.

En forma análoga, un análisis de los diversos tipos existentes de libertad indica dos importantes distinciones. Una es la diferencia entre libertad respecto de los factores sociales externos y la libertad respecto de determinantes internas, psicológicas y personales. Otra distinción es la que existe entre la libertad *de* algún conjunto de factores determinantes y libertad *para* ser de una u otra manera, para convertirse en una u otra clase de persona.

Este principio de liberación, como principio de concreta acción histórica, significa, por un lado, la abolición de todas aquellas instituciones y estructuras represivas que frustran, deforman y cosifican a los hombres; por el otro lado, significa la creación de nuevas instituciones y formas de organizaciones sociales de tal especie que alienten el desarrollo personal, que hagan posible la participación, que favorezcan la imaginación y la creatividad.

## 2) El problema de la igualdad y la libertad en la sociedad yugoslava

La revolución socialista yugoslava ha dado varios pasos importantes en dirección de una sociedad más equitativa y libre.

Se eliminó un factor esencial de la desigualdad social y la opresión al abolirse la propiedad privada en los medios de producción. La reforma agraria suprimió los restos de la élite feudal y mejoró enormemente la posición social de los campesinos más pobres. Podría también mencionarse una serie de otros logros, tales como: educación libre y servicio de salud, ayuda sustancial a regiones en desarrollo, grandes subsidios para la cultura, un desarrollo muy acelerado de los institutos científicos y las universidades. Una contribución especialmente grande ha sido la introducción de consejos de autoadministración en todas las empresas, los servicios públicos y comunidades locales. De esta manera se creó un lugar para un tipo de sociedad realmente nueva y más humana, con una distribución mucho más equitativa, no sólo de la riqueza, sino también del poder.

Cuando después de tres décadas desde el comienzo de aquella revolución, se analizan las causas de su actual crisis, hay que retroceder a las mismísimas etapas iniciales para hallar las raíces de las posteriores desigualdades.

Y la raíz parece estar en un tipo jerárquico y autoritario de la misma organización que, según se suponía, eliminaría la estructura jerárquica y autoritaria de toda sociedad. Dicha organización creó sorprendentes desigualdades de *status*, desde el comienzo mismo, antes incluso de que empezara la revolución. Nadie sospechaba que algún día esas desigualdades podrían constituir un problema, pues la conciencia crítica del mismo faltaba por completo. Otra circunstancia agravante era un nivel en general bajo de la conciencia socialista; algo perfectamente comprensible tratándose de un país predominantemente agrario. Como consecuencia, la mayoría de los participantes del movimiento revolucionario se identificaron más con las personas de elevado *status* que con las ideas del movimiento.

En tales condiciones, nada había que impidiera que las desigualdades en el *status* se transformaran en desigualdades de poder.

A principios de la década de 1960, la élite de la sociedad yugoslava enfrentaba dos problemas decisivos:

*1)* Un mayor desarrollo del autogobierno requería un desmantelamiento considerable de su propio poder y la construcción de todo un sistema de organismos de autogobierno a nivel de las repúblicas y la federación, que se suponía reemplazarían a los organismos clásicos del Estado.

*2)* Después de un periodo de crecimiento económico muy acelerado en la década del cincuenta (una de las tasas de crecimiento más altas en el mundo) llegó a manos del Estado un capital sustancial y tenía que decidirse si: *a)* se conservaría el control estatal sobre la economía o *b)* se crearía un aparato de autogobierno o administración para que se ocupara de la coordinación y dirección de la economía o *c)* se permitiría al grupo administrador emprender la tarea, aceptando que el mercado desempeñara el papel regulador esencial y conservando al Estado en el trasfondo tratando de preservar un control total, siempre dispuesto a intervenir e introducir el orden toda vez que fuera necesario.

La primera solución parecía demasiado conservadora; la segunda demasiado radical. Se aplicó la tercera. Cualesquiera que fueran las ventajas de esa solución desde el punto de vista de la modernización y la eficiencia, y aunque pudiera ser una mejor solución que el retorno al una vez abandonado socialismo de Estado, las consecuencias desde la perspectiva de la igualdad social y la auténtica emancipación socialista son bastante graves.

La alianza de la estructura tecnológica y la estructura política es demasiado poderosa como para tolerar, a su lado, alguna otra estructura de poder realmente importante, como por ejemplo las juntas de trabajadores. Hay muchas señales de que todo el sistema de los organismos de autogobierno está perdiendo influencia y categoría.

La becha entre las regiones desarrolladas y las que están en vías de desarrollo, entre las ramas económicas fuertes y débiles y, consecuentemente, entre los ricos y los pobres está aumentando en general. La lógica de una economía de mercado no puede tener ninguna comprensión de la solidaridad, la seguridad social y la protección a los débiles. Que los fondos de ayuda a regiones subdesarrolladas todavía existan es una solución política impuesta que diariamente se topa con la crítica en nombre de la "eficiencia y el lucro". Esta nueva forma de razonamiento obviamente está en conflicto con el tradicional enfoque revolucionario y corroe enormemente toda la escala de valores de aquellos que todavía se adhieren a sus viejas creencias socialistas.

Sin embargo, el problema más grave es la reaparición del *capital* en el escenario. Los concentrados medios financieros, alienados de los productores, libres de todo control social, se convierten en *capital*, es decir, en una definida relación social caracterizada por la explotación en una u otra forma. Este capital está ahora en manos de una curiosa especie de estructura tecnológica que, en algunos aspectos, se parece a los propietarios de capital. Es cierto que los administradores no pueden tratar a este capital enteramente como su propiedad privada. Están limitados por varias leyes, por un laxo control político del Estado y por un control bastante formal de la junta de trabajadores. Aun así, se las ingenian para disponer de este capital en forma bastante libre. Por ejemplo, pudieron exportar una cantidad considerable de ese capital al extranjero, para abrir allí cientos de compañías a su propio nombre. El número de dichas compañías, la cantidad de capital invertido y la forma en que operan, son datos desconocidos y fuera del control social público. El problema, por supuesto, consiste en saber cómo se puede detener este proceso, cómo socializar una vez más todo el capital de los bancos, las grandes empresas comerciales e industriales, cómo ponerlo bajo un control efectivo de los organismos de autoadministración.

Otro problema es hallar la manera de impedir que la recién nacida y enriquecida clase media se transforme en una miríada de pequeños accionistas. El dinero obtenido de especulaciones con la tierra y "casas de fin de semana", del robo y la corrupción y de cientos de otras maneras ilegales, espera ser transformado en acciones y empezar a producir ganancias. Hay una constante presión para introducir la legislación necesaria.

La única oportunidad que le queda al socialismo yugoslavo de sobrevivir consiste en resistir esta presión y hallar las soluciones dentro de un sistema sumamente transformado e integrado de autogobierno.

La lección fundamental que puede sacarse de la historia de la revolución socialista yugoslava es la siguiente: es necesario, desde el principio mismo, un nuevo tipo, más democrático, de organización del movimiento revolucionario. Es esencial impedir la intensificación de las desigualdades de *status* a una desigual distribución del poder político y de allí a la restauración de las desigualdades económicas y de clase. El gobierno autónomo tiene que desarrollarse desde el principio y no sólo después de una etapa inicial de rígido y antidemocrático "socialismo estatal". En este sentido, algunas estructuras jerárquicas estarán ya tan fijas que el autogobierno apenas tendrá la oportunidad de desarrollarse más allá de ciertas formas iniciales. Por el contrario, no debe dejar de desarrollarse desde las microcélulas hasta la sociedad global.

Toda sociedad posrevolucionaria está en un proceso de transición: es una inestable mezcla incoherente de varios conflictos, elementos y tendencias. Por consiguiente, el estancamiento del autogobierno no puede significar otra cosa que un fortalecimiento de las fuerzas represivas y conservadoras. Ésta es una situación muy dramática y, en cierto sentido, trágica, para una sociedad que ya ha pagado un alto precio por la causa de una sociedad más justa, equitativa y democrática.

### 3) La relación entre igualdad y libertad

¿Cuál es la relación entre igualdad y libertad? No siempre, ni tampoco en todos los sentidos, se implican mutuamente.

Por ejemplo, la libertad del ciudadano griego fue posible gracias al trabajo de los esclavos, las mujeres y los bárbaros. Aristóteles sólo trataba de racionalizar esa situación cuando escribió, en su *Política*, que un hombre libre es por naturaleza superior a un esclavo, un hombre a una mujer, un griego a un bárbaro. Y en muchas revoluciones y rebeliones un alma noble que lucha por la libertad universal desempeña el papel de un líder autoritario y dictatorial.

*Viceversa*, cualquier sociedad que fuese radicalmente igualitaria limitaría muy esencialmente la libertad individual, sobre todo en el sentido de una realización creadora. La materialización o concretización de diferentes capacidades y predisposiciones potenciales individuales es incompatible con las condiciones de vida que son *las mismas* para todos. Por lo tanto, para Marx (y ya para Louis Blanc antes de él) el principio de una distribución comunista de los bienes no era ni estricta igualdad de participación, ni de cantidad de trabajo, sino de necesidades humanas. La solución no es la uniformidad ni la mera diversidad, sino la diversidad individual y de grupo dentro de una estructura genéricamente idéntica de básicas capacidades y necesidades potenciales humanas. *Como ser humano*, cada individuo tiene capacidades de ilimitado desarrollo de los sentidos, la razón, la comunicación, la solución de problemas, de asociación creadora y de introducción de novedades, de armonizar relaciones dentro de un grupo o una comunidad más amplia. También cada individuo, en su calidad de ser humano, tiene algunas primordiales necesidades biológicas, sociales y psicológicas: desde las necesidades de alimento y de personas del sexo opuesto hasta la necesidad de acción, de autoidentificación y de afirmación de sí mismo. Todas las demás igualdades políticas, legales y económicas descansan sobre la básica igualdad ontológica.

La autorrealización individual presupone una educación muy *diferenciada* sobre la base de un principio, igual para todos, de que la educación debe ser adecuada al específico ser potencial de cada individuo. De ello se desprende que es necesaria una profunda revolución de todo el sistema de educación. En lugar del actual enfoque elitista de grupo o uniforme, que tan sólo puede cristalizar o aumentar las diferencias resultantes de las anteriores condiciones desiguales de vida y crecimiento, el sistema educativo debería ofrecer a cada individuo oportunidades para explorar y experimentar, para descubrir cosas respecto del mundo y de sí mismo, para descubrir sus predisposiciones óptimas y para convertirlas en capacidades.

Semejante revolución en la educación ya es una posibilidad histórica, dadas las condiciones de reducción de los gastos de armamentos y las tasas de crecimiento de la producción y la población.

Un hecho muy importante es la futura disminución en importancia de la producción, del trabajo, de lo que Marx solía llamar "la esfera de la necesidad". Por el otro lado, particularmente como consecuencia de la automatización que liberará a los hombres del trabajo más rutinario, la esfera de la libre actividad, de la praxis, tendrá cada vez mayor importancia. Una vez que la sociedad organizada provea a la cultura y la política de los necesarios medios materiales (habitación, bibliotecas, laboratorios, campos y salones deportivos, parques naturales, etcétera) y de una adecuada educación libre, la esfera de la *praxis* será el ámbito de la igualdad y la libertad.

Por el otro lado, el trabajo será limitado, libremente elegido y constantemente abierto al cambio de papel debido al proceso de la continuada educación para adultos.

Indudablemente una condición necesaria de la emancipación humana es la abolición de las actuales desigualdades en la esfera de la política. Al tiempo que da lugar a los especialistas políticos profesionales, una democracia socialista no puede tolerar una división profesional del trabajo en los papeles políticos dirigentes, responsables de las tomas básicas de decisión, de la determinación de las metas fundamentales, los programas a largo plazo, los criterios de evaluación y el control general. Todo esto debe estar en manos de miembros de la comunidad democráticamente elegidos, que sean reemplazables, rotativos y desprovistos de todo privilegio material.

La experiencia del autogobierno en Yugoslavia demuestra que los hombres pueden ser fácilmente manipulados por la administración o por la estructura tecnológica a menos que se cumplan las dos siguientes condiciones. Primero: los organismos de autogobierno o administración, desde la fábrica hasta la federación, deben tener sus propios accesos a los datos de la situación; deben tener su propio servicio analítico en lugar de tener que confiar enteramente en los datos y análisis de la administración. Segundo: tiene que obligarse al gobierno a ofrecer soluciones técnicas *alternativas*, de lo contrario, los órganos de autoadministración quedarían reducidos a una institución que, de una manera formal y rutinaria, daría paso a decisiones ya hechas y tal vez ya ejecutadas.

Indudablemente la libertad positiva, en el sentido que Marx le da a la emancipación humana, significa mucho más: está en juego el tipo de propósitos o finalidades y la calidad de la visión del futuro. La libertad para una producción acelerada y cada vez más demencial de un mundo sobrealimentado, vestido en exceso y super-ebrio, es una libertad que esclaviza.

Junto con los esfuerzos para superar la pobreza material y crear una auténtica democracia participatoria se necesita de una *revolución humanista* de largo alcance, que debía extirpar radicalmente los restos de las estructuras feudal y burguesa que quedan en la conciencia humana. En muchos países (y en todas las sociedades socialistas) dicha revolución humanista debería realizar, simultáneamente, una doble tarea de dos sucesivas épocas históricas: de la Ilustración burguesa y de la Ilustración socialista. Cada auténtica revolución burguesa fue precedida por la creación de la conciencia de un ciudadano libre que conocía sus derechos civiles y que de una vez por todas, es decir, en forma definitiva, superó la actitud humilde, patriarcal-feudal ante la autoridad. Análogamente, una condición necesaria para cada auténtica revolución socialista es la creación de la conciencia de una personalidad socializada que espontáneamente se resista a toda privatización y cosificación, a toda alienación del poder económico o político.

Semejante revolución, que ya está atrasada, requiere los esfuerzos titánicos de varias generaciones. Pero sin ella no es posible ningún futuro paso hacia la igualdad social y la libertad.

# VIII. EL HOMBRE Y SU ENTORNO NATURAL

I

Las dos actitudes opuestas respecto de la relación entre el hombre y el medio natural, características de las sociedades primitivas y subdesarrolladas, se han vuelto anticuadas en la sociedad industrial contemporánea. De acuerdo con una de ellas, la naturaleza es exterior, ajena e impenetrable para el hombre que, a su vez, está destinado a una eterna y desigual lucha con ella. La otra actitud, contradictoria, se origina en el desamparo del hombre, en el intento por darle sentido a este desamparo y racionalizarlo de una manera mística: el hombre es parte de la naturaleza y no hay mayor felicidad para él que estar en armonía con la naturaleza, adaptarse a ella y, finalmente, a través de su muerte, volver a fundirse en ella.

En la civilización europea esta contradicción adquirió una forma generalizada y teórica. Por un lado tenemos una orientación *dualista*, que muy definidamente coloca al hombre en situación de oposición frente a la naturaleza: el sujeto como opuesto al objeto y el espíritu como opuesto a la materia. Ya en la filosofía sofista encontramos la creencia de que el hombre, el sujeto, es superior a su medio; que el mundo objetivo, que lo rodea, es solamente materia inerte, pasiva, a la cual el hombre debería imponer su voluntad y sus leyes. Con un dualismo similar, Descartes inició la era moderna de la filosofía. Espíritu y materia son dos sustancias totalmente distintas que nada tienen en común. Se colocaron los cimientos del moderno individualismo con la introducción del concepto del *ego* individual: una autoconciencia que es completamente independiente de su medio. Más tarde, los dualistas se hallaron a sí mismos, como le sucedió a Descartes, frente al problema de la mediación entre el *ego* y el entorno. Sin embargo, ellos no resolverían este problema, pues el *ego* continuaría siendo siempre algo subjetivo, enajenado del ambiente y la naturaleza, algo puramente objetivo, extraño al hombre. El concepto mismo de *interacción* no logrará salvar esta brecha si la interacción es entendida de una manera mecánica, en el sentido del principio de Newton de acción y reacción.

Con el nacimiento de la antigua filosofía griega comenzó a desarrollarse otro sendero, de carácter *monista*. De significación esencial aquí es la idea del *Logos*, la ley universal del ser, el espíritu y el lenguaje. Sobre la base de este típico supuesto helénico de que existe la unidad de lo físico y lo espiritual. Aristóteles pudo conciliar en su ética el principio del espontáneo desarrollo natural y la perfección moral. Bueno para el hombre es también el objetivo que la propia naturaleza se esfuerza por alcanzar. La mayor felicidad del hombre se halla en la actividad que resulta de la naturaleza del hombre, que realiza esta naturaleza potencial al más alto grado posible produciendo así un sentimiento de completa satisfacción. Esta solución sencilla, pero aguda, sufrirá más tarde algunas variaciones y varios de sus rasgos serán tratados con más detalles. De acuerdo con Spinoza, bueno para nosotros es aquello que nos es útil, y útil es aquello que sustenta nuestro ser y lo eleva a un nivel superior de la realidad. Sin embargo, el nivel más elevado de la realidad que caracteriza a nuestro ser instintivo es el conocimiento, la racionalidad. Sólo el conocimiento nos permite ser libres, pues nos da el impulso y el poder para soportar las influencias de las cosas exteriores y establecer con el medio una relación que corresponda a nuestra propia naturaleza. El principio de Spinoza de *suum esse conservare* (salvaguardar la propia esencia), así como también la idea de Aristóteles sobre la realización de la naturaleza humana potencial, reciben su específica expresión en el concepto de Leibnitz de *perfección*, como la armonía de la ley natural y la moral. Lejos de ser ajena y adversa al hombre, la ley natural requiere del hombre que haga precisamente aquello que lo lleva a su perfeccionamiento. Hay una "armonía prestablecida" en el mundo. Aprendiendo a conocer su medio ambiente natural y la propia naturaleza, el hombre se mejora a sí mismo en sentido moral. Uniendo este punto de vista con el antiguo eudemonismo (en la medida en que el perfeccionamiento moral es entendido como causa de la sensación de bienestar), los filósofos de la Ilustración introdujeron la idea de la utilidad, la cual iba a desempeñar un papel obvio en la posterior ideología de la sociedad burguesa. Sin embargo, utilidad aquí no es tanto la realización de algún interés en el medio externo, como el hecho de la instrucción y el mejoramiento moral. Nadie definió tan claramente como Shaftesbury el carácter personal, individual, del perfeccionamiento. Logra el nivel más elevado de la moralidad el que consigue realizar su individualidad en toda la riqueza y abundancia de su personalidad. Habría que vivir la vida de modo que el individuo desarrollara y coordinara todos sus poderes y potenciales instintivos. El ideal griego de la autorrealización total y armoniosa, *Kalakagathos*, implica la unidad de lo bello, lo bueno, lo sabio y lo físicamente capaz, idea que resurgió en el Renacimiento y recibe su fundamento filosófico dinámico en la época de la Ilustración. Toda la crítica que hace Rousseau de la civilización de su tiempo se fundaba en el supuesto de que el hombre está dotado de la capacidad de mejorar, que dicho perfeccionamiento se realiza espontáneamente en las condiciones naturales del vivir y como resultado de la educación, sin coerción ni autoritarismo, y que esto permitirá la natural expresión del auténtico encanto individual. La idea de la unidad de lo natural y lo humano sirve aquí como base para la grandiosa creencia en el progreso que fue particularmente característica de Condorcet.

La esencial falla de esta idea estriba en el hecho de que, en nombre de la razón, se opone a la historia; en nombre de la visión utópica del estado natural idealizado choca con verdaderas fuerzas sociales. Ya Rousseau había comprendido que la propiedad privada y el poder político eran las instituciones sociales básicas que dividían a la gente en las categorías de ricos y pobres, fuertes y débiles y que conducían a una general degradación de la sociedad civilizada. Sin embargo, no llegó a entender cómo podrían trascenderse estas instituciones en el marco de un *proceso histórico*; por ello se opuso a la historia y pidió un retorno a la naturaleza. Gracias a Vico y Herder, a finales mismos de la época de la Ilustración, se produjo una gradual cristalización de la opinión de que toda la historia, hasta ese momento, era, en esencia, la ininterrumpida continuación del desarrollo natural y que, por consiguiente, las aptitudes naturales de los individuos y de naciones enteras podrían realizarse sólo en la historia. Como dijo Herder en *Letters for the Advancement of Humanity* (Cartas para el progreso de la humanidad), el sentido de la historia no es otra cosa que un despertar y un creciente enriquecimiento y más completo desarrollo de la naturaleza humana. La forma final, sistemática, pero también mistificada, de esta idea de la historia como **autorrealización** del hombre, fue la presentada por Hegel en su sistema monumental.

## II

Así pues, el problema de un criterio para la evaluación de la interacción entre el hombre y el medio pareció resuelto filosóficamente, aunque apoyándose en el panorama más amplio de la tradición humanista. Sin embargo, desde los tiempos antiguos de comienzos del cristianismo, pasando luego por el Renacimiento y hasta la Ilustración, esta tradición humanista empezó por la suposición idealizada y optimista de que el hombre es un ser básicamente bueno, libre y altruista, que es pervertido por males exteriores: ya sea por el mal del Diablo o de la civilización. ¿Qué sentido habría, sin embargo, en la idea de autorrealización si el hombre fuese básicamente egoísta, ávido, deseoso de poder y posesiones, agresivo y un "lobo solitario" siempre dispuesto a luchar contra todos? Precisamente esta opinión de la naturaleza humana fue expresada por Hobbes; tal opinión no podía evitarse por más tiempo. Comparado con la orientación humanista, generalmente representada por librepensadores que no estaban asociados a ninguna clase social y que es, a menudo, irrealista y utópica, aquí nos hallamos frente al desarrollo de un duro realismo, bien afirmado en la tierra, que no quiere ir más allá de los límites de la forma históricamente dada de la sociedad y que, aun cuando se esfuerce por suavizar el pesimismo de Hobbes, sigue siendo, esencialmente, la ideología de la sociedad burguesa. El *liberalismo* en política y el *utilitarismo* en ética son los logros más elevados de esta ideología. Su característica común es el intento por proporcionar la máxima humanidad *dentro de las fronteras* de la sociedad dividida en clases, establecida sobre la institución de la propiedad privada. El mayor objetivo de dicha sociedad es el desarrollo más rápido posible de las fuerzas de producción, la lucha cada vez más triunfal contra la naturaleza y el máximo acrecentamiento del bienestar material (con el aumento de las diferencias sociales como una consecuencia inevitable). Estos objetivos ya no son compatibles con el principio de autorrealización del ser humano latente.

Si es verdad que es propio de la naturaleza del hombre el ser bueno, libre y creador, claro está que no puede realizar estas capacidades como trabajador asalariado. El logro de una elevada industrialización y la creación de un estado de bienestar material supone que una parte cada vez mayor de la sociedad se transforme en trabajadores asalariados y que el trabajo se simplifique enormemente, convirtiéndose en una tarea rutinaria, ajena al hombre. Por el contrario, si es cierto que la naturaleza del hombre es tal como la describió Hobbes, entonces la libre autorrealización conduciría a la continua lucha de los unos contra los otros (*bellum omnium contra omnes*) y a una incertidumbre general, en la que no sería posible ni la tecnología ni el progreso económico.

La solución se impone por sí misma: solamente debe darse la libertad que es compatible con el progreso tecnológico y el desarrollo material y, en todo lo demás, hay que mantener sujeto al pueblo mediante las instituciones de la autoridad pública. Se supone que el principio de perfeccionamiento y autodesarrollo natural es sustituido por el principio del placer, primordialmente el placer que pueden ofrecer los cada vez más abundantes productos industriales. Por esta razón, el liberalismo divide a la sociedad en dos esferas: la *sociedad civil,* en la que cada individuo sigue su propio interés privado, en la que predominan la competencia y la lucha y en la cual el elemento mercado es el único regulador; y la *sociedad política*, en la que cada individuo obra de acuerdo con las leyes y los poderes rectores para recibir ciertos derechos y libertades garantizados por el Estado. Con Bentham, el utilitarismo estableció un principio aparentemente democrático, de acuerdo con el cual deberíamos aspirar a "la mayor felicidad para la mayor cantidad de gente". Sin embargo, la base de la felicidad es la utilidad. Ésta puede medirse de acuerdo con una escala de valores o no valores donde el principio del placer desempeña un papel significativo.

En contraste con el humanismo de la antigüedad y de las revoluciones antifeudales, la consolidada sociedad burguesa fijó un criterio completamente distinto para evaluar la relación entre el hombre y el medio: el principio del poder sobre la naturaleza, el principio de la eficacia en el dominio del entorno natural.

Por supuesto, poder y eficacia están relacionados, en algunos sentidos, con la afirmación del hombre y con su liberación. Pero se hizo hincapié, fundamentalmente, en la unilateral o parcial afirmación externa.

El poder puede vincularse al perfeccionamiento, a la satisfacción de necesidades humanas. Pero se hizo el hincapié en el perfeccionamiento en un solo campo sumamente especializado, que puede ser de importancia para la producción material. En lugar de organizar la producción de modo que satisfaga necesidades humanas auténticas, reales y que, de esta manera, contribuya al enriquecimiento y autorrealización de seres humanos, la motivación de la ganancia dirige a la producción; la estructura de las mercancías producidas determina la formación de necesidades artificiales; la satisfacción de dichas necesidades crea una sensación de vacío, de saciedad patológica que equivocadamente es llamada felicidad.

### III

La experiencia que proviene de la historia material y espiritual de la humanidad ofrece dos normas esenciales para la evaluación de la interacción entre el hombre y el medio.

La primera es *el grado del control humano sobre el medio natural*. Desde este punto de vista debería darse prioridad a aquellas formas de la actividad humana que aumentan el poder sobre las fuerzas naturales, que proporcionan cantidades crecientes de energía y material natural utilizable, que permiten una más rápida y versátil movilidad en el espacio dado y que más eficientemente impiden que ocurran indeseables fenómenos naturales; finalmente, también tendría que darse prioridad a aquellas actividades que nos permiten pronosticar, lo más exactamente posible, futuros procesos naturales.

*La segunda norma es el grado de realización de las necesidades humanas y de las potenciales capacidades creativas*. Vista desde este ángulo, la interacción con el medio natural debería dirigirse de tal manera que contribuyera al autodescubrimiento y la autoidentificación de cada individuo; el desarrollo de toda la riqueza de sus capacidades latentes; el pleno reconocimiento como ser creativo; el reforzamiento de su comunicación y solidaridad con los demás miembros de la sociedad con los cuales ejerce una mutua influencia sobre el medio.

La primera norma es *técnica*, garantiza una libertad humana *negativa* (una libertad *de* los poderes ajenos, externos) y también puede expresarse como un principio de eficacia y racionalidad técnicas. La segunda norma es *humanista*, garantiza una libertad *positiva* (libertad *para* la autodeterminación, el autodesarrollo) y puede también expresarse como un principio de desalienación y autorrealización.

El cruce de estas dos normas da una instructiva tipología de las básicas formas de interacción entre el hombre y el medio. Por los valores $n$ de cada criterio recibimos $2^n$ tipos. Por ejemplo, si diferenciamos, por un lado, la *ineficacia* técnica *versus la eficacia* y, por el otro lado, una actividad *autoalienante versus* una actividad *autorrealizante*, obtenemos entonces cuatro tipos de interacción: *1)* aquella que es, al mismo tiempo, técnicamente ineficaz y autoalienante (en el sentido de que lleva a la creación de un producto que escapa al control humano, obstaculiza toda capacidad creadora y culmina en la degradación y pérdida de las propias potencialidades); esta actividad es característica de una sociedad explícitamente primitiva, empobrecida e inculta; *2)* una actividad que es ineficaz, pero que proporciona la satisfacción de las necesidades y la autorrealización a un nivel relativamente bajo; esta actividad fue característica de algunas sociedades primitivas con una cultura considerablemente desarrollada, como lo fueron las civilizaciones griega y maya; *3)* Una actividad que es eficaz, pero autoalienante, que conduce a la abundancia, pero también a la deshumanización, característica propia de la moderna sociedad industrial; finalmente, *4)* una actividad que es, a la vez, eficaz y creadora, ya que proporciona ese tipo de abundancia que es necesario para la total y rica vida de todos los sentidos humanos, los poderes intelectuales y los instintos; esta actividad ha sido posible, en el curso de la historia, solamente en el caso de los individuos más desarrollados.

## IV

Si bien, en principio, estas dos normas no se excluyen mutuamente, en la historia y en la teoría social, una de ellas ha dominado generalmente a la otra.

La norma técnica exige un conocimiento científico positivo, o sea, conocimiento de hechos, relaciones constantes y tendencias, y de las posibilidades más probables de los estados futuros del sistema. En su aspiración hacia la máxima objetividad, este conocimiento es óptimo cuando se refiere al medio natural (cuyos sistemas son sumamente sencillos), pero disminuye considerablemente cuando su materia es el contorno social. Sin embargo, el conocimiento científico positivo del hombre es sumamente limitado e insuficiente. Ésta es una de las causas de la tendencia, cuando se evalúa la interacción del hombre y el medio, a simplificar demasiado las aspiraciones humanas reduciéndolas a un deseo básico, puramente cuantitativo: el deseo de expansión, de crecimiento constante y de alimento ilimitado de poder. La norma técnica requiere una metodología que proporcione los procedimientos más adecuados para la resolución de problemas dentro del marco de ciertos supuestos valorativos *dados,* pero que no se aboque a un análisis crítico de estos mismos supuestos.

Por consiguiente, en toda sociedad en la que existe una importante desigualdad económica y social, es inevitable que los supuestos valorativos imperantes reflejen los intereses de la élite rectora en el poder. De este modo, el grado siempre creciente del control sobre el medio puede significar, en la práctica, la realización creciente de los intereses de los grupos sociales dominantes (maximización de la ganancia, en el caso de la burguesía;

aumento del poder y de la manipulación cada vez mayor, de los seres humanos, en el caso de la burocracia).

El egoísmo de clase y de grupo de esta especie, armado con la poderosa tecnología, conduce a una explotación extremadamente intensa y descuidada del medio, a la destrucción de la existente armonía entre hombre y ambiente natural, y a los fenómenos patológicos que, más allá de ciertos límites, pueden volverse irreversibles.

v

En algunos círculos intelectuales hallamos, a menudo, una negación parcial del criterio técnico en favor del humanista.

En una sociedad industrial sumamente desarrollada que haya trascendido la pobreza material, pero en la cual el grado de contaminación del entorno natural haya alcanzado proporciones alarmantes, en la cual la mayoría de la población sufra de una saciedad apática, taciturna y una pasividad patológica, que Paul Goodman llamó "enfermedad con la que nada puede hacerse", una parte de la *intelligentsia* y la juventud expresan una resistencia masiva. Dicha resistencia tiende a asumir un carácter romántico porque no hace distinción entre tecnología como medio y tecnicismo como estilo de vida, entre la tecnología en sí misma y la tecnología que es malamente usada por el grupo imperante. Sin embargo, a pesar de su carácter romántico y utópico, esta tendencia antitecnológica ha hecho que se enfocaran ciertos problemas actuales y provocó la creación de una nueva contracultura.[1]

También ha aparecido una resistencia similar, parcial, a la tecnología en los medios subdesarrollados, pobremen-

[1] Theodore Roszak, *The Making of a Counter Culture*, Nueva York, 1968.

te urbanizados, con fuertes tradiciones mitológicas, que buscan opciones ante la civilización industrial, Gandhi afirmó que la civilización moderna es "satánica" porque "rinde culto" a Mammón y degrada moral y espiritualmente al hombre; debido a su "loca carrera de multiplicación de necesidades"; por el desplazamiento de la raza humana por máquinas; por la producción masiva que "no toma en consideración las necesidades reales del consumidor"; por la insalubre vida en las grandes ciudades; por la concentración de la riqueza y el poder en manos de la minoría.

Gandhi "habría celebrado la extinción natural de las vías de ferrocarril y los hospitales"; "no ve que la Edad del Hierro haya significado un progreso respecto de la Edad de Piedra"; que el mundo esté mejor por tener medios rápidos de traslado de un lugar a otro. El hombre está "enfermo del deseo insano de destruir el espacio y el tiempo, aumentar los apetitos animales y viajar a los confines del mundo para satisfacerlos". Gandhi no cree que barcos y telégrafos "sean indispensables para el permanente bienestar de la especie humana". La crítica de Gandhi a la moderna civilización arremete contra muchos males reales y demuestra una profunda comprensión de las características específicas de la situación histórica de la India. Sus motivaciones son puras y profundamente morales. Gandhi no oculta el hecho de que su punto de vista es básicamente conservador: "Mientras que la Edad de la Máquina quiere transformar a la gente en máquinas, yo quiero hacer volver al hombre transformado en máquina a su estado original." Y ese estado es "una vida sencilla pero noble, levantando miles de hogares aldeanos y viviendo en paz con el mundo". "El ocio es bueno y justificable hasta cierto punto. Dios hizo al hombre para que comiera su pan ganado con el sudor de su frente y temo la posibilidad de que lleguemos a sacar todo lo que necesitamos, incluso la comida, de un sombrero de mago." [2]

La limitación esencial de todo humanismo fundado en un bajo nivel de control del medio natural consiste en que condena al hombre a una pobreza de necesidades, al trabajo penoso, degradante y rutinario, al desamparo frente a las fuerzas naturales y a la mutilación de la mayoría de sus capacidades potencialmente creadoras.

El equilibrio completo entre lo técnico y lo humano fue logrado por primera vez en las ideas de Marx. En un medio subdesarrollado inculto, en opinión de Marx el humanismo se transforma en su opuesto: "el comunismo vulgar, primitivo. La abolición de la propiedad privada en semejante sociedad conduce a la envidia general, la nivelación, la reducción de todo a un nivel común, relativamente bajo, y a la negación de la personalidad del hombre en todas las esferas". La abolición de la propiedad privada en tales condiciones lleva a "la abstracta negación de todo el mundo de la cultura y la civilización, a la regresión a una simplicidad *antinatural* del individuo que todavía no ha alcanzado la propiedad privada, mucho menos la ha trascendido". [3]

La alternativa que Marx presentaba para el capitalismo era una sociedad en la cual la alienación fuese superada o trascendida, en la cual "el libre desarrollo del individuo es una condición para el libre desarrollo de todos;" [4] en la cual los procesos sociales estarán sujetos al control consciente, planificado, de los individuos libre-

[2] Gandhi, *Borba nenasiljem* (Lucha mediante la resistencia pasiva), *Komunist*, 1970, pp. 153-164.
[3] Marx, *Manuscritos Económico-Filosóficos*. "La propiedad privada y el Comunismo", *ad* p. xxxix.
[4] Marx y Engels, *Komunisticki manifest* (Manifiesto comunista), (*Selected Works*, Kultura, 1949, p. 35).

mente asociados; en la cual se dará el desarrollo completo de las necesidades humanas y una vida rica. Sin embargo, "esto exige tal base material de la sociedad y tal número de condiciones materiales que, en sí mismos, son otra vez el producto de una larga y dolorosa historia de desarrollo."[5]

En otras palabras, Marx comprende la necesidad de desarrollo tecnológico, si es que alguna vez se hará posible la autorrealización humana. La riqueza espiritual está condicionada por la abolición de la pobreza material. El hombre debe dominar las fuerzas de la naturaleza para poder desarrollar libremente todos sus poderes creadores. Por esta razón, Marx está consciente de la importancia histórica de la industrialización, la propiedad privada y la cosificación (que son las consecuencias obligadas de una intensa lucha con el medio natural). Comprende que no hay otro camino para la emancipación humana universal. Por este motivo, Marx no rechaza la moderna tecnología e industrialización, sino que, más bien, sólo pone al descubierto sus limitaciones y va más allá de ellas mediante su visión del futuro.

La tecnología es, y sigue siendo, un *medio* para la autorrealización humana. En una gran medida, el pensamiento socialista actual olvidó esto, lo cual ha provocado una desdichada inversión de los fines y los medios.

El dar la máxima prioridad a metas tales como el alcanzar la tecnología occidental puede llevar a la restauración de algunas de las estructuras esenciales de la civilización de consumo de Occidente.

---

[5] *Kapital*, Vol. I, 1, D, § 4 (publicado por Kultura, Belgrado, 1948, p. 43).

## VI

Un análisis crítico del criterio de autorrealización deriva en las siguientes conclusiones:

*1)* La autorrealización no puede reducirse solamente a la manifestación de las capacidades humanas *reales* o verdaderas. Estas capacidades están condicionadas por las específicas circunstancias sociales, la tradición, la particular historia individual de cada persona, las oportunidades de que dispone el individuo para llegar a conocerse a sí mismo en el periodo de su formación: descubrir sus predisposiciones, afinidades y talentos, para experimentar libremente con ellos y desarrollarlos plenamente en el periodo en el que las predisposiciones latentes son todavía flexibles, o sea cuando aún están abiertas al desarrollo. Una sociedad que todavía lucha con el medio natural mediante el trabajo mecánico y alienado de millones de trabajadores físicos y por medio de una estrecha división profesional del trabajo, sistemáticamente realiza sólo aquellas capacidades que son necesarias para la elevada eficacia técnica y para el mantenimiento de un orden social estable. Sin embargo, las investigaciones acerca de las actividades humanas en condiciones excepcionales favorables (educación de élite, libertad para el tiempo libre, abundancia material, etcétera) demuestran que el hombre también posee capacidades *potenciales* que son el producto de todo el curso de la historia y que puede realizarlas todo individuo normal al cual se le proporcionen las condiciones adecuadas. Esas capacidades son: progresivo cultivo y enriquecimiento de los sentidos, racional pensamiento y resolución de problemas, imaginación, comunicación, actividades creadoras (la capacidad de innovar, de dotar de belleza todo aquello que de lo contrario sería rutinario y convencional), autoconciencia (la capacidad para identificarse consigo mismo, para un estudio crítico de sí mismo y del propio papel en la sociedad, de puntos libremente escogidos de cambio de las propias orientaciones básicas en la vida). En la moderna producción industrial, en la política burocrática, y en una cultura popularizada sobre la base de una *avant garde* de la élite y entretenimientos baratos y de mala calidad para las masas, estas capacidades potenciales están bloqueadas o mutiladas en la mayoría de los individuos.

2) Cuando decimos que en la interacción humana con el medio, la cantidad de las mercancías e instrumentos producidos no es esencial, sino que más bien lo es la satisfacción de las necesidades humanas, entonces surge el siguiente problema: ¿De qué necesidades nos ocupamos aquí? Hay muchas necesidades artificiales que parecen importantes o que incluso reciben prioridad, pero cuya satisfacción nos deja completamente indiferentes, vacíos, y que hasta nos llenan de hastío y repugnancia. En la vida del individuo, igual que en la de naciones y sociedades enteras, descubrimos nuevamente, después de una cantidad de décadas, que la conciencia de las necesidades estaba mutilada o deformada; que corremos tras fantasmas que, en realidad, no eran indispensables, mientras que en ese periodo, las auténticas necesidades permanecieron reprimidas, irrealizadas y acaso se hayan extinguido definitivamente.

Hasta ahora, la ciencia no se ha comprometido mucho con el problema de las necesidades humanas. Respecto de una tipología de las necesidades, se ha logrado mucho menos que en la tipología de los minerales, los insectos o las partículas nucleares. Peor aún: mientras la ciencia siga siendo predominantemente descriptiva y neutral respecto de los valores, carece de criterios para establecer una diferenciación indispensable entre necesidades auténticas y artificiales. Obviamente este problema exige la presencia de supuestos filosóficos que la orientación positivista de la ciencia tiende a evitar.

La teoría predominante en todas las sociedades capitalistas empieza por el principio de que el mercado es el regulador básico de la producción y que éste debería indicar el tipo y calidad de las mercancías deseadas por los consumidores. Por lo tanto, se supone que el mercado proporciona un conocimiento de la estructura de las necesidades humanas que las compañías individuales pueden tomar en cuenta en sus planes de producción.

La teoría socialista reconoce el carácter positivista de semejante solución: las necesidades manifestadas en el mercado son el resultado de una condición históricamente formada. Algunas de dichas necesidades son las consecuencias de la educación y de la manipulación mediante un poderoso aparato de propaganda; por el otro lado, algunas de aquellas necesidades que aún no han sido expresadas deberían fomentarse y realizarse. Sin embargo, la solución propuesta demostró ser totalmente insatisfactoria: si las juntas de planificación y los foros políticos van a decidir cuáles necesidades humanas deberían satisfacerse y desarrollarse y cuáles no, entonces obtienen un enorme poder que excede a todos los demás poderes de la historia. Esto es así porque: *a)* hasta ahora, toda influencia en la formación de la estructura de las necesidades humanas y la escala de prioridades ha estado, después de todo, inadecuadamente organizada, ha sido no sistemática y permitió cierto tipo de selección; sin embargo, aquí nos interesa la compulsión mediante una voluntad monolítica, autoritaria y sumamente organizada; *b)* ejercer una influencia sobre las necesidades, los gustos y las aspiraciones humanas por medio del mercado y la propaganda comercial es, por lo menos, una forma de influencia directa y limitada en el tiempo, mientras que la influencia burocrática determina la estructura y prioridad de las necesidades por generaciones venideras.

La completa identificación y satisfacción de las auténticas necesidades humanas sólo es posible si se supera la manipulación, tanto por parte de la moderna economía de mercado cuanto mediante la autoridad burocrática. Sólo en condiciones de libre experimentación, gobierno autónomo y preparación para el autoconocimiento y el autoperfeccionamiento es posible desarrollar una conciencia crítica de las necesidades artificiales y tener una orientación que lleve a la satisfacción de las necesidades verdaderas, o sea, aquellas que conducen a la realización de capacidades humanas específicas, fundamentales.

*3)* El concepto de autorrealización no implica la existencia anterior de una naturaleza humana *inalterada* y *cerrada*. La naturaleza humana está constituida por predisposiciones latentes contradictorias cuya realización no es necesaria, sino sólo posible, dependiendo de específicas condiciones históricas y abiertas a varias posibilidades de futuro desarrollo. No es preciso ser un existencialista para negar el determinismo rígido. Para afirmar la posibilidad de armonía entre los criterios técnico y humanista no es necesario negar el hecho de que la naturaleza humana contiene dentro de sí misma un elemento de maldad.

El hecho de que el hombre todavía sea flexible y esté abierto a varias posibilidades de desarrollo es compatible con el hecho de que la historia anterior ha dejado su marca en él en la forma de algunas predisposiciones latentes básicas. Hay un *a priori* antropológico, hay una naturaleza humana que precede a la existencia pero que es una categoría histórica y no una categoría trascendental. Es pluralista y no determina a la existencia de una manera rígida. Deja más o menos lugar para la libertad humana.

También nuestra esperanza de que, a pesar de otras posibilidades desfavorables en la futura historia humana, haya una óptima posibilidad real en la sociedad posindustrial de que el hombre utilice su poder sobre el medio natural para realizar sus capacidades más creadoras y desarrollar toda la riqueza de sus necesidades auténticas, es totalmente compatible con el reconocimiento de que en muchos de nuestros contemporáneos el hombre descrito por Hobbes —egoísta, codicioso, agresivo— está todavía presente. Sin embargo, este componente de la naturaleza humana es un producto histórico, y así como específicas condiciones históricas lo favorecieron y lo llevaron al centro de la atención, otras condiciones pueden bloquearlo, reprimirlo y transformarlo en tendencias análogas, socialmente aceptables de comportamiento humano.

La perfecta interacción entre el hombre y el ambiente es aquella que, al mismo tiempo que aumenta el control humano sobre el medio natural, crea condiciones para la máxima autorrealización, históricamente posible, del hombre.

# IX. VIOLENCIA Y AUTORREALIZACIÓN HUMANA

La violencia siempre ha estado presente en la historia humana, tanto en la conducta individual como en la vida social; por igual en la "legítima" forma pensada para conservar un orden dado y como medio para promover el cambio social. Lo nuevo y, a veces, por cierto, paradójico en nuestro siglo, es la enorme discrepancia entre las creencias y las teorías básicas, por un lado, y las prácticas reales por el otro.

Uno de los principios esenciales de la Ilustración, que subyace en toda la civilización contemporánea, es la creencia de que el aumento del conocimiento humano implica creciente capacidad para comportarse racionalmente, para predecir acontecimientos y para controlar las ciegas fuerzas naturales y sociales. Aun así, el mundo menos civilizado y menos racional de los tiempos antiguos nunca presenció semejantes estallidos de violencia incontrolada e irracional como los que tuvieron lugar en las dos Guerras Mundiales, o en las 97 guerras locales que, de acuerdo con el historiador húngaro Istvan Kende, estallaron en el periodo 1945-1970. Análogamente, las formas criminales de violencia en la conducta individual no tienden a desaparecer con el advenimiento de un nivel superior de comodidad y educación; contrariamente a lo que podría esperarse, los datos sobre delincuencia parecen demostrar una alarmante correlación entre el crimen violento y el nivel de desarrollo material.

Los gobiernos burgueses liberales que durante más de dos siglos se han adherido al principio ideológico de "gobernar por consentimiento", y que jamás antes habían tenido tan excelentes oportunidades de producir este consentimiento a través de manipulaciones de poderosos medios masivos de comunicación, recientemente han manifestado una temible predisposición a la indiscriminada supresión violenta de los movimientos radicales de liberación.

Por el otro lado, si bien los partidos comunistas occidentales todavía profesan y predican el derecho a la revolución violenta aunque casi nunca la utilizan en la práctica, la violencia aún desempeña un papel sorprendentemente importante y, a veces, incluso, un papel creciente en los asuntos internos de los países post-capitalistas, transcurridas ya muchas décadas de la revolución. El socialismo no se desarrolló como una nueva forma de vida caracterizada primordialmente por las relaciones fraternales entre los hombres y por la desaparición de las estructuras de poder. La violenta supresión de la herejía y la disensión se ha vuelto parte de la vida diaria en estos países. La teoría de la necesaria intensificación de la lucha de clases en el proceso de evolución del socialismo, lejos de explicar algo, es absurda en sentido lógico: por definición, el socialismo significa el periodo de transición en que los hombres evolucionan hacia una sociedad de no violencia y sin clases.*

La conciencia del hecho de que las revoluciones violentas que triunfan, dan origen naturalmente a regímenes autoritarios, ha determinado un intento, a principios de la década de los sesentas, de suma importancia histórica, por crear nuevos tipos de movimientos masivos que ex-

---

* Por consiguiente, una sociedad en la cual se intensifica la lucha de clases está lejos de ser socialista; en esos casos, las clases en conflicto son: la clase trabajadora, la burorcacia y la pequeña burguesía.

plorarían las posibilidades de alcanzar el poder social sin el uso de la violencia. Esta Nueva Izquierda conmovió al mundo y estuvo a punto de lograr el pleno triunfo en Francia, en el año 1968, sin disparar una sola bala. Si los comités de huelga de los obreros se hubieran integrado en una red nacional global de organismos de gobierno autónomo y si hubiesen organizado la producción, habrían tenido una buena oportunidad de sobrevivir y de erigir una nueva sociedad colectivista. Cuando no se dan estos pasos finales, indispensables, se produce la derrota y cunde el sentimiento general de frustración. Como consecuencia, la Nueva Izquierda regresó a los viejos esquemas de organización, ideología y estrategia. En lugar de desarrollar una variedad de estrategias y métodos específicos de lucha, apropiados para las concretas condiciones históricas de una sociedad determinada, la mayoría de las actividades izquierdistas de los últimos años han retrocedido a la antigua idea de la revolución como toma violenta del poder político que, en realidad, sólo puede ser el primer paso y, además, únicamente en algunas situaciones sociales. Sin embargo, lo nuevo en esta vieja idea es la tendencia a reemplazar la violencia *instrumental* por la violencia *expresiva*. Una cosa es matar al tirano para detener el sufrimiento de las masas y abrir el camino para la libertad y la dignidad humana, y otra cosa es creer, junto con Sartre, que aquel "cuya única riqueza es el ciego odio" se vuelve humano solamente "por esta furia loca, por esta amargura y rencor", o por su "siempre presente deseo de matarnos."[1] Una vez que la violencia se convierte en un valor en sí mismo, se vuelve contra los que la usan: después de matar a sus

[1] J. P. Sartre, *Prefacio* a Frantz Fanon, *Los condenados de la tierra* (FCE, 5ª reimpresión, 1971, p. 17.).

opresores, los hombres continúan matándose entre ellos. Semejante inversión de los medios y los fines convierte a todo el proceso de liberación en un típico *falso infinito* hegeliano: la interminable repetición de la misma contradicción.[2]

Cuando se considera al fenómeno de la violencia *en sus propios términos*, surge la pregunta de si es la manifestación de una invariable estructura universal de los seres humanos, o si estamos frente a una predisposición de la conducta humana producto de condiciones históricas específicas.

Por el otro lado, cuando se considera a la violencia como medio para promover el cambio social, la pregunta obvia es: ¿En qué condiciones es la violencia un medio adecuado, y hasta necesario, para crear una sociedad mejor, más humana?

Ambos enfoques presuponen una fundamental concepción de la naturaleza humana y una distinción entre su dimensión real y su dimensión potencial. Humanidad no es sólo lo que aparece en el comportamiento manifiesto, real, sino también lo que subsiste en una forma latente en los individuos humanos y que surge a la existencia cuando se dan las condiciones apropiadas. Este esquema latente de las capacidades y predisposiciones humanas no necesariamente debe entenderse como forma eterna y, menos aún, como paradigma de perfecta armonía. La totalidad de la historia puede verse como un proceso del surgimiento de la humanidad, de la creación de potencialidades humanas y de su materialización o realización. La *autorrealización* humana constituye, pues, el criterio supremo de evaluación de todas y las diversas formas de conducta y cambio social.

---

[2] Hegel, *Encyclopaedie der philosophischen Wissenschaften, Die Wissenschaft der Logik*, p. 104.

El concepto de autorrealización desempeña un papel central en la antropología filosófica, pero también es indispensable en la psicología humanista. Por ejemplo, Abraham Maslow sostiene que "*todas* las necesidades básicas (por ejemplo, la necesidad de alimento, de seguridad, de amor, etc.) pueden considerarse como simples pasos a lo largo del sendero hacia la autorrealización general en la cual todas las necesidades básicas pueden ser incluidas." Continúa diciendo: "Pareciera que *hubiese* un solo valor supremo para la humanidad, una meta lejana que todos los hombres se afanan por alcanzar. Los distintos autores le dan diversos nombres: autorrealización, integración, salud psicológica, individuación, autonomía, creatividad, productividad, pero todos están de acuerdo en que significa realizar las potencialidades de la persona, es decir, convertir en plenamente humano todo aquello que la persona puede llegar a ser."[3]

La razón por la cual el concepto de autorrealización puede ser casi universalmente aceptado como criterio último de evaluación, es que es muy abstracto y que, en realidad, representa solamente un armazón teórico muy general y neutro que puede llenarse con imágenes muy diferentes del hombre. Si se considera al hombre como un ser esencialmente agresivo, entonces tendría que interpretarse la actuación de una manera violenta como una modalidad de su autorrealización. Por el contrario, si tomamos las necesidades de paz y cooperación como características definidoras del hombre, entonces habría que pensar que la violencia es un fenómeno patológico.

Es posible ordenar los diversos conceptos de la naturaleza humana dentro de un continuo conceptual, toman-

[3] Abraham H. Maslow, *Toward a Psychology of Being*, 2a. ed. (Nueva York, 1968), p. 153.

do como principio de ordenación, el grado de importancia atribuido a la agresividad y la violencia. Uno de los polos de esta discusión estaría constituido por autores como Maquiavelo y Hobbes.

En su obra *El Príncipe*, Maquiavelo sostiene que los hombres en general son "desagradecidos, volubles, cobardes y codiciosos", y que, por consiguiente, no debería importarle a un príncipe el reproche de crueldad porque "es mucho más seguro ser temido que amado." Por ejemplo, las "maravillosas obras" de Aníbal se debieron a su "inhumana crueldad". No es posible regir sólo por la ley, también es necesario recurrir al método de la fuerza que es "adecuado para las bestias". El Príncipe "no debería tener otra finalidad o pensamiento, ni elegir para estudiar otra cosa que la guerra y sus reglas y disciplina."[4]

De acuerdo con Hobbes, la característica fundamental del hombre, en su estado natural, es el deseo de poder. El hombre es esencialmente egoísta y está interesado tan sólo en satisfacer sus propios apetitos. Puesto que los hombres tienen iguales capacidades e iguales esperanzas de alcanzar sus propósitos "se vuelven enemigos y se esfuerzan por destruirse o someterse mutuamente." "Por tanto es evidente", continúa diciendo Hobbes, "que durante el tiempo en que los hombres viven sin un poder común que los mantenga atemorizados a todos, están en el estado llamado guerra, guerra que es de cada hombre contra cada hombre." Como consecuencia, hay "un continuo temor y peligro de muerte violenta."[5]

Le estas premisas se desprende que la autorrealización

---

[4] Nicolás Maquiavelo, *El Príncipe* (1513).

[5] Thomas Hobbes, *Leviatan*, Parte 1, cap. XIII: "Sobre las condiciones naturales de la humanidad concernientes a su felicidad y desgracia."

es mala para los hombres y que las restricciones a su libertad son necesarias, si es que van a superarse la violencia y la inseguridad universal, lo cual conduce a Hobbes a la idea de que el mejor tipo de sociedad ("commonwealth") es una monarquía absoluta. Es indispensable un Estado fuerte para poner freno a la malvada naturaleza humana.

En el polo opuesto de nuestro continuo teórico, hay una concepción utópica, exageradamente optimista, del hombre considerado como un ser esencialmente libre, creador, social, amante de la paz. La hallamos en todo el pensamiento revolucionario, incluso en el de uno de los más severos críticos del socialismo utópico, Karl Marx. En sus obras maduras, esta concepción utópica de la esencia humana es sólo un tácito supuesto de valor de su teoría científica crítica, pero en sus primeros escritos aparece formulada en su forma pura. Por ejemplo, en sus *Manuscritos económicos y filosóficos* dice: "El *comunismo* es la *positiva* abolición de la *propiedad privada*, de la *autoalienación humana* y de este modo, la real apropiación de la naturaleza humana por y para el hombre. Es, por consiguiente, el retorno del hombre como un ser social, es decir, verdaderamente humano..."[6] En sus *Notas de 1844*, al hablar acerca de la libre producción humana, proyecta la actividad humana ideal en una sociedad sin propiedad privada: dicha actividad involucraría la plena afirmación de la propia individualidad y, al mismo tiempo satisfaría la necesidad de otro ser humano.[7] En *La sagrada familia* examina Marx las impli-

---

[6] *Marx-Engels Gesamtausgabe*, 3, p. 114, en E. Fromm, *Marx y su concepto del hombre*, FCE, 6ª reimpresión, 1975.

[7] *Writings of the Young Marx on Philosophy and Society*, traducidos, por Easton y Guddat (Doubleday, Nueva York, 1967), p. 281.

cancias de las teorías materialistas de la originaria bondad del hombre y explica su concepción de libertad: si el hombre "no es negativamente libre para evitar este o aquel acontecimiento, sino que es positivamente libre para expresar su auténtica individualidad, entonces, más bien que castigar a los individuos por sus delitos, deberíamos destruir las condiciones sociales que engendran el crimen y darle a cada individuo el espacio que necesita en la sociedad para desarrollar su vida."[8]

Desde este punto de vista, la agresividad y la violencia no son las características constitutivas de la naturaleza humana, sino los productos transitorios de condiciones históricas desfavorables. El cambio de estas condiciones, la remoción de ciertas instituciones (tales como la propiedad privada, la división profesional del trabajo, el Estado, el mercado, etc.) permitirían al hombre ser lo que potencialmente *es* y automáticamente eliminarían la violencia. Si el hombre está formado por las circunstancias, dichas circunstancias deben formarse humanamente.[9] No deberían ponerse barreras a la autorrealización humana sino, todo lo contrario, habría que quitarlas todas. La tarea parece ser relativamente sencilla y esencialmente negativa.

No hay duda de que las implicaciones prácticas de estas dos concepciones tan extremadamente opuestas acerca de la naturaleza de la autorrealización humana y del lugar que en ella ocupa la violencia, son sumamente distintas. Si necesariamente la libertad da origen a la lucha propia de lobos y a erupciones de violencia, entonces cualquier debilitamiento del existente orden social supone grandes riesgos. Pero si, por el contrario, la violencia y la alteración son precisamente las consecuencias

[8] MEGA 1/3, p. 308.
[9] *Loc. cit.*

de ese orden, entonces el compromiso práctico de romper ese orden coincide con una enorme auto-confianza y con una casi ilimitada fe en el futuro.

A pesar de estas profundas diferencias, ambas concepciones extremas tienen algunos rasgos en común. Ambas reducen las posibilidadess de autodeterminación y autocreación en la historia, ambas asumen una concepción fija, ahistórica y cosificada de la naturaleza humana, concepto que objetiva, es decir atribuye existencia real, tanto a las formas pasadas del egoísmo, la agresividad y la brutalidad humanas como a las posibilidades futuras ideales. Desde el primer punto de vista, que es conservador, el hombre no tiene futuro: lo único que puede hacer es permanecer en el presente civilizado, cómodo y seguro, o bien retornar al estado natural ("estado de naturaleza") con todo su constante temor e inseguridad. Desde el punto de vista radical y utópico, el hombre tiene un futuro pero no puede escoger entre sus diferentes posibilidades y crearse a sí mismo de nuevo. Está determinado en una forma escatológica. La historia tiene un propósito y un fin último, que es independiente de la voluntad de los individuos humanos, que sólo pueden tomar conciencia de dicho fin y acelerar la realización del mismo.

Si no hubiera otro posible enfoque al problema de la naturaleza humana, aparte de los dos extremos ya analizados, parecería que nos enfrentamos al siguiente dilema respecto del problema de la violencia.

O bien la violencia es una tendencia de la conducta humana, inevitable, esencial, que siempre está al acecho y que debe constantemente y para siempre, reprimirse mediante la autoridad y la fuerza externas; o bien la violencia es un mero fenómeno superficial, sin raíces profundas en la estructura misma de los seres humanos, un producto de específicas instituciones históricas, es decir, un fenómeno destinado a desaparecer tan pronto como puedan eliminarse dichas instituciones.

Si aceptamos lo primero, tenemos que renunciar a toda esperanza de un mundo esencialmente más democrático, pacífico y humano. El proceso de liberación no puede pasar de cierto límite, nunca llegará la época en que los conflictos humanos se resuelven de maneras no violentas. Todo el progreso histórico puede explicarse tan sólo en términos cuantitativos de crecimiento, expansión y aumento de la comodidad.

Pero si aceptamos lo segundo nuestras esperanzas y expectativas son tan grandes, que una y otra vez dejamos de captar la reptición de la violencia, aun cuando se supriman las instituciones específicas que se consideraban como sus causas. La inevitable frustración asume a veces formas trágicas y conduce a largos periodos de enajenación y pasividad.

Este dilema es evidentemente falso. Es posible plasmar una teoría de la naturaleza humana que sea más realista, abarcando al mal como su componente y permitiendo, sin embargo, la oportunidad de un ilimitado progreso histórico. Aquí el supuesto básico sería que la naturaleza humana es una estructura de predisposiciones conflictivas, que se desarrollan con el tiempo y que pueden manifestarse, suprimirse o modificarse de diversas maneras en las apropiadas condiciones históricas. La historia pasada proporciona amplias evidencias de estas tendencias conflictivas; del ansia de libertad pero también de la huída de toda responsabilidad; de un esforzarse por lograr la colaboración y solidaridad internacional y entre los grupos, pero también, del egoísmo clasista, nacional y racial; de una necesidad de creatividad, pero también de poderosos impulsos destructivos; de una disposición para el autosacrificio en ciertas condiciones, pero también de un fuerte anhelo de poder personal y de dominio sobre los otros; de una profunda necesidad de amor, pero también de una incompensible irracional necesidad de infligir dolor y sufrimiento tanto en los seres odiados como en los amados. Estos rasgos son la cristalización de la historia pasada, pero no constituyen una entidad fija estática. Algunos de ellos tienden a desaparecer, aunque fueron característicos del hombre durante varias épocas históricas (por ejemplo, la lealtad patriarcal a la generación más vieja); surgen algunos nuevos rasgos (tales como la compulsiva tendencia a adquirir cosas de un *homo consumens*) que, a su vez, se vuelven cuestionables para las generaciones venideras.

Análogamente a la psicología dinámica que arroja luz sobre el mecanismo de los procesos psíquicos individuales, una antropología dinámica podría darnos una visión de la evolución del hombre en la historia. Podríamos aprender cuáles son las capacidades, necesidades y predisposiciones prácticas humanas básicas en conflicto, cuál es su base bioquímica y de qué manera su realización depende de las condiciones económicas, políticas y culturales.

Respecto del problema de la violencia, nuestras bibliotecas están atiborradas de libros que nos dicen cuán similares a nosotros son los animales.[10] Estos escritos son una gran fuente de júbilo para todos los conservadores, que utilizan la oportunidad para saltar a la conclusión de que, puesto que somos animales, y agresivos, todas las visiones de un mundo más pacífico y racional son ilusiones ingenuas. En sentido metodológico, ésta es la

---

[10] De acuerdo con Hannah Arendt: "Antropomorfismo y teomorfismo son los dos lados de un mismo error." *On violence* (Nueva York, 1969), p. 60.

misma clase de error que el atribuido por Sartre[11] a los "holgazanes" marxistas dogmáticos, que reducen los complejos y únicos fenómenos culturales a su abstracta y general descripción clasista. "Valéry es un escritor burgués, pero no todo escritor burgués es un Valéry." El hombre es un animal, pero no todo animal es un hombre. En lugar de reducir la violencia y beligerancia humanas a la agresividad animal, es necesario explicar cómo sus diversas formas características surgen en específicas condiciones históricas humana. Pero es todavía mejor tener conciencia del hecho de que este trasfondo ha sido trascendido. Es muy importante conocer los esquemas genéticos que constituyen la base material de las predisposiciones de conducta de los seres humanos; un nivel mucho más avanzado de la bioquímica nos permitirá comprender ciertos límites de los hombres que aún son materia de conjeturas. Pero pueden haber pocas dudas de que dentro de estos límites hay una gama muy extensa de posibilidades. Las verdaderas condiciones sociales determinan cuál de éstas se realizará.

En realidad, el hombre tiene muchas capacidades creadoras potenciales (para resolver problemas, para introducir nuevos elementos en contextos conocidos, recurrentes; para la construcción de símbolos y la comunicación significativa, etc.) que pueden haberse manifestado en épocas tempranas de la vida y que más tarde quedaron bloqueadas por las condiciones desfavorables de la vida y el trabajo en la sociedad industrial. El afán compulsivo de adquirir cosas puede ser un sustituto de aquellas formas reprimidas de conducta y la violencia, posiblemente, sea una reacción a las necesidades insatisfechas de

[11] J. P. Sartre, *Critique de la raison dialectique*, "Quéstions de Méthode" (Gallimard, París, 1960).

efecto y reconocimiento social, lo cual produce una sensación general de inseguridad e inferioridad.

Si tales predisposiciones pueden ser reacciones a situaciones socialmente estructuradas; si es posible que sean sustitutos de necesidades socialmente reprimidas y frustradas, si pueden realizarse en formas diferentes, más o menos aceptables socialmente, según las condiciones sociales, entonces la autorrealización humana no es un proceso estrictamente determinista e implica un elemento de autocreación humana.

Consecuentemente, el problema de la violencia como forma de autorrealización adquiere la siguiente forma: ¿Qué pensamos hacer con las profundamente arraigadas tendencias al comportamiento agresivo, violento? ¿Queremos preservar las condiciones sociales en las que dichas tendencias continuarán adquiriendo formas cada vez más egoístas y viciosas? ¿O estamos dispuestos a movilizar nuestras fuerzas para crear nuevas condiciones sociales en las que las predisposiciones agresivas se manifiesten en formas modificadas, relativamente inofensivas, socialmente aceptables (en los juegos, los deportes, las artes, las disputas verbales, el trabajo, el amor, etcétera)?

Intuitivamente sabemos que, siendo iguales todas las demás condiciones, todo ser humano sano preferiría esta última opción. Pero como todas las demás condiciones no son iguales y esta opción puede implicar el sacrificio de intereses importantes, muchos individuos preferirían la conservación del *statu quo* y, por consiguiente, se inclinarían a discutir el supuesto básico de esta opción, a saber, que la violencia en sí misma es mala. Y por cierto ¿por qué habrían de ser la hostilidad y la violencia peores que la amabilidad, la sobriedad y la calma?

Hay varias posibles maneras de enfrentarse a cuestiones de esta clase y de tratar de justificar una entre varias posibles alternativas.

Primero, está el criterio de la coherencia lógica: una propiedad del hombre y del comportamiento humano es "buena" en la medida en que satisface el concepto de hombre,[12] y una particular definición de hombre es aceptable si, entre otras cosas, está en un básico acuerdo con el uso actual del término "hombre" en el lenguaje corriente.

En el caso dado, la "violencia" no es una de las característcas definitorias del concepto *hombre*, por consiguiente, una persona que actúa violentamente no es un buen ejemplar de la especie humana. Naturalmente, es posible dar la propia y nueva definición de hombre, que incluye a la violencia como rasgo esencial de la naturaleza humana. Pero en ese caso se violaría el principio de que una buena definición de un concepto ya existente debe ser, únicamente, una explicación, conservando ileso el núcleo de su significado en el lenguaje ordinario. O, en otras palabras, se toma como una característica fundamental del hombre algo que generalmente no se considera como su rasgo específico.

Indudablemente, una consideración de este tipo no prueba ni refuta nada. No obstante, el precio que probablemente se tenga que pagar para defender esta posición sea el introducir conceptos extraños y romper el vínculo con la lógica implícita en el lenguaje común.

El segundo enfoque es histórico en un doble sentido.

Por un lado, es posible demostrar, a través de la historia, cuáles fueron las respectivas consecuencias de la violencia y la paz. Esto tiene sentido si estamos dispuestos

[12] *Cf.* Robert Hartman, "The Science of Value" en Abraham Maslowc (ed.), *New Knowledge in Human Values* (Harper, Nueva York, 1959).

a aceptar que la vida es mejor que la muerte y que la creación y la felicidad son mejores que la destrucción y el sufrimiento.

Por el otro lado, la historia de la filosofía y de la cultura muestra un alto grado de acuerdo entre reconocidos grandes pensadores del pasado, acerca de ciertos valores fundamentales, tales como la libertad, la igualdad, la paz, la justicia, la verdad, la belleza. Nuevamente, este acuerdo nada demuestra, pero indica el universal carácter humano de ciertas normas de la vida humana, que son incomptibles con la violencia manifestada.

Un tercer enfoque es característico de una antropología filosófica crítica. Las consideraciones de valor, incluyendo el problema de la jerarquía de los valores, derivan de una teoría del hombre, de sus capacidades potenciales y auténticas necesidades. Esta teoría obviamente contiene, no solamente un componente indicativo, sino también uno normativo. El primero está implícito, por ejemplo, en la justificación teórica de la concepción de que hay predisposiciones universales latentes (como la capacidad para usar símbolos y para comunicarse) : que éstas logran materializarse a cierto grado de evolución y en condiciones sociales favorables (es decir, cualquier niño pequeño es capaz de aprender un idioma siempre que haya suficiente interacción con un entorno social normal) ; que puede suceder que dichas potencialidades se malgasten y extingan cuando faltan las condiciones adecuadas (por ejemplo, el caso de unos adolescentes hallados en una selva que ya no pudieron aprender a hablar).

El segundo componente, de índole normativa, está implícito en la selección misma de las básicas capacidades humanas (creatividad, pero no destructividad; resolución de problemas, pero no evasión de los problemas; participación dentro de una comunidad, pero no huida de los lazos de la comunidad, etc.). También está implícito en la diferenciación misma entre necesidades verdaderas, auténticas y necesidades falsas, artificiales. Este componente normativo expresa, en primer lugar, la general orientación práctica del autor (en el sentido de la frase de Fichte de que el carácter de una filosofía depende de la clase de hombre que es el filósofo). Pero si una teoría filosófica pretende ser algo más que una exposición personal, debe buscar alguna especie de validación objetiva y referirse a alguna clase de sentido común general. Ahora bien: así como la validación empírica consiste en la pretensión de que todos los individuos normales podrían observar los mismos datos en ciertas condiciones específicas, y la validación lógica se refiere, en última instancia, a la expectativa de que todas las personas que conocen un idioma usarán ciertas expresiones de una manera determinada, de un modo parecido la validación de las actitudes normativas se refiere a la expectativa de que, siendo iguales otras condiciones, todos los individuos desarrollados y normales tendrían necesidades y preferencias afectivas estructuralmente similares, en ciertas situaciones de grupo, atracción sexual, etc. Esta expectativa no se cumplirá en algunos casos, pero esto mismo vale para la expectativa de que todos los individuos verán las mismas cosas o usarán las palabras de la misma manera; hay una diferencia de grado pero no de esencia. En este sentido podemos tener muy buenas razones para afirmar que la violencia en sí misma es repulsiva y malvada, aunque tomada como instrumento es posible considerarla como un mal necesario. Sentir que la violencia como tal, es atractiva, es tan anormal como ser incapaz de distinguir los colores o de extraer deducciones correctas.

La psicología humanista contemporánea ofrece un cuarto enfoque del problema de la validación de actitudes normativas. Sus resultados coinciden mucho con las consideraciones anteriores. Su punto de partida es la distinción entre individuos psicológicamente sanos e individuos psicológicamente enfermos. El punto metodológico esencial es que salud y enfermedad pueden definirse aquí funcionalmente y no con la ayuda de conceptos abstractos de nivel superior. Al estudiar a personas neuróticas y con leves trastornos, Carl Rogers llegó a la conclusión de que los síntomas patológicos son la consecuencia del impedimento de autorrealización de un impulso que el individuo tiene normalmente.[13] En cambio, Abraham Maslow estudió a personas sanas, autorrealizadas, y esto le permitió reemplazar la pregunta normativa: "¿Cuáles *deberían ser* los valores humanos?" por la pregunta real: "¿Cuáles *son* los valores de los mejores seres humanos?" Maslow define el concepto de *los mejores seres humanos* o de *plena humanidad* o de *ser humano sano, autorrealizado,* mediante un conjunto de características mensurables y objetivamente descriptibles, tales como: percepción más clara de la realidad, más apertura a la experiencia, mayor integración de la personalidad, mayor espontaneidad, firme identidad, mayor objetividad, recuperación de la creatividad, capacidad para fundir lo concreto y lo abstracto, estructura democrática de carácter, capacidad para amar, etc.[14] Maslow sostiene que hay disponibles técnicas clínicas para estudiar las correspondientes reacciones subjetivas, tales como las sensaciones de gusto de vivir, de felicidad, de serenidad, de confianza en la propia capacidad para manejar las tensiones, las

---

[13] Rogers, *Psychotherapy and Personality Change* (Univ. de Chicago, 1954); *A Therapist's View of Personal Goals* (Pendle Hill, 1960); *On Becoming a Person* (Boston, 1971).

[14] Abraham Maslow, *Toward a Psychology of Being* (Van Nostrand Reinhold Corp., Nueva York, 1968), p. 157.

angustias y los problemas, etc. La autorrealización, así definida, no excluye la firmeza o entereza, la ira y la indignación justificadas, la afirmación de sí mismo, etc. Sin embargo, es incompatible con la hostilidad, la crueldad y la destructividad y con los correspondientes sentimientos subjetivos de temor, angustia, desesperación, hastío, culpa intrínseca, falta de objetivos en la vida, vacío o carencia de identidad. Estos últimos son signos de enfermedad psicológica, de traición a sí mismo, de fijación, de regresión. Lo característico de todos los estados mentales patológicos es la dispersión de la unidad de la persona, de la *homeostasis* del organismo como totalidad. "Entonces", dice Maslow, "es posible que lo que quiere hacer sea malo para él; aunque lo haga, tal vez no lo goce; aunque lo goce, quizás simultáneamente lo desapruebe, de modo que el placer esté en sí mismo emponzoñado o acaso desaparezca rápidamente. Puede suceder que lo que el individuo goza al principio, más tarde no le produce placer alguno. De modo que sus impulsos, deseos y goces se vuelven una guía defectuosa del vivir. Consecuentemente, la persona tiene que temer y desconfiar de los impulsos y placeres que lo llevan por camino errado, de manera que se siente atrapado por el conflicto, la disociación, la indecisión, en una palabra, se encuentra atrapado por una guerra civil.[15]

Este análisis parece concordar con los datos acerca de la conducta de personas violentas y de sus descripciones introspectivas. Además proporciona buenos fundamentos para una respuesta negativa a la pregunta planteada al principio: el comportamiento agresivo, violento, no es una forma de autorrealización humana. Aun en el mejor de los casos, cuando es la expresión de una rebelión justificada y un medio necesario para quitar algún impedimento a

[15] *Ibid.*, p. 159.

la autorrealización, a una escala social más amplia, lleva a conflictos internos, a una discrepancia entre el motivo que ha sido aprobado y el acto mismo que puede ser absolutamente repulsivo.[16] Actuando de esta manera, el individuo queda apresado dentro de la esfera de la necesidad y tiene conciencia de ello. La actividad que implica la violencia instrumental está todavía muy lejos de la *praxis* verdaderamente humana, que no sólo es aprobada por sus implicaciones, sino que también es deseada, necesitada y disfrutada como un fin en sí misma, como un valor intrínseco. Cuando la violencia es deseada por la violencia misma, es un síntoma de una auto-desintegración y una auto-destrucción patológicas que, cuando se transforman en una ideología, invariablemente tienen consecuencias trágicas para la humanidad.[17] Todos aque-

[16] Jules Humbert-Droz, que fue secretario de la Comintern (la Internacional Comunista) en 1921, en una entrevista para *Le Monde*, informa acerca de cómo detestaba Lenin el uso de la violencia, aunque se daba cuenta de que era cuestión de vida o muerte. Le recomendaba al Dr. Kedrow, un jefe de la "Tcheka": "Cuando llegue a ser capaz de sentenciar a alguien a morir sin sentir horror... renuncie... La policía es una terrible necesidad; jamás debería convertirse en una profesión." (*Le Monde*, 18 de febrero de 1970), p. 11.

[17] Las atrocidades del fascismo son consecuencia prácticas de los siguientes criterios expuestos por Hitler en sus diversos discursos y artículos, en la década de 1920: "De todas las innumerables criaturas, una especie completa surge y se convierte en dueña de todo el resto. Se trata del hombre: la criatura más brutal, la más resuelta de la tierra. Sólo le preocupa la exterminación de sus enemigos del mundo" (*Völkigscher Beobachter*, 23, nov, 1927). "Todas las metas alcanzadas por el hombre se deben a su originalidad más su brutalidad... Toda la vida se encierra en tres tesis: la lucha es el origen de todas las cosas; la virtud estriba en la sangre; la jefatura es primordial y decisiva" (*Ibid.*, 7 de abril de 1928). "En el poder de la espada se encuentra la fuerza vital de una nación." (*Ibid.*, 4 de mayo de 1928). "O bien

llos estudiosos que derivan la antropología de la zoología y que tienden a elogiar la violencia como una manifestación de la fuerza vital y hasta de la creatividad humana, allanan el camino para ese tipo de ideologías.

Si la violencia no es una forma de autorrealización, ¿no es acaso un medio para ella?

Las respuestas a esta pregunta revelan las siguientes paradojas: muchos de aquellos que creen que la violencia es una tendencia inherente de la naturaleza humana, la rechazan como instrumento de cambio social. Por el contrario, aquellos radicales que creen que el hombre es esencialmente no violento, tienden a afirmar a la violencia como un medio necesario, incluso el único, del cambio social.

La primera actitud es característica de la mayoría de los liberales actuales. Eliminan de la clásica doctrina liberalista algunos pensamientos revolucionarios, universalmente válidos, acerca del derecho del pueblo a rebelarse contra la usurpación y la tiranía. Locke, Rousseau, Jefferson y otros ideólogos de la burguesía revolucionaria sostenían que el pueblo está plenamente justificado en el uso de la fuerza para derrocar a un gobierno que viola el contrato y las normas sociales, más para su propia interés que para el del pueblo.[18] De acuerdo con Locke, cuando el cuerpo legislativo o el príncipe traicionan la

---

se es el martillo o bien, el yunque. Confesamos que es nuestro propósito preparar nuevamente al pueblo alemán para el papel de martillo" (*Ibid.*, 17 de marzo de 1929).

[18] Anteriormente, durante la lucha de los príncipes protestantes contra el emperador, Martín Lutero asumió la posición de que los cristianos tenían el derecho a luchar en defensa propia y de que la autoridad del gobernante debería respetarse sólo mientras éste fuese justo. Si el gobernante se desentiende de la ley superior y se convierte en un tirano, los súbditos quedan liberados de su fidelidad a él y tienen el derecho a la rebelión.

confianza del pueblo y planean o trabajan para destruir la libertad o la propiedad del pueblo y para someterlo a un poder arbitrario, los gobernantes pierden el derecho al poder que se les ha otorgado y de esta manera provocan la disolución del gobierno. Disolviendo la legislatura, los tiranos quitan la base de su propia autoridad y recaen en un estado de guerra. Si estalla una rebelión porque un príncipe destruyó las libertades de los súbditos, es culpa del príncipe, no de los súbditos, así como cuando un hombre honrado se resiste a un bandido, debe culparse al bandido del resultante derramamiento de sangre. Si los hombres honrados nunca opusieran resistencia a los bandidos, esto solamente produciría más bandidaje."[19]

Rousseau también sostiene que no es deseable la paz bajo el despotismo: "Es posible vivir bastante tranquilo en una mazmorra, pero dicha paz difícilmente asegurará, por sí misma, la propia felicidad. Los griegos aprisionados en la cueva de Cíclope vivían pacíficamente mientras esperaban su turno para ser devorados."[20] Cuando un gobierno rige sólo por la fuerza, entonces es mejor para el pueblo "sacudirse el yugo" que obedecer. Si la fuerza en sí misma llega a convertirse en un derecho, entonces una fuerza mayor puede anular este derecho: de modo que el pueblo está justificado en usar la fuerza para restablecer su libertad.[21]

La misma actitud impregna todos los escritos de Jefferson, en primer lugar *La Declaración de la Independencia*. "Toda vez que cualquier forma de gobierno se vuelve destructiva de estos fines, es derecho del pueblo cambiarlo o abolirlo e instituir un nuevo gobierno... La prudencia, por cierto, impone que no deberían cambiarse

[19] John Locke, *Two Treatises of Government*, Lib. II, cap. 19.
[20] J. J. Rousseau, *El Contrato Social*, L. I. cap. 4.
[21] *Ibid.*, cap. 1, 3.

los gobiernos desde largo tiempo establecidos por causas superficiales y transitorias... Pero cuando una larga serie de abusos y usurpaciones, persiguiendo invariablemente el mismo objetivo, indica un plan por reducir al pueblo al despotismo absoluto, es derecho de ese pueblo, es su deber, echar fuera a dicho gobierno y proporcionar nuevos custodios de su seguridad futura."[22]

Incluso una rebelión injustificada es buena de acuerdo con Jefferson: "Impide la degeneración del gobierno y alimenta una atención general hacia los asuntos públicos. Sostengo que una pequeña rebelión, de tanto en cuanto, es una buena cosa y necesaria en el mundo político, como lo son las tormentas en el físico."[23] La manera en que Jefferson comenta la rebelión de Shay debe sonar a total locura a muchos liberaless contemporáneos: "Dios prohiba que estemos veinte años sin semejante rebelión. No siempre toda la gente puede estar bien informada. La parte que está equivocada estará descontenta en la misma proporción de la importancia de los hechos sobre los cuales tienen un concepto erróneo. Si permanecen tranquilos bajo tales interpretaciones equivocadas, están en estado de letargo precursor de la muerte para la libertad pública... ¿Qué país puede conservar su libertad, si no se les advierte, de tiempo en tiempo, a sus gobernantes, que ese pueblo conserva el espíritu de resistencia? Dejémosles tomar las armas... El árbol de la libertad debe ser revitalizado cada tanto con la sangre de patriotas y tiranos. Es su abono natural..."[24]

Éste era el lenguaje de los revolucionarios. Sus logros

---

[22] *Social and Political Philosophy*, ed. de Somerville y Santoni (Doubleday, Nueva York, 1963), p. 240.

[23] Carta a James Madison, 30 de enero de 1781, *op. cit.*, p. 258.

[24] Carta al Coronel Smith, 13 de nov. de 1787, *op. cit.*, pp. 259-60.

teóricos constituyen, todavía, el fundamento ideológico de la sociedad burguesa liberal. Pero los ideólogos de esa sociedad hace mucho tiempo que han cambiado su actitud y ahora condenan, de modo incondicional, absoluto, la revolución. Por supuesto, olvidan que el orden social que defienden y tienden a conservar ha nacido de una revolución violenta. Y mientras piden que el pueblo se valga tan solo de medios pacíficos, ellos al parecer pasan por alto el hecho de que todo el sistema se basa en enorme cantidad de violencia "estructural" institucionalizada.[25] En contraste con la violencia física, directa, que golpea a los individuos de una manera dramática, inmediatamente observable, la violencia estructural afecta a grandes masas de personas en forma indirecta, lenta, invisible, a través del sistema y sus instituciones legales. La cantidad de personas que mueren de inanición, por la contaminación ambiental, por falta de cuidados, etc., ciertamente no es menor al número de las que mueren a causa de las balas. Por esto, A. J. Muste tuvo que decir: "En un mundo construido sobre la violencia, hay que ser revolucionario antes de ser pacifista."[26] Merleau-Ponty ha captado bien el aspecto conservador e hipócrita de la condena unilateral a la violencia revolucionaria: "Al abogar por la no-violencia, se refuerza la violencia establecida de un sistema de producción que hace que la miseria y la guerra se vuelvan inevitables."[27] La única manera de rehabilitar el principio de la no violencia y

---

[25] El concepto de "violencia estructural" fue analizado por Johan Galtung en "Violence, Peace and Peace Research", *Journal of Peace Research* (1969), pp. 167-91.

[26] A. J. Muste, "Pacifism and Class War", *The Essays of A. J. Muste* (Indianapolis, 1967), pp. 175-85.

[27] Maurice Merleau-Ponty, *Humanism and Terror* (Beacon Press, Boston 1969), p. xviii.

liberarse de sus interpretaciones apologéticas y cínicas consiste en aplicarlo sin cejar, extendiendo su uso hasta abarcar también a la violencia "estructural", "establecida". Pero entonces se vuelve demasiado revolucionario para ser aceptado por la mayoría de las libertades y demasiado "blando" para ser acogido con entusiasmo por la mayor parte de los marxistas.

Esto nos lleva al análisis de otra paradoja, ya mencionada: la creencia de que el hombre es, en esencia, un ser no violento, concuerda con la convicción de que el hombre se restablecerá como tal, únicamente a través del intervalo de una revolución violenta. De todo el anterior análisis, resulta claro por qué Marx y sus seguidores insistían en la necesidad de usar la violencia para reabrir el camino bloqueado del progreso histórico y alcanzar, con el tiempo, una sociedad de nivel ssuperior, en la que se eliminarían todas las formas de violencia estructural, al tiempo que la violencia directa perdería todo terreno en las relaciones humanas. Se enfrentaban con un enorme poder en manos de los defensores del *statu quo*. Siendo los herederos históricamente legítimos de los revolucionarios burgueses, prosiguieron con el desarrollo de la teoría revolucionaria, tomándola en el punto en el que la habían dejado Rousseau y Jefferson, Saint-Simon, Fichte y el jovel Hegel. Rechazaron el mito del contrato social y la tradicional sustitución de la relación Estado-pueblo por la lucha de clases. Una vez que se reveló que los verdaderos antagonistas eran las clases dominantes y las oprimidas, también se volvió claro, pues, que la cuestión de la revolución no surge únicamente cuando el gobierno *se vuelve* injusto y empieza a regir contrariamente a los intereses del pueblo; la revolución es legítima *todo el tiempo*, porque el gobierno estatal jamás es justo y nunca sirve a los intereses de la masa oprimida del pueblo.

Sin embargo, del hecho de que el proletariado tiene el derecho de usar la fuerza contra su opresor, no se desprende que el empleo de la fuerza sea, en todas las situaciones, el medio más eficaz y necesario para un cambio cualitativo de la vieja sociedad, ni tampoco que sea posible en principio, que después de un prolongado periodo de creciente violencia surja una nueva sociedad no violenta.

Marx y Engels tienen sus dudas. Admitían la posibilidad de una pacífica revolución proletaria en los países más avanzados.[28] Y no dejaban de estar conscientes de que "en el juego de la violencia existe el peligro de quedar permanentemente comprometido."[29] No obstante, creían que la violencia proletaria, como medio de liberación, es de naturaleza absolutamente específica y que tenderá a cejar con el tiempo. Y poseen una buena razón para creerlo así: la clase obrera realmente no tiene interés en instalarse como nueva clase gobernante; más bien se interesa por desaparecer ella misma como clase e introducir, gradualmente, una nueva organización social democrática y no violenta. Sólo pasan por alto una cosa: que en ciertas condiciones históricas, puede suceder que la victoriosa vanguardia de los obreros se separe del resto de la clase, se apodere de todos los niveles del poder económico y político y establezca su propio gobierno

---

[28] Véase el discurso de Marx en Amsterdam, 1872, citado en M. Steklow, *History of the First International* (New York International Publishers, 1928), p. 240; Marx, "Konspekt der Debatten über das Sozialistengesetz", 1878 [En Marx-Engels, *Briefe an Bebel, Liebknecht, Kautsky und Andere*. Verlag Genossenschaft Auslandischer Arbeiter in der USSR (Moscú, 19933), p. 516]; Engels, *Critique of the Social Democratic Draft Programme*, 1951, sec. II.

[29] Merleau-Ponty, *op. cit.*, p. xviii.

local. Los revolucionarios socialistas tomaron conciencia de esta pesadilla sólo cuando ya se volvió realidad.[30]

Por consiguiente, el problema fundamental del marxismo contemporáneo es el siguiente: cómo asegurar que el uso de la violencia realmente cejará después de la revolución; cómo crear un movimiento que fuese lo suficientemente fuerte para apoderarse del poder político y poner en vigor los necesarios cambios estructurales, sin volverse burocrático reforzando a las antiguas formas de violencia directa y estructural.

Hay también otra posibilidad. Si, de acuerdo con Marx, era posible una revolución no violenta en la Gran Bretaña y en Holanda en el siglo XIX, ¿por qué no habría de ser una mejor solución, por lo menos en algunas sociedades, en las últimas décadas del siglo XX?

De esto se desprende que la condena y afirmación absolutas de la violencia instrumental tienen que ser reemplazadas por un concreto análisis histórico de varios tipos de situaciones. La estrategias de la acción revolucionaria tendrían que variar de acuerdo con el tipo de situación, dependiendo, sobre todo, del carácter del centro de poder existente.

En el caso más sencillo posible, podríamos tomar en

---

[30] Rousseau muy pronto se dio cuenta de los peligros inherentes a la idea misma de la representación política profesional: "Los representantes políticos y los ejércitos profesionales son males gemelos que resultan de la corrupción y la indolencia... El ejército profesional esclavizará al país y el representante profesional lo venderá... La única opción es la directa participación en asamblea públicas como las de las antiguas repúblicas. Es cierto que las condiciones son diferentes. Pero todas estas concretas dificultades que presenta en la actualidad la participación directa no deberían desanimarnos, pues la única opción es la pérdida de nuestras libertades." (Rousseau, *El contrato social*, Libro III, cap. 15.)

consideración tan sólo dos parámetros: la fuerza del centro del poder (gobierno, Estado) y la predisposición a introducir reformas. Tendríamos que distinguir, *primero*, entre un fuerte y estable centro de poder que todavía goza del apoyo de una parte considerable de la población y que tiene a su disposición una sólida fuerza militar y policial, y un centro de poder que es inestable, corrompido, con un ejército desmoralizado y poco apoyo público. *Segundo*, tendríamos que señalar la diferencia entre un centro de poder racional, liberal, abierto al progreso gradual, dispuesto a introducir reformas dentro de la estructura del sistema dado y un centro de poder que es inexorable, conservador, que no quiere hacer ningún tipo de concesiones.

En este modelo sencillo con cuatro tipos de situaciones, solamente en un caso, el de un régimen débil y duro o inflexible, puede suceder que la revolución violenta sea el único medio para un mayor desarrollo con buenas probabilidades de éxito. Mientras el centro de poder sea todavía fuerte, un movimiento que emplee la violencia está condenado al fracaso, y sólo produciría un aumento de la represión, mientras que en el caso de un centro de poder débil y reformista, una revolución violenta podría triunfar, pero no es necesaria, puesto que sería posible que se alcanzaran las metas de la revolución a través de una serie de cambios bien dirigidos del sistema; cambios que, en su totalidad, constituyeran una transformación estructural de la sociedad establecida. Y esto es lo que una revolución social es en su esencia; sus características definitorias no son el uso de la violencia o la destrucción física, o el carácter brusco del cambio, sino el cambio de estructura, el reemplazo del antiguo orden social, la eliminación de aquellas instituciones que bloquean el progreso futuro (que en última instancia debe evaluarse por la autorrealización humana más que en razón del mero crecimiento material).

Al juzgar si es necesario y conveniente el empleo de la violencia en una situación determinada, habría que tomar en cuenta los siguientes principios, si es que dicho juicio va a ser justo y realista:

1) *Siendo iguales las demás condiciones, es preferible la no violencia* por las siguientes razones:

*a)* La violencia produce impredecibles cantidades de sufrimiento humano y daño material;

*b)* En muchos casos, el uso de la violencia no ofrece ninguna probabilidad de éxito. Un centro de poder que sea suficientemente fuerte en lo militar, fácilmente aplastará cualquier oposición que utilice la violencia. (Las revoluciones de Rusia, Yugoslavia, China y Cuba triunfaron en condiciones de derrota y desintegración de las fuerzas hostiles al nuevo régimen.) El "terror rojo", utilizado por los anarquistas, jamás produjo ningún resultado: aleja o indispone a una parte considerable de la población;

*c)* El uso de la violencia provoca tal temor y cólera entre las clases medias que, en ciertas circunstancias (por ejemplo, una general inestabilidad económica, profunda desmoralización, frustración respecto del existente régimen "tolerante"), podría causar un cambio hacia la extrema derecha en una escala masiva;

*d)* Aunque se la prepare cuidadosamente y se la emplee únicamente en un momento favorable, con un mínimo de derramamiento de sangre y destrucción, la violencia utilizada como medio para apoderarse del poder político requiere un cierto tipo de organización política (clandestina, centralista, autoritaria, estrictamente jerárquica, con un fuerte sentido de misión histórica, sumamente intolerable hacia todas las demás organizaciones fuera de su control) que, en caso de victoria, tiende a transformarse en una élite burocrática.

2) Cuando las demás condiciones no son iguales, las *consecuencias indeseables de la violencia directa usada por las fuerzas revolucionarias deben compararse con las consecuencias indeseables de la violencia estructural indirecta inherente al antiguo sistema.* Los críticos de la violencia revolucionaria generalmente adoptan una posición totalmente anti-histórica. O bien analizan un proceso revolucionario en sí mismo, sin comparación con otras posibles opciones de la misma sociedad, o bien comparan una situación post-revolucionaria con todo su atraso, destrucción y pérdida de las mejores vidas humanas (causada a menudo por la intervención extranjera), con la situación en otros países mucho más desarrollados. Obviamente, el único buen enfoque metodológicamente sería el de comparar los desarrollos de países con diferentes sistemas y posiciones de partida similares (por ejemplo China y la India), o comparar la actual situación con otras proyectadas posibilidades históricas de la misma sociedad (por ejemplo, la China actual bajo el régimen de Mao con el carácter que ahora tendría China de haber triunfado Chang).

3) Después de experiencias traumáticas con el fascismo, incluso los más ardientes partidarios del principio de la no violencia absoluta, incondicional, se encuentran en dificultades para responder a preguntas como éstas: ¿Se justifica el empleo de la violencia contra quienes luchan por construir una sociedad basada en la pura violencia? ¿Habría sido justificado acabar con el movimiento de Hitler, por la fuerza, antes de que llegara al poder? La zona en la que deberá encontrarse una respuesta se halla a mitad de camino entre un rechazo categórico a usar la violencia en cualquier circunstancia

y la máxima de Saint-Just: "Ninguna libertad para los enemigos de la libertad." La primera respuesta no puede ser satisfactoria: nos deja a nosotros y a las generaciones venideras, a merced de las minorías patológicas. La segunda es demasiado indiscriminada: cualquier régimen puede utilizarla para medidas drásticamente represivas; lo que se necesita es, solamente, una apropiada interpretación del concepto: "enemigos de la libertad". Y con todo, hay un núcleo válido en la máxima de Saint-Just; es la idea de que únicamente tiene el derecho a ser libre quien reconozca este mismo derecho en los demás. Cuando generalizamos esta idea obtenemos el siguiente principio: *No hay derechos humanos para aquellos que no reconocen su validez universal.*

Estos tres principios implican las siguientes condiciones generales, en las cuales la violencia, en la vida social, podría ser superada y se ofrecería una opción racional a la apocalíptica visión del futuro como una serie de violentas revoluciones y guerras. 1) Los existentes centros de poder alienado tendrían que desarrollar un sentido tan grande de la historia, que gradualmente irían renunciando a la violencia estructural y abriéndose al proceso de radical democratización y abolición de las distinciones de clase. 2) Las existentes organizacioness revolucionarias tendrían que renunciar a la violencia directa y comenzar a desarrollar estrategias de lucha no violenta para el cambio social.

No es muy probable el cumplimiento de ambas condiciones pero tampoco es imposible, si todos nosotros comprendemos cuáles son las otras opciones.

# X. LA NUEVA IZQUIERDA Y LA REVOLUCIÓN CULTURAL

I

Dos DIFERENTES factores determinarán el destino del mundo en las próximas décadas: los movimientos de liberación en los países económicamente subdesarrollados y políticamente dependientes de Asia, África y Latinoamérica, y el movimiento hacia cambios estructurales más radicales en los estados industriales desarrollados de la Europa occidental y Norteamérica. Por un lado resulta evidente que sin la presencia, la ayuda material y el apoyo de los estados socialistas, los movimientos de liberación no tendrían probabilidad alguna de éxito; similarmente, los movimientos revolucionarios de las naciones capitalistas quedarían privados, entonces, de su catalizador más poderoso. Por el otro lado, no es posible contar con ningún tipo de cambios internos fundamentales en los estados socialistas, en el futuro cercano: continuarán haciendo avanzar su industrialización, produciendo cantidades cada vez mayores de mercancías, mejorando la productividad y creando muchas diversas instituciones. Sin embargo, como resultado de su burocratización, estos países han dejado de ser modelos de una sociedad más humana y racional y ya no pueden ejercer una influencia inmediata en la historia por su mera existencia y su competencia con el antagonista "bloque" del poder capitalista. Pueden volverse más liberales, pero las condiciones para una decisiva desburocratización sólo pueden crearlas procesos revolucionarios que tengan lugar dentro de Occidente.

Hablando en forma general, podemos decir que estamos presenciando dos opuestas tendencias básicas. Una posibilidad es que los movimientos de liberación tales como el de Vietnam, debiliten y desacrediten moralmente al capitalismo hasta tal punto, que el movimiento de la Nueva Izquierda, fortalecido bajo el capitalismo, logre obtener esenciales cambios estructurales, facilitando, de esta manera y en forma indirecta, una radical democratización política y económica en los estados socialistas. La segunda posibilidad es que la Nueva Izquierda movilice, indirectamente, a las fuerzas de la extrema Derecha; que contribuya al afianzamiento de las estructuras extremadamente autoritarias de ambos "bloques" de poder y que favorezca, así, la derrota de los movimientos revolucionarios y de liberación del mundo entero... lo cual, con el tiempo, culminaría en una guerra catastrófica.

Entre estos polos extremos, hay toda una serie de otras posibilidades. Si no ocurre nada más grave, si el actual movimiesto de la Nueva Izquierda declina, como consecuencia de la impotencia y la apatía —como sucedió con la llamada Vieja Izquierda hace tres o cuatro décadas—, entonces es muy probable que la humanidad —dividida en unos pocos imperios— sobreviva para ver el fin del siglo, gozando de todas las ventajas de la opulencia post-industrial y sintiendo todas las temibles consecuencias de un poder alienado y superburocrático.

II

La Nueva Izquierda es un movimiento político que incluye los más desesperados grupos de oposición: contrarios a la guerra de Vietnam; estudiantes rebeldes que hacen manifestaciones en contra de las estructuras autoritarias de las universidades y demás instituciones; dirigentes de los *ghettos* más amenazados y explotados; propagandistas en favor de las libertades civiles; obreros huelguistas o —como en la Francia de 1968— trabajadores que ocupan las fábricas a pesar de la oposición de los sindicatos; comunistas comprometidos en la lucha, independientemente de la oposición oportunista adoptada por su propio partido; intelectuales y artistas que se niegan a ser comprados por la sociedad de consumo, ya que desean conservar su propia libertad y hallar un significado más profundo y más humano a su obra; y, por último, pero no menos importantes, los jóvenes que se rebelan contra la duplicidad, la hipocresía y alienación de sus opulentos padres... buscando valores humanos reales y una forma de vida diferente.

Podríamos decir que la única característica común de este mosaico de distintos grupos es su rebelión contra la actual sociedad burocrática de consumo y su oposición a la violencia y a todas las estructuras autoritarias existentes. Para juzgarlos más concretamente, necesitamos examinar las razones de la crisis de la Vieja Izquierda y luego analizar las tendencias básicas en el desarrollo de la Nueva Izquierda.

La Vieja Izquierda, que se formó ideológica y organizativamente en torno de la Tercera Internacional y cuya total estrategia se fundaba en el supuesto del inevitable derrumbe económico del capitalismo, cuyo ideal organizativo era el Partido Leninista y cuyo modelo de la nueva sociedad era el socialismo estatal soviético, ya estaba enfrentándose a peligrosas crisis hacia finales de la década de 1930: las purgas de Stalin, el pacto con Hitler, la división de Polonia y la guerra con Finlandia, alejaron a muchos revolucionarios y plantearon una seria amenaza para la Izquierda en muchos países. La guerra, en la que se combatió heroicamente hasta la victoria, trajo nuevo entusiasmo y esperanzas. La revolución fue alcanzada en varios países, pero inmediatamente produjo —junto con un rápido progreso material—, una inesperada concentración del poder, de los privilegios y condiciones abrumadoramente autoritarias. La crisis de la Vieja Izquierda se manifestó, en el sistema del mundo socialista, en una serie de medidas autoritarias en la práctica, junto con un "revisionismo" teórico. En la primera categoría mencionamos la ruptura entre Yugoslavia y el Cominform en 1948, la rebelión de los obreros en la Alemania Oriental en 1953, el levantamiento en Poznan y el movimiento anti-stalinista en Polonia y Hungría en 1956.

El revisionismo de la década de 1950, tal como se lo ve en los Petöfi-clubs, en la revista polaca *Pro Prostu*, así como también en sus diversas formas yugoslavas, difiere fundamentalmente del clásico revisionismo de la Segunda Internacional: no cree en las reformas, es escéptico respecto de los métodos de lucha parlamentarios burgueses y de los sindicatos y se opone decididamente al exagerado economismo de los socialdemócratas. Por el otro lado, este revisionismo está estrechamente vinculado a la actual Nueva Izquierda, si es que no la influye directamente. Es fundamentalmente enemigo de cualquier forma de dogmatismo ideológico, de todas las estructuras autoritarias en el mundo socialista, ya se trate de la opresión de una nación por parte de otra (bajo el pretexto del internacionalismo proletario), o de la represión burocrática interna (disfrazada de socialización). En el ámbito cultural, particularmente, este neo-revisionismo cuestiona el monopolio del Estado y el partido, rechaza al "realismo socialista" como el único método lícito y hace campañas en favor de la libertad sin trabas de la creatividad artística y científica. El movimiento es filosóficamente interesante en el hecho de que representa un renacimiento del olvidado humanismo de Marx, embellecido con elementos de otros influyentes movimientos contemporáneos.

Con excepción de Francia e Italia, la Vieja Izquierda sufrió, en Occidente y en la década de los cincuentas, un golpe casi mortal. Ello se debió no sólo a la Guerra Fría, al macartismo y a otras medidas de suma represión, sino, primordialmente, a su total impotencia ideológica. Continuaba proclamando, con muy poca convicción, las tesis de: la incapacidad del capitalismo de desarrollar las fuerzas de producción, en una situación en la que ésta se estaba logrando con gran éxito; la creciente pobreza del proletariado, en un momento en que el nivel de vida del proletariado estaba mejorando visiblemente; inevitables crisis económicas que no ocurrieron.

Durante décadas, estos revolucionarios se comportaron como Vladimir y Estragón esperando a Godot. La Izquierda organizada prometía al trabajador ventajas de las que él ya gozaba, pero permanecía ciega a los verdaderos problemas señalados por unos pocos filósofos radicales, tales como C. Wright Mills, Paul Goodman, David Riesman y Marcuse. Pudo mantenerse firme solamente mientras siguió siendo posible idealizar al primer país socialista, mientras existió la esperanza de que sus éxitos al rivalizar con el sistema existente culminarían, de alguna manera, con la victoria del socialismo al nivel mundial. Luego vino la amarga desilusión: el informe de Jruschov y la intervención soviética en Hungría.

El conflicto chino-soviético, al principio, confundió a la izquierda de otros países y con el tiempo produjo divisiones.

Al final de la década, hubo una revolución en Cuba que, prácticamente, nada en común tenía con la Vieja Izquierda en cuanto a ideas, estrategia y tácticas. Los comunistas cubanos permanecieron pasivos hasta el final y consideraron la iniciativa de Fidel Castro como una aventura que no había necesidad de tomar seriamente. En cierto sentido, esto es lo que fue: se llevó a cabo en completo contraste con todos los principios clásicos de la estrategia revolucionaria. (Cuando enfiló su pequeña embarcación *Granma* hacia la costa de Cuba y divulgó la fecha y el lugar precisos de la invasión, Castro no tenía ningún partido ni ningún movimiento detrás de él, ni tampoco el apoyo de las masas; no atacó en secreto e inesperadamente, como habría sido el caso de un golpe conducido de acuerdo con la clásica estrategia revolucionaria. Cuando finalmente llegó a la Sierra Maestra, no actuó rápida y decididamente, sino que esperó hasta que las fuerzas de Batista se desintegraran por sí solas.) El hecho de que esta revolución haya triunfado sólo puede llevarnos a sacar la conclusión de que diferentes condiciones exigen estrategias distintas. El comportamiento de los comunistas cubanos es característico de todos los partidos comunistas de la década de 1960. Continuarán esperando algo; cada iniciativa revolucionaria espontánea será catalogada de aventura o provocación. El nuevo movimiento de orientación izquierdista se formará ahora independientemente de ellos.

En 1959-1960 hallamos varios sucesos que marcan una evolución del movimiento de la Nueva Izquierda. En el plano teórico está la aparición de la *New Left Review* (Revista de la Nueva Izquierda) es 1959, que representa una fusión del *New Reasoner* (Nuevo Razonador) y de la *Universities and Left Review* (Revista de las Universidades y de la Izquierda), publicaciones ambas que propagaban las nuevas ideas ya desde el año 1957. En 1960, Wright Mills publicó su "Carta a la Nueva Izquierda" y su polémico *Escucha Yanki* [FCE, 2ª reimp., 1961] que marcan la transición de la teoría sociológica crítica al concreto compromiso político. Se crean nuevas formas de organización y acción política: los SDS (Estudiantes en favor de una Sociedad Democrática), el SNCC (Comité de Coordinación Estudiantil de No Violencia), un movimiento que hacía campañas en favor de los derechos de los negros; las Marchas de Aldermaston de la Campaña por el Desarme Nuclear; la rebelión estudiantil en Corea del sur, que derrocó a Syngman Rhee, y las manifestaciones de estudiantes en Turquía, Okinawa y Japón.

Aunque las condiciones y métodos de la lucha en los distintos países tienen sus características individuales, creo que es posible distinguir cuatro diferentes fases dentro de la pasada década. Nos referiremos, específicamente, al desarrollo en el más avanzado Estado capitalista de occidente: los Estados Unidos de América.

1) *Liberalismo de Izquierda (1960-1963)*. Se trata de la fase de la lucha por reformas dentro del sistema existente, del movimiento por la paz y de la Campaña de los Derechos Civiles. La nueva teoría radical ya se muestra claramente en las obras de Mills y de Marcuse; sin embargo, es pesimista y no tiene conciencia de que haya fuerzas sociales capaces de liberarse de la manipulación, al no poder trascender las fronteras de las estructuras existentes.

2) *La lucha por la participación y los proyectos de comunidad local (1963-1965)* Mientras los movimientos por la paz y los derechos civiles se desarrollaban y radi-

calizaban cada vez más, la protesta general contra el militarismo y el racismo se convierte en un programa progresista en favor del establecimiento de una sociedad democrática descentralizada, a nivel de la comunidad local.

Durante esta etapa, el SDS todavía cree que una apropiada estrategia le permitirá unir las fuerzas radicales y sindicalistas, con el propósito de lograr cambios significativos dentro de la estructura de la sociedad existente. Esta época se caracteriza, en los Estados Unidos, por el Programa de Investigación y Acción Económica (EARP.), cuya finalidad es la realización de una serie de reformas sociales locales. Mediante ataques contra el desempleo, los altos alquileres, la segregación, los *ghettos;* por medio de pedidos de mejor transporte, escuelas de párvulos y similares "pequeños asuntos sin importancia", la Nueva Izquierda esperaba movilizar a los pobres así como también a los liberales, producir una confrontación con las instituciones políticas, un flujo de recursos de la esfera militar a la social, y crear en todas partes una sociedad —al micronivel de las células individuales— basada en los principios del colectivismo y la democracia participativa. Este programa fracasó. No obstante, produjo experiencias decisivas: demostró que no es posible movilizar a las fuerzas liberales y gremialistas para ningún tipo de objetivos radicales; ni siquiera a nivel local. Demostró que la solidaridad de los trabajadores blancos y los negros es una cuestión que queda para el futuro, y que la clase dominante no permitirá ninguna clase de reformas significativas. En esta fase, también el marxismo yugoslavo alcanzó una auto-conciencia crítica respecto de las posibilidades y limitaciones del gobierno autónomo a nivel local, en presencia de condiciones burocráticas en el gobierno central y en la sociedad.

3) *Oposición a la guerra de Vietnam (1965-1968).* La masiva agresión norteamericana, cuya brutalidad no tuvo precedentes, contra el pueblo de Vietnam, galvaniza el movimiento de base estudiantil y de orientación izquierdista de varios países. En 1966, los estudiantes y la policía se enfrentan en las calles, desde Berkeley hasta Belgrado.

En los Estados Unidos, el desarrollo de la militancia revolucionaria de los negros es de importancia decisiva. En los ghettos de Watts, Newark, Detroit y en toda una serie de otras ciudades, se producen tumultos y motines de negros que son brutalmente reprimidos por la policía (incluyendo el asesinato de Malcolm X).

En este período, la Nueva Izquierda evoluciona de la fase liberal a la radical. Pasa a primer plano el fenómeno del imperialismo. Esto no quiere decir que no fuera un tema favorito de la Vieja Izquierda. Sin embargo, aquélla veía este fenómeno sólo en el mundo capitalista y, de esta manera, se exponía al reproche de que era parcial y estaba pagada por Moscú. Su principal defensa contra este reproche era la agitación política verbal. La Nueva Izquierda no titubea en incluir algunas de las acciones y condiciones del mundo socialista en su concepto de imperialismo; así conquista el derecho moral de expresar la plena medida de su rebelión contra el imperialismo norteamericano. En segundo lugar, no se contenta con la mera agitación verbal, sino que intenta tomar la iniciativa. Desarrolla un amplio espectro de nuevos métodos no violentos de lucha: desde la no cooperación hasta la quema de tarjetas de reclutamiento.


4) La presente fase del desarrollo de la Nueva Izquierda surge de la revuelta de los estudiantes y los obreros en Francia en el año 1968, de la invasión soviética a Checoslovaquia y de la represión de todos los movi-

mientos estudiantiles en los estados socialistas. Dos cosas se vuelven muy claras. En primer lugar, muchos teóricos de la Nueva Izquierda, incluso Marcuse,[1] dejaron demasiado pronto de contar con la clase obrera como factor revolucionario. Mills fue más cuidadoso. Dijo que la metafísica de la característica del trabajo del marxismo victoriano debería abandonarse. La clase obrera ya no tendría que ser considerada como "La Palanca Necesaria" que ven en ella los "pulcros y viejos caballeros del Trabajo", pero añade: "Las condiciones sociales e históricas en las cuales los obreros industriales tienden a convertirse en una clase para ellos mismos y en una decisiva fuerza política, deben elaborarse de manera completa y exacta. Ha habido, hay y siempre habrá, tales condiciones."[2] Éste es un punto de vista decididamente aceptable. Pero Mills limita demasiado esta concepción cuando más adelante agrega: "Generalmente se verá que sólo en ciertas (primeras) etapas de la industrialización, y en un contexto político de autocracia, etc., los trabajadores asalariados realmente tienden a convertirse en una clase para sí misma, etc." Los obreros franceses demostraron, en mayo de 1968, que pueden volverse el sujeto de la revolución en ciertas condiciones, incluso en una nación opulenta y sumamente desarrollada.

Inversamente, los sucesos de 1968 en los países socialistas demuestran muy claramente que el "socialismo con un rostro humano" es mucho más difícil de realizar de lo que se habían imaginado sus teóricos. En primer lugar, demostraron que las fuerzas socialistas liberales eran demasiado indecisas y estaban demasiado dispuestas a la componenda para ser capaces de mantener un

[1] Véase su obra *The One-dimensional Man*.
[2] C. Wright Mills, "Letter to the New Left", *New Left Review*, 5, p. 25.

esfuerzo decisivo y una plena medida de constancia revolucionaria. En segundo lugar, resultó que la burocracia no estaba muy dispuesta a tolerar ningún movimiento estudiantil que no estuviera bajo su control inmediato. En tercer lugar, se vio claramente que la burocracia internacional ya había fundado su "santa alianza" que, de ese momento en adelante, crearía leyes y órdenes sociales por la fuerza, dondequiera asomara el peligro del socialismo democrático.

III

¿Qué queda por decir acerca de las características generales de la Nueva Izquierda?

Rechaza al socialismo burocrático tanto como al capitalismo. Se opone a toda explotación: a la apropiación de las ganancias por parte de la burguesía, así como también a la expropiación de la producción excedente en la forma de privilegio burocrático. Rechaza todas las condiciones autoritarias: de las empresas en las cuales predominan dueños y administradores privados, así como también las de un Estado que permanece atrincherado como un instrumento de poder alienado. Rechaza las relaciones dentro de los partidos políticos que perpetúan las estructuras jerárquicas, elitistas, así como también las que existen en las universidades, ya sea controladas por hombres de negocios, administradores o burócratas. La Nueva Izquierda pide una radical democratización económica y política, verdadera igualdad y reciprocidad entre los compañeros delegados... en resumen, auto-determinación. En esto indudablemente significa un retorno a la verdadera tradición, no sólo de Marx, sino también de Proudhon y Bakunin.

¿Cuál es el carácter de semejante rechazo? A menudo

consiste en la mera antítesis y en un requerimiento de destrucción de la estructura existente. En realidad, la Nueva Izquierda carece de una visión del futuro, también carece de un programa que pudiera mostrar el camino con convicción histórica. Tal como sucede en el arte moderno, en el cual se ha creado una plétora de anti-formas, el lenguaje de la Nueva Izquierda abunda en conceptos negativos: anti-autoritaria, anti-social, anti-organizativo, contra-cultura, anti-universidad.

Sin embargo, este rechazo no penetra mucho más profundamente que el de la tradicional Vieja Izquierda en la estructura básica de valor de la moderna burguesía y la sociedad burocrática. La Vieja Izquierda no tuvo suficiente conciencia de los problemas de la sociedad de consumo y del poder. Jamás entendió plenamente la tesis de Marx de que la abundancia es una condición previa del comunismo. Pues esta idea de Marx significa lo siguiente: sólo en condiciones de abundancia *superarán* los hombres su apetencia por las cosas materiales y sólo entonces será abandonada la egoísta filosofía de lo privado, en su forma positiva de codicia y también en la negativa de envidia. La izquierda tradicional interpretaba este pensamiento de manera diferente: la opulencia es importante en el sentido de que el apetito por las cosas materiales se satisface a un nivel cada vez más alto. No se cuestionaba este deseo ilimitado, creciente: se lo consideraba como una reacción humana, exactamente como lo era el deseo de satisfacerlo a un nivel cada vez más elevado. La única restricción esencial en este proceso es la eliminación de la explotación y la diferenciación entre propiedad privada y propiedad personal. Puesto que la Vieja Izquierda no pudo resolver, teóricamente, la tesis de Marx sobre la conquista de la propiedad privada como forma de vida, en la práctica su estilo de vida continuó dentro de la estructura burguesa. Factores que debieron continuar siendo medios para un fin: mayor producto nacional bruto, niveles de vida superiores, un más alto índice de satisfacción material, se convirtieron en fines en sí mismos. La victoriosa vanguardia ofreció ejemplos inmediatos: hoy nosotros tenemos automóviles costosos, mañana los tendrán ustedes; hoy nuestras esposas usan pieles caras, mañana las usarán las vuestras; hoy nosotros tenemos casas palaciegas, mañana las poseerán ustedes. La crítica a la codicia simplemente fue rechazada como envidia o como mentalidad primitiva, aplicada a torcer el curso de la historia.

Fue la Nueva Izquierda la que primero proclamó y luego demostró con el ejemplo: que la vida significa ser, no poseer; que los sentidos humanos que, en las condiciones del capitalismo, se redujeron a uno solo —la codicia— tendrán que volver a desarrollar su pleno potencial, o más sencillamente: que a cierto nivel, las necesidades materiales dejan de ser primordiales y que la creatividad, el amor, el conocimiento, la solidaridad y la felicidad adquieren importancia decisiva.

Esto podrían demostrarlo, en primer lugar, los que ya han superado la propiedad privada, no aquellos que jamás han disfrutado de ella. Por ende, la Nueva Izquierda nació en el mundo económicamente desarrollado, en el cual tiene también su futuro. Es precisamente en las clases ricas, privilegiadas, donde se produjo una escisión hegeliana de la unidad simple en antagonistas: los padres, todavía obsesionados por la codicia y los hijos que se dieron cuenta de que había llegado el momento del pleno desarrollo de los otros sentidos.

Puede observarse una evolución similar respecto del problema del poder político. La izquierda tradicional aplazó la abolición del Estado y el poder hacia el futuro distante. Se opuso enérgicamente a la tesis anarquista que exigía la inmediata disolución del poder en una federación de juntas de trabajadores. En el supuesto de que la revolución está por escima de toda toma de poder, al introducir los conceptos del periodo de transición y la dictadura del proletariado, la Vieja Izquierda hizo exagerado hincapié en la importancia del poder político, sin preguntarse cómo podría evitarse un nuevo enajenamiento del poder, o cómo podían constituirse y realizarse la "voluntad común" del proletariado dentro de la estructura de un Estado en periodo transicional.

Lo que Rousseau, el teorizante puro, ya había sospechado —que los representantes de la nación siempre pueden traicionar sus intereses—, Lenin, el practicante, jamás lo consideró seriamente; en sus últimos escritos de 1922-1923, se desesperaba del rápido crecimiento de la burocratización. Sólo lo veía en el aumento de la cantidad de funcionarios, es decir, únicamente en un fragmento de la realidad y no en su ingrediente esencial: el ilimitado poder de la jefatura del partido. En las décadas que siguieron, en su mayoría, los comunistas permanecieron totalmente inconscientes del extremo grado de autoritarismo y desigualdad de su sociedad y su organización. Fue necesario que surgiera una nueva generación, libre de prejuicios y mistificaciones, para que ésta se atreviera a cuestionar no sólo la forma de gobierno burgués, sino el concepto mismo de poder: Es alguna meta o finalidad tan elevada, tan no podían formularla aquellos que aspiraban al poder, que únicamente soñaban con cambiar su lugar por el de los tiranos. A menudo se dice que la Nueva Izquierda está constituida por los hijos malcriados de los ricos y poderosos. ¡Tanto mejor! Han alcanzado la auto-conciencia crítica a través de una cabal observación de la posición de sus padres. No buscan el poder; carece de valor para ellos. Lo tenían a mano, de haber seguido el sendero recorrido por sus padres; no lo siguieron y, de este modo, sabrán cómo impedir que otros lo hagan.

IV

Estas consideraciones nos llevan a preguntar cuál podría ser el destino histórico de un movimiento político que esperara su apoyo fuera de los elementos productivos de la sociedad, fuera de todos los grupos que crean y reproducen los medios de la actividad social. ¿Cómo puede haber un movimiento revolucionario que no confíe en la clase obrera, la cual todavía produce cada vez mayor plusvalía, la cual le es quitada y usada contra sus intereses objetivos?

Un movimiento político puede tener carácter revolucionario —aunque poco tenga que ver el proletariado— mientras persiga metas revolucionarias. Lo demuestran los ejemplos de China y Cuba. Pero en los países industriales sumamente desarrollados, no pueden producirse cambios estructurales sin comprometer a la masa de trabajadores.

La cuestión decisiva es averiguar de qué naturaleza es dicho compromiso y cuáles son sus motivaciones. Tras la pregunta sobre si los trabajadores todavía pueden participar activamente en la revolución, generalmente hallamos el supuesto de que este compromiso significa derrocar el poder político de la burguesía. Esta concepción es anticuada en la actualidad. En mayo de 1968, millones de obreros franceses ocuparon sus fábricas... la forma más directa de actividad revolucionaria. La secuencia de la revolución política, económica y cultural no puede considerarse como fija; cualquier combinación es posible en ciertas condiciones.

¿Cuáles son las básicas situaciones modelos en las que los trabajadores pueden crear cualquiera de estos tres tipos de revolución?

La primera es la situación de creciente necesidad material. Ésta ya no existe, de una manera general, para el obrero de un país industrial sumamente desarrollado. Sólo podría reproducirse en caso de un catastrófico receso económico que, si bien no es imposible, es muy improbable.

El segundo tipo es la situación de creciente explotación. Puesto que el avance tecnológico aumenta la productividad mucho más que los salarios, estas condiciones predominan en todas partes. Podría esperarse que los trabajadores se rebelaran no sólo contra el hecho de que son explotados, cada vez más, sino también contra los usos a los que se aplica su producción excedente (en los Estados Unidos se gastaron 75 500 millones de dólares en fines militares en el año 1967, contra 42 500 millones dedicados a la educación y sólo 18 mil millones, a la salud).

Desgraciadamente, la experiencia demuestra que tales motivaciones rara vez inspiran a los trabajadores actividades revolucionarias. Mientras el capitalismo administre el aumento del nivel de vida de los obreros, el fenómeno de la explotación continuará siendo una oscura abstracción. De esta manera, la sociedad de consumo puede absorber a los trabajadores, por lo menos temporalmente.

El tercer tipo es el de la relativa declinación de la posición económica y social de los obreros en contraste con el de otros grupos sociales. Ésta fue la situación de Francia en 1968. La sostenida prosperidad del país no había beneficiado a la clase trabajadora; otros cosechaban las ganancias. En estas condiciones se acumula energía revolucionaria potencial. Pero se necesita de otras dos condiciones para galvanizar dicha energía: la una es un mínimo de tradición revolucionaria que, por cierto, está presente en los trabajadores franceses; en cambio el obrero estadunidense reacciona en forma sindicalista. La segunda es la presencia de un catalizador, es decir, de grupos revolucionarios que inician una confrontación con el régimen, soporten las consecuencias de la brutal represión y de esta manera desaten la energía revolucionaria de los obreros. Este papel fue representado por los estudiantes parisienses.

Un cuarto tipo, que ya está empezando a surgir en los países occidentales más industrializados, es el más importante desde el punto de vista de la Nueva Izquierda. Aparece en el escenario una nueva generación de trabajadores que desconoce la pobreza y el hambre; que considera a la gran depresión de los años treintas como algo del pasado distante; cuyo nivel de vida subirá lenta pero seguramente, no sólo en términos absolutos, sino también relativos a los sectores más bajos de la clase media. Ahora bien, cuando todos los demás motivos de rebelión desaparecen, empieza a filtrarse en sus conciencias una motivación decisiva: la vida ha quedado reducida al trabajo, a un número de horas de labor todavía enormemente elevado y totalmente perdido; el trabajo relativo a la producción en rápido aumento, es excesivamente insensible, agotador, embrutecedor, humillante, destructivo de todas las mejores características humanas: el intelecto, la imaginación, la creatividad. El obrero es todavía el más humilde de los seres humanos, aunque conduzca un Chrysler y tenga televisión en colores en su casa. No se trata solamente de la expropiación de la producción excedente, sino más bien del hecho de que se lo despoja de una vida potencialmente significativa y creadora, de tiempo para el amor, los juegos, la amistad; de tiempo para aprender y comprometerse con una actividad social.

¿Por qué habría el trabajador de sufrir todo esto únicamente para recibir un poco más de lo que ya tiene? El escéptico señalará, inmediatamente, que la experiencia indica que el obrero prefiere el dinero a la libertad. Pero una simple comparación con la experiencia pasada no puede explicar por qué los *hippies* rechazaron el estilo de vida de sus padres en forma tan decidida. Por las mismas razones que los estudiantes han decidido poseer menos y vivir mejor, los jóvenes trabajadores empezarán muy pronto a exigir perentoriamente más tiempo libre y menos dinero.

Esta exigencia solamente se vuelve posible y realista en la actual etapa de desarrollo, puesto que en el término de tres años, 1964-1967, el producto nacional bruto en los Estados Unidos, Suecia y el Japón se ha elevado al 26, al 39 y al 70 % respectivamente.[3] En los países desarrollados, el ingreso medio subió el 46 %, entre 1964 y 1969, o sea, de 1 730 a 2 515 dólares *per capita*. Ante este enorme crecimiento de la producción, una radical disminución de las horas de trabajo claramente se vuelve una posibilidad. Finalmente se están realizando las condiciones previas básicas para la liberación del hombre, tal como las concibió Marx. Se está volviendo posible reducir las horas de trabajo y, al mismo tiempo, lograr la satisfacción de las necesidades materiales a un nivel elevado.

---

[3] De acuerdo con la UNESCO y la OCDE, las cifras absolutas en miles de millones de dólares son: Estados Unidos., 1964... 628, 1967... 793; Suecia, 1964... 17, 1967 ... 27; Japón, 1964... 68; 1967... 115.

Este hecho indica una estrategia para minar los cimientos de la sociedad de consumo contemporánea. Solamente puede mantener su alta tasa de ganancias, si la enorme presión psicológica ejercida por la industria publicitaria (que invierte unos 16 mil millones de dólares por año en Estados Unidos) logra crear más necesidades artificiales, y si puede materializar dichas necesidades cuando el trabajador tiene el necesario poder de consumo. Así, sus salarios aumentarán y, a su vez, se le exprimirá la última gota de vigor. No es esencial que la mayoría de las mercancías no satisfaga las necesidades reales del obrero; lo que es esencial es que este proceso garantice altas tasas de ganancia, evite las crisis económicas y, al excluir al trabajador del ámbito político, logre integrarlo al *statu quo*. Por ende, la lucha por una radical reducción de las horas de trabajo es la estrategia más subversiva concebible y corre parejas con la exigencia de participación de los obreros en la toma de decisiones. Presupone el fin de la mentalidad del consumidor e, igualmente, supone una nueva cultura, un nuevo estilo de vida.

La Nueva Izquierda hace un hincapié incomparablemente mayor que la Antigua Izquierda, en la necesidad de una nueva cultura, más radical.

La tesis de que no puede haber movimiento revolucionario sin una nueva cultura revolucionaria es formulada de manera más clara y convincente por Gramsci. En su mayoría, los marxistas nunca reconocieron este hecho. Puesto que sólo entendían a la cultura en el sentido vulgar de superestructura social, no es de sorprender que se dieran las tres fases de la revolución en el siguiente orden: política, económica y cultural. Luego la cultura fue reducida a significar toma política del poder, y la revolución cultural, a la simple actividad educativa e ideológica dentro del marco de la pacífica construcción de la nueva sociedad. Después de un transitorio periodo post-revolucionario de carestías y puritanismo, pronto se reprodujo el estilo de vida burgués: características con una creciente privatización del individuo, dicotomías internas, deseo vehemente de cosas materiales, objetivación de las relaciones humanas.

Mao enfocó la atención del mundo sobre el problema de la revolución cultural. Comprendió que China perdería su oportunidad de construir una sociedad socialista si no lograba sacudir el lastre de la antigua cultura de consumo occidental, que comenzaba a infiltrarse en el primer Estado socialista chino. No obstante, difícilmente puede considerarse que la llamada revolución cultural china esté a la altura de las normas establecidas por Gramsci. En primer lugar, no representó una verdadera negación dialéctica de la antigua cultura, ni intentó elevar el estilo de vida y las formas del pensamiento al nivel de universalidad humana, sino que remplazó la auto-conciencia crítica por un culto de la voluntad. Debido a su atraso general, China era incapaz de superar dialécticamente la cultura feudal y burguesa y sólo podía tratar de desalojarla por la fuerza. No tenía la energía necesaria para exponerse a las influencias del resto del mundo, para juzgar y absorber todo lo que reflejara las cualidades creativas más grandes de la cultura humana universal. Para citar a Gramsci, digamos que fue incapaz de "elevarse al punto alcanzado por el pensamiento humano más avanzado."[4] La conciencia humana que se desarrolló en las condiciones chinas no pudo transformarse en auto-conciencia: se constituyó como una forma de manipulación y quedó atrapada en las cubiertas de un simple librito rojo. Es posible que la revolución cul-

[4] Gramsci, *The Modern Prince and other writings*, Londres, Lawrence y Wishart, 1954, p. 59.

tural china haya sido necesaria y útil para China y que contenga valiosas lecciones para otros países subdesarrollados, pero no es un modelo ideal para las progresistas naciones industriales.

Lo que en Occidente se conoce con la denominación de "revolución cultural" es de mayor interés para la transformación socialista de los Estados industrializados y urbanizados. Consiste en una negación de la ideología, la cultura, la ciencia, el arte y los sistemas educativos oficiales, y en la creación de numerosas pequeñas comunidades humanas que hayan descartado los tradicionales valores burgueses en un intento por organizar la vida sobre una nueva base.

Esta "revolución cultural" es un movimiento incomparablemente más amplio y vigoroso que la Nueva Izquierda. La mayoría de los jóvenes que rechazaron el "estilo de vida norteamericano" y que tratan de vivir de una manera radicalmente diferente —sin competencia, poder, ni violencia; sin quedar trabados por las posesiones materiales—, no tienen fines políticos y sólo esporádicamente actúan en forma política y siempre como reacción a situaciones muy concretas (tales como la guerra de Vietnam y actos concretos de represión). Básicamente están huyendo de la sociedad y la cultura oficiales y hallan refugio en sus comunas, en las reuniones masivas, como por ejemplo los festivales pop, en el amor en grupo y el consumo comunal de drogas. En cambio, la Nueva Izquierda es un movimiento político. No intenta huir de la sociedad oficial, sino abolirla, cambiarla desde dentro. Los que participan en la revolución cultural son anarquistas en el más primitivo y esencial sentido del término. Su lema es "haz lo tuyo", es decir "haz lo que te plazca". Se oponen a toda forma de organización y estilo estructurado de vida: no sólo en el caso del partido político o del Estado, sino también de la familia, la escuela, la profesión, etc. La Nueva izquierda está influida por lo menos en grado igual, por el anarquismo y por la teoría marxista. Se trata, sin embargo, de un anarquismo articulado, que no excluye todas las formas de organización, sino únicamente las formas autoritaria y la rígida estructuralización que exige el compromiso del individuo a la causa común.

A pesar de estas tan claras diferencias conceptuales, resulta valioso investigar la revolución cultural con referencia a la Nueva Izquierda. En primer lugar, ambos movimientos están entrelazados en la práctica. Muchos miembros de la Nueva Izquierda viven como *hippies*: no sólo en sus características superficiales, tales como el pelo largo, las barbas, la vestimenta informal y las drogas, sino también en su alejamiento de la sociedad oficial, en su renunciamiento a las carreras y a la potencial opulencia. Cortan todos los puentes de sus antecedentes de clase y de esta manera eluden el peligro de ser comprados o asimilados o absorbidos por la sociedad. Inversamente, individuos que anteriormente eran rebeldes u otros tipos de inconformes, constituyen el permanente ejército político de reserva de la Nueva Izquierda. No se trata de un ejército absolutamente digno de confianza, ya que fluctúa de diversas e inesperadas formas y no es militante; pero está siempre deseoso de luchar por muchos fines importantes: resistencia a las brutalidades imperialistas, a la represión, a la acelerada destrucción del medio por parte de la élite política y económicamente poderosa. También está siempre dispuesto a luchar por los derechos de los sojuzgados y oprimidos grupos minoritarios.

La segunda razón de que sea importante, desde el punto de vista de la Nueva Izquierda, prestar cuidadosa atención a la revolución cultural —a pesar de sus numerosas fallas y debilidades—, estriba simplemente en el hecho de que se trata de un movimiento que rechaza activamente al mundo contemporáneo con su estructura tecnológica, su producción orientada hacia la ganancia, su élite burocrática y su modelo de ciudadano, de obrero y de terrateniente leales, en una escala mucho más amplia de lo que puede hacerlo.

¿A qué clase de rechazo nos referimos aquí? Una aplicación directa del lenguaje hegeliano a esta situación concreta probablemente nos llevaría a sacar en conclusión que ésta es una típica antítesis y que de ninguna manera constituye una síntesis en el presente. Naturalmente, la realidad no es tan sencilla: cuando se las ve desde la perspectiva del pensamiento puro, todas las situaciones concretas están llenas de impurezas y contienen ingredientes que pertenecen a conceptos totalmente distintos. En algunos aspectos que habremos de analizar más adelante, la revolución cultural ya es la creación de una nueva cultura comunista, universalmente humana. Pero hasta ahora todavía está dominada por la rebelión espontánea, irreflexiva, por el aspecto de destrucción y la antítesis. Podemos observar esto incluso en el lenguaje, en el cual predomina el prefijo "anti"; y en muchos actos concretos de "vandalismo" efectuado en motocicletas, automóviles, en instituciones culturales elitistas, en obras de arte, robo de libros en universidades privilegiadas, exhibiciones públicas, como por ejemplo orinar en la calle y delante de gente y usar expresiones sexuales vulgares. Sin embargo, esta acción radicalmente antitética y destructiva se refleja más fundamentalmente en la esfera de la racionalidad teórica, en la psicología y la sensibilidad instintivas.

En su reciente libro, que alcanzó extraordinaria difusión, *El nacimiento de una contracultura*,[5] Theodore Roszak considera que la tecnología es el mal básico de la sociedad contemporánea. Confunde totalmente tecnología y tecnocracia, e incluso en el subtítulo afirma que la contracultura es una forma de oposición a la tecnocracia. Está de acuerdo con Jacques Ellul, en que "es *esencial* para la tecnología apoderarse del hombre y reducirlo a un animal tecnológico."[6] Se refiere a la disciplina en el proceso de producción como a un fenómeno tecnocrático.[7] Describe la especialidad (que existe en toda sociedad humana desarrollada) como tecnocracia.[8] Declara que el éxito del movimiento francés de mayo de 1968 y el establecimiento de las juntas de obreros no habrían impedido su integración tecnocrática, pero que la cuestión decisiva se refiere a la simplificación de la vida, a la disminución del ritmo del desarrollo social y a una vital utilización del tiempo libre.[9] En estas verdades a medias, Roszak revela que es incapaz de distinguir entre los problemas de la tecnología y los de la tecnocracia, es decir, entre los medios potenciales para la liberación a través del conocimiento y una estructura de poder basada en el conocimiento. En sus ataques al conocimiento objetivo como tal, racional,[10] (no al aspecto positivista y funcionalista del mismo); en su incondicional aclamación en favor del renacimiento de la religión y la mitología orientales;[11]

[5] Theodore Roszak, *El nacimiento de una contracultura*, Kairós. Nueva York, 1969.

[6] Jacques Ellul, *The Technological Society*, N. Y., 1964, citado en Roszak, observación, p. 6.

[7] Roszak, *ibid.*, p. 14.

[8] *Ibid.*, p. 19.

[9] *Ibid.*, p. 68.

[10] *Ibid.* Cap. 7, pp. 205 *ss*. Véase también la crítica de Marcuse respecto de su oposición a todo concepto de trascendencia, pp. 118-123.

[11] *Ibid.*, Cap. 4.

en sus dudas de que haya algo que pueda proporcionar una oposición tan radical a la tecnocracia como las "tendencias místicas de la conciencia creada por las drogas",[12] Roszak adopta una actitud tan negativa frente a la tecnología que, en realidad, sus conceptos terminan por ser una defensa del retorno a la sociedad tribal agrícola pre-industrial.

La crítica al sistema de educación ofrece un segundo ejemplo de este rechazo parcial, que se afana por abolir las formas existentes y no solamente sus fronteras internas. En su lucha contra la rigidez y la índole burocrática de este sistema —que ahoga toda espontánea expresión, autodeterminación y autoconciencia—, Paul Goodman[13] y sus discípulos rechazan toda estructuralización y sistematización del proceso educativo, toda potencial competencia intelectual y todos los métodos de evaluación.

La crítica a la élite cultural es otro muy buen ejemplo de esta clase. Tiene varios puntos de contacto con el movimiento del "culto al proletariado" que surgió en Rusia inmediatamente a continuación de la Revolución y con la tesis de Mao del carácter elitista de toda cultura heredada. Es cierto que la cultura clásica fue creada por las élites privilegiadas que retienen su monopolio sobre ella. Pero toda auténtica cultura también contiene un aspecto humano general, universal, que pertenece a toda la humanidad y que merece ser incorporado a la cultura humana integral de la sociedad comunista. No llega a captar esto Louis Kampf, cuyas "Notas hacia una cultura radical"[14] constituyen el único artículo sobre la cultura que

[12] *Ibid.*, p. 55.
[13] Paul Goodman, *Drawing the Line*, N. Y. Random House, 1962; *The Empire* City, N. Y., Macmillan, 1961.
[14] Louis Kampf, "Notes toward a radical culture", *New Left*, ed. Priscilla Long, Boston, Extending Horizons Books, 1969.

aparece en la reciente colección sobre la Nueva Izquierda, editada por Priscilla Long. De acuerdo con Kampf, "La cultura poseída y administrada por los elegidos, teniendo el resto que contemplar sus misterios con admiración, puede ser muy poco más que un instrumento para la opresión clasista."[15] El culto del gran artista es el mito cultural más natural para una sociedad competitiva... La existencia de grandes figuras en las artes es un reflejo de enfermedad social... debemos dejar de buscar que los expertos realicen las tareas culturales por nosotros."[16] ¿Propiedad de quién son las grandes obras maestras? ¿Qué es lo que en realidad enseñan? ¿A qué intereses sirven?[17] "El movimiento debería haber asolado el Centro Lincoln desde el principio. No debiera llevarse a cabo ninguna actuación sin que se produjeran interrupciones. Habría que secar las fuentes con cloruro de calcio, orinar sobre las estatuas, embarrar las paredes con mierda."[18]

Mientras que la teoría de la revolución cultural nos sorprende con sus restricciones y exclusivismos, que a veces la retrasan por debajo incluso del nivel de la clásica izquierda marxista, los experimentos prácticos con la cultura recientemente creada poseen una asombrosa amplitud de visión y de tolerancia, lo cual le da un notable carácter ecléctico. Así pues, se crea una impresión de falta de orientación.

El desprecio a los valores de la sociedad de consumo; la elección de un estilo de vida que alcanza un modesto nivel de necesidades materiales; la utilización del

[15] *Ibid.*, p. 431.
[16] *Ibid.*, p. 432.
[17] *Ibid.*, p. 422.
[18] *Ibid.*, p. 426.

tiempo libre y un elevado nivel de satisfacción de las necesidades humanas, corren parejas con la bohemia y la contingencia deliberada; la falta de ambición respecto de una carrera, éxito social, competencia y poder no son la expresión de superioridad mental, sino más bien una expresión de pasividad, haraganería y carencia de poderes creadores; la desprivatización del individuo se convierte en una evasión pasiva dentro de las masas, como sucede con los festivales pop y de jazz; la liberación de la represión sexual también acarrea la destrucción de la sublimación erótica y, finalmente, culmina en una total irresponsabilidad sexual del hombre, que sirve meramente para acentuar la opresión de la mujer y que aumenta su inseguridad. En la cumbre de todo esto, hallamos dos formas de negación de la racionalidad tecnológica que habrían despertado la indignación de la Vieja Izquierda y que también el ala seria de la Nueva Izquierda halla inaceptables: la fuerte tendencia hacia experimentos con estados anormales de conciencia a través de cultos "místicos" y de drogas.

La primera ya aparece en la poesía *hippie*, en la obra de Alan Ginsberg y Jack Kerouac y en la propaganda en favor del budismo zen de Suzuki y Watson, todo lo cual fue característico de la década de 1950. Posteriormente, Ginsberg introdujo un elemento hinduista y, en la actualidad, prácticamente todos los cultos místicos, desde el Hare Krishna hasta la teosofía, desde el satanismo hasta la astrología, tienen discípulos en las universidades. Es difícil imaginar un ejemplo más perfecto de una degradada y deshumanizada realización de la potencialidad visionaria e imaginativa del hombre.

La situación de la transformación de la conciencia a través de las drogas es todavía más grave. Nadie ha hecho más por propagar esta forma de anticultura que Timothy

Leary y Ken Keassey. El primero vinculó la costumbre de tomar drogas en grupo, con la desinhibida libertad sexual y con la religión cuyo sumo sacerdote es él y que fue institucionalizada como la "Liga de la revelación espiritual". El segundo organizaba "viajes" públicos con acompañamiento de música de jazz que rompía los tímpanos, iluminación misteriosa y conducta desinhibida. De esta manera tentaron a cientos de miles de jóvenes atrayéndolos hacia el uso de las drogas. Finalmente, las drogas se han convertido en medios para la revolución[19] y en medios para la expansión de la conciencia. De este modo, la tesis sostenida por Marx de la liberación y desarrollo del enorme potencial sensorial del hombre se ha cumplido de la manera más absurda concebible; en lugar de volverse autodeterminación humana, se ha vuelto un determinismo completamente mecánico; en lugar de depender de nuestra voluntad, dirección, elección e interpretación de observaciones, se ha convertido en dependiente de factores químicos externos, inhumanos.

De aquí que, hablando en forma general, podamos decir que la revolución cultural representa una forma alienada y hasta patológica de triunfo sobre la alienación existente. La nueva cultura y el nuevo mundo no pueden basarse en un estilo de vida bohemio, parasitario, en una irresponsabilidad infantil, en la promiscuidad sexual, en un redescubrimiento de los mitos de las estructuras sociales primitivas y atrasadas, en otra clase de mundanalidad y de narcotización de los sentidos. Ésta es una antí-

---

[19] En una entrevista por televisión que le hicieran en el año 1967, Leary dijo: "Los Estados Unidos de América se convertirán en un país de L. S. D. dentro de 15 años. La Suprema Corte fumará mariguana. Es inevitable, porque ahora lo hacen los estudiantes de nuestras mejores universidades. El interés en la guerra y la política disminuirá."

tesis del mundo que está gravemente enfermo. A veces no resulta claro cuál es la sociedad más enferma: la del *establishment* oficial o la de la cultura opositora.

Pero concluir los propios comentarios aquí equivale a pronunciar medias verdades. Si la parte mejor, más exclusiva de la joven generación no hubiera reaccionado de una manera tan alocada, tan irracional, anti-objetiva, anti-realista, anti-tecnológica, tampoco resulta de ninguna manera claro qué habría detenido a la tecnología en su viaje hacia la superburocrática sociedad post-industrial, prefigurada en tantas obras literarias. Los "chicos de las flores" (*flower children*) están demoliendo, desde dentro, y quitando del puño de la élite gobernante, una de las instituciones más indispensables de la sociedad contemporánea: la universalidad.[20] Si investigamos el progreso de esta destrucción a lo largo de los últimos diez años, se percibe la continua expansión de la misma, sin que pueda vislumbrarse qué la detendrá en el futuro cercano. Tampoco es posible predecir el resultado, si este proceso empieza inevitablemente a abarcar a los jóvenes trabajadores que, como resultado de la creciente automatización, ya no querrán estar en sus ocupaciones carentes de sentido por todo el tiempo requerido ahora por la producción.

Además, debemos mencionar varias significativas características realmente nuevas y progresistas de la "anticultura".

Por encima de todo está la solidaridad, no en el sentido que se ve en los escritos humanistas, sino la *solidaridad* como verdadera relación entre la gente que vive junta y comparte sus posesiones.

---

[20] Hay que recordar que en los países occidentales principales, 10 millones de estudiantes están en las universidades: cuatro veces más de los que había en 1950.

Hay también un renovado y fuerte *sentimiento en favor de la igualdad de los derechos humanos,* el concepto de resistencia a todas las formas de autoridad, de paternalismo; a todos los intentos de dominación y manipulación. No pueden quedar sin ser reformadas las escuelas, las fábricas y la organización política.

Está *la exigencia por una auto-expresión sin trabas,* que se ha convertido en una necesidad. En lugar de absorber pasivamente el conocimiento, de mantener una relación puramente contemplativa con el arte y el medio inmediato, el individuo se afana por dejar su marca en su medio, por embellecerlo con objetos de su propia creación.

La contribución esencial a la humanización de la vida estriba, indudablemente, en el general apaciguamiento del ritmo de la vida, en la relativa contingencia y en la *introducción, nuevamente, del principio de la felicidad como opuesto al del realismo.*

Finalmente, nos impresiona el *espíritu de verdadero universalismo,* la apertura a los valores culturales de todas las naciones, todos los pueblos, todas las épocas. Surge una generación sin chauvinismo o racismo. Aunque el movimiento no haya traído nada más esto ya es mucho.

v

Las amenazas de la izquierda norteamericana acerca de la inminente revolución, realmente parecen muy ingenuas. Lo son porque el imperialismo norteamericano tiene un vasto arsenal disponible de armamentos destructivos. Incluso hace 50 años, los bolcheviques sabían y Trotsky lo anunció, que una revolución no tenía ninguna oportunidad de triunfo, mientras no se desafiara al poder militar del régimen.

Sin embargo, la revolución ya se ha iniciado, en cierto sentido. Ha comenzado en la única esfera en la que debe empezar en el muy desarrollado mundo moderno: la conciencia humana. Aquí debemos recordar la tesis proclamada el 29 de mayo y el 13-14 de junio de 1968: "La revolución burguesa fue una revolución jurídica; la proletaria, una revolución económica. La nuestra será social y cultural, para que el hombre pueda llegar a ser lo que es."

Hasta ahora, la Nueva Izquierda no ha tenido un definido programa positivo. Pero sabe qué es lo que no quiere: no quiere un mundo notoriamente criminal, que emplea más del triple del tiempo en la producción de muertos actuales y futuros, es decir, en proyectos militares, que en la salud.[21] No quiere un mundo con relaciones inhumanas entre las personas, las naciones y las razas. Rechaza un mundo en el que el individuo no tiene el derecho a determinar su propia vida, un mundo en el cual la producción está engranada, no a las necesidades humanas, sino a la ganancia y al privilegio burocrático.

La Nueva Izquierda no tiene hasta ahora, su propia estrategia. Pero ya se ha liberado de ciertas fatales fallas de la estrategia de la izquierda tradicional. La primera de esas erróneas concepciones es la que afirma que la revolución debe empezar por la toma del poder político. Hay en la actualidad razones suficientes para suponer que la estrategia tiene que variar, de acuerdo con las condiciones, y que en la situación de un régimen estable que basa su poder en un "populacho caprichoso", la revoluciós cultural debe venir primero. Tiene que representar un cambio radical en la conciencia humana, en las prioridades y en el estilo de vida.

[21] En 1970, el mundo gastó 210 000 millones de dólares en defensa, 65 000 millones en salubridad.

El segundo error tradicional es el que sostiene que, o bien se puede efectuar una transformación discontinua en el sistema total, o bien hay que esperar un momento revolucionario en el que tal cambio se vuelva posible. Ahora aparece una tercera posibilidad: una serie de continuos cambios en todas las microcélulas sociales pueden, en su totalidad, producir una discontinua transformación en el sistema global. Hay un precedente histórico: la revolución inglesa de 1688 no concluyó en un triunfo completo. Pero dentro de la sociedad feudal ya hallamos los comienzos de la nueva sociedad burguesa: las ciudades libres. En la actualidad, este papel es representado por las universidades, y mañana las fábricas podrían convertirse en células autónomas y autodeterminantes que acaso dieran origen a la nueva sociedad socialista democrática.

El tercer error estratégico es la restricción de los métodos de lucha para la agitación política, por un lado, y las esporádicas acciones locales, tales como la rebelión armada y la guerra de guerrillas, por el otro. Se dan situaciones en las que la táctica de la violencia revolucionaria es inaplicable o bien innecesaria, puesto que más es lo que podría lograrse mediante los numerosos métodos no violentos (no cooperación con la élite gobernante, huelgas generales, ocupación de fábricas e instituciones, enfrentamientos que obliguen al aparato del poder a revelar su auténtica naturaleza).

Entre otras cosas, la Nueva Izquierda carece de dirección y de una organización vigorosa. Tal vez ésta sea su falla fatal. O quizás sea, precisamente, su mejor probabilidad.

# XI. CONTRADICCIONES EN LOS ESTADOS CON CONSTITUCIONES SOCIALISTAS

I

La expresión misma "Estados con constituciones socialistas" indica que aquí nos ocuparemos de las formas sociales que se resisten a una fácil clasificación. Estas sociedades sufrieron una profunda transformación política y económica, como resultado, ya sea de una revolución socialista o de una intervención militar exterior por parte de los países en los cuales se produjo antes la revolución socialista.

Los rasgos esenciales de este cambio son: la abolición de la propiedad privada de los medios de producción y la introducción de un sistema económico controlado por el Estado, la abolición del poder político de la burguesía y el reemplazo del pluralismo parlamentario multipartido, en el cual la riqueza desempeñaba un papel considerable, por un sistema de un solo partido, en el cual el *status* político es la única fuente de poder. Las constituciones de estas sociedades son socialistas; expresan los objetivos de largo alcance de una revolución socialista: eliminación de la explotación y de toda clase de desigualdades, remuneración de acuerdo con el trabajo, papel decisivo de los trabajadores en la toma de decisiones sociales y una considerable ampliación de los derechos humanos que, aparte de las libertades civiles, comprenden además el derecho de empleo, seguridad social, libre educación, participación en la administración, etcétera.

Sin embargo, en todas estas sociedades existe una gran brecha entre los principios socialistas de sus constituciones y su realidad social, que todavía conserva varias clases de desigualdad y varias formas de dominación y opresión características de las sociedades clasistas. Esta brecha es la consecuencia del hecho de que la revolución socialista nunca se completó en ninguno de estos países. La revolución socialista, en el sentido marxista, es una radical transformación de las relaciones de la producción; implica la abolición de todas aquellas estructuras sociales que permiten que un particular grupo social disponga del trabajo cosificado y se apropie de una considerable parte de la plusvalía. De acuerdo con Marx, la toma del poder político es sólo el principio, sólo "un episodio" en el proceso de trascender todas las condiciones sociales existentes. Lo que explica, además, la escisión entre ideología y realidad, es el hecho de que la fase política de la revolución socialista empezó en las sociedades atrasadas que no gozaron de los efectos liberadores de la Ilustración y de las revoluciones democráticas burguesas. No pasaron de ciertas instituciones y esquemas de conducta social típicamente feudales, que comprenden: el privilegio atrincherado, la discriminación ante la ley, la subordinación tanto del poder legislativo cuanto del judicial al poder ejecutivo, el tratamiento público de los líderes políticos como monarcas absolutos y la reducción del ciudadano a súbdito leal y obediente, dispuesto a seguir cualquier retorcimiento y cambio de aquellas políticas oficiales dictadas desde arriba. En tales condiciones, no necesitaron mucho tiempo las vanguardias de los movimientos revolucionarios para surgir como nuevas élites gobernantes. A las iniciales desigualdades de *status* se añadieron las desigualdades de la distribución del poder. Una vez que se formaron las estructuras políticas jerárquicas y autoritarias, éstas inevitablemente culminaron en la restauración de algunas típicas distinciones clasistas. Es cierto que se nacionalizaron los medios de producción, pero no se convirtieron realmente en propiedad social: siguieron alienados de los productores y a total disposición de la nueva élite gobernante. Es verdad que la ganancia, en la clásica forma capitalista de apropiación de la plusvalía ha desaparecido, pero algunas formas más o menos disfrazadas de explotación han sobrevivido y ganado terreno considerablemente en los últimos años.

Por ello no se puede describir a dichas sociedades simplemente como socialistas o capitalistas de Estado: son una curiosa mezcla de varios elementos y hasta cuando dan la impresión de considerable estabilidad, ocultan, debajo de la superficie, muchos conflictos y contradicciones agudos y latentes. Una de las desventajas más básicas de estas sociedades es que no tienen todavía suficiente desarrollo de las estrategias democráticas y de no violencia para la resolución de los conflictos. La razón de esto no sólo es la falta de una tradición democrática, a partir de una anterior época de predominio de la burguesía progresiva liberal, la cual nunca ocurrió en los territorios en cuestión; otra parte de la explicación podría ofrecerla un estudio de la naturaleza de sus movimientos revolucionarios durante el periodo anterior a su ascenso al poder. Frente al enorme poder de sus atrincheradas instituciones, no tienen probabilidad alguna de derrocar dicho poder a menos que formen una unidad monolítica y que desarrollen un espíritu de militancia inflexible. Los participantes de esos movimientos, condicionados de esta manera durante décadas, continuaron buscando enemigos clasistas aunque casi no hubiera ninguno a la vista, y aún es fácil manipularlos haciendo que reaccionen exageradamente ante cualquier disidencia, como si se tratara de una forma oculta de hostilidad clasista. En ausencia de un enfoque más tolerante y flexible a las necesarias diferencias y choques de intereses, tenemos todavía a nuestra disposición otros dos enfoques: ocasionales declaraciones forzadas y violentas de intenciones, etcétera, invariablemente interpretadas como aplastamiento de peligrosas conspiraciones, o bien, la supresión del conflicto, conservando la fachada de unidad, mientras al mismo tiempo se trata desesperadamente de movilizar a todas las fuerzas internas en contra de peligros externos acentuados con exageración. Cuanto más agudas son las contradicciones internas, menos segura está la élite gobernante de poder resolverlas con éxito y más beligerante se vuelve hacia los "enemigos de clase". Este mecanismo proporciona, al menos, una parte de la explicación tanto de la creciente represión interna cuanto de la ocasional oleada de agresividad hacia otros países.

A pesar de todas las diferencias entre las diversas sociedades de este tipo, todas ellas adolecen de las tres siguientes contradicciones básicas.

Primero: hay un constante conflicto (aunque la mayor parte del tiempo es latente) entre la burocracia gobernante y los trabajadores que carecen de poder.

Segundo: hay una permanente guerra entre los diversos estratos y facciones dentro de la burocracia.

Tercero: a pesar de los grandes esfuerzos del poder central para controlar en forma absoluta, a los dirigentes nacionales, regionales y locales, éstos persistentemente tratan de aumentar su autonomía, su poder sobre su propio territorio, lo cual da origen, por un lado, a graves tendencias desintegradoras, particularistas y, por el otro lado, a ocasionales contramedidas centralistas: campañas antinacionalistas, purgas o intervenciones militares que, en la arena internacional, claramente asumen un carácter imperialista.

Los conceptos clave de este análisis son: *política y burocracia*. Según Weber, la política es *1)* el conjunto de esfuerzos emprendidos para participar en el gobierno o para influir en la distribución del poder, ya sea entre los Estados o entre diferentes grupos dentro de un solo Estado; *2)* esta actividad es, básicamente, la actividad del Estado, y *3)* el Estado es una relación de dominación del hombre sobre el hombre, basada en los "medios de la violencia legítima". En este sentido, en comparación con la verdadera *praxis*, la política fue caracterizada por Marx como la esfera de la alienación. La actividad política podría convertirse en praxis, si:

1. La dominación del hombre sobre el hombre es remplazada por el dominio del hombre sobre las cosas. La praxis política es, en esencia, autogobierno, coordinación y dirección conscientes y racionales de los procesos sociales, sin que haya gobernantes profesionales.

2. El criterio para la evaluación de las diversas opciones abiertas a este proceso es la satisfacción de auténticas necesidades humanas y no el aumento o la conservación del poder.

3. Por consiguiente, la praxis política es de importancia *universal* y se refiere a cada individuo humano.

4. La praxis política no está separada de otras formas de actividad creadora ni es incompatible con ellas; contiene momentos de visión filosófica, de conocimiento científico y de belleza; no necesita violar las normas morales.

5. Este tipo de actividad, sin sometimiento, tutela ni temor, es sumamente atractivo y ofrece a cada individuo una oportunidad de participación y desarrollar una importante dimensión de su ser social.

La política es una esfera de alienación cuando se convierte en una actividad monopolizada por un grupo particular de gobernantes profesionales. Dicha política transforma a los hombres en cosas, en objetos pasivos y apáticos de manipulación, sirve a los intereses propios de un grupo social privilegiado, se ubica detrás de puertas cerradas, se vuelve pragmática, irracional, amoral y, con el propósito de atraer a sus víctimas, no sólo desarrolla toda clase de rituales sin sentido, sino que además alienta las más primitivas pasiones agresivas.

Mientras que el concepto de *praxis política* expresa una óptima posibilidad histórica para nuestra época, el concepto de política profesional claramente contiene un elemento negativo, puesto que indica la existencia de una limitación esencial que podría y debería superarse.

Vista bajo esta luz, la burocracia no sólo es el grupo de los empleados, expertos y administradores; en ciertas condiciones, también abarca a los dirigentes carismáticos, a los creadores de la política, cuya posición política no depende únicamente de sus capacidades y conocimientos especiales, sino, además, de sus méritos en el pasado. Pese a todas las diferencias entre aquellos dos grupos de políticos profesionales en una sociedad post-capitalista, ambos pertenecen a una élite privilegiada que tiene un monopolio casi absoluto del poder político y económico y que, en consecuencia, desempeña el papel de un sujeto histórico único. A esa élite pertenecen no solamente los funcionarios influyentes del aparato del partido y del Estado, sino también los administradores superiores, figuras principales de los medios masivos de comunicación y de las instituciones culturales y, más ciertamente, los jefes militares. En su gran mayoría, son nombrados o "elegidos" para sus puestos, precisamente porque tienen un elevado *status* en el partido o, si sucede que alcanzan puestos altos, por ser extraordinarios expertos, seguramente serán rápidamente absorbidos por el partido, ante el cual seguirán siendo responsables.

Los intereses de la burocracia obviamente chocan con las aspiraciones fundamentales de todos los demás estratos sociales, que son, todos ellos, regidos por el poder gobernante y más o menos explotados.

Los campesinos fueron los primeros en rebelarse; todavía son, en una medida considerable, una fuerza ajena tanto a la burocracia como también al socialismo como tal. En parte, esto es la consecuencia de su posición de clase: son productores individuales, pequeños propietarios, naturalmente interesados en la supervivencia de la economía de mercado y en aumentar sus posesiones. Por todo ello, invariablemente los campesinos pudieron participar activamente en las primeras etapas de la revolución socialista, mientras ésta estuvo asociada a la reforma agraria, la resistencia a la dominación extranjera, la guerra de liberación nacional y la abolición de las desigualdades más generales en cuanto a la distribución de la riqueza. Su posterior oposición al nuevo establecimiento revolunario fue la inevitable consecuencia del hecho de que, en ausencia de capital disponible, la acelerada industrialización fue factible sólo al precio de drenar tremendamente los recursos agrícolas. La política de entrega obligatoria de mercancías agrícolas a precios impuestos y la serie de expropiaciones, los pesados impuestos y la creación, por la fuerza, de granjas colectivas, indispuso a los campesinos y, especialmente en la URSS, donde la presión fue más fuerte, causó una docena de rebeliones armadas que jamás tuvieron la menor oportunidad de triunfar. Lo que condena al fracaso, desde el principio, toda resistencia campesina, es la falta de perspectiva histórica. Una sociedad de pequeños propietarios de la tierra, que usan una tecnología primitiva, pertenece al pasado (solamente tiene un futuro en el caso de un total derrumbe de la actual civilización industrial). Por el otro lado, el Estado no puede industrializar a la agricultura de la noche a la mañana y tiene que hallar un *modus vivendi* para el campesino para muchas décadas venideras. La solución predominante no es muy satisfactoria para ninguno de los dos bandos: a cambio de adaptarse al esquema impuesto de la granja colectiva, donde sus derechos son muy limitados, se le permite al campesino poseer un pequeño lote privado y continuar comportándose allí como productor individual. Su ser social queda dividido, pues vive en dos mundos: el privado, en el cual es libre, pero que lo mantiene atado a su pasado pre-capitalista; el otro, el mundo público, que le es presentado como una forma de vida nueva, pero en el cual se siente impotente y alienado. Políticamente, los campesinos están fuera de la escena y son tratados como ciudadanos de segunda categoría. A esto ellos reaccionan con baja productividad y una resistencia pasiva.

Las comunas chinas y las empresas agroindustriales de autoadministración parecen ser mejores soluciones. La única manera de evitar el conflicto es la relajación del control del Estado y la creación de empresas tecnológicamente bien equipadas, relativamente independientes y de comunidades locales en las cuales el granjero se convierte en un trabajador u obrero en un productor colectivo, con todos los derechos a participar en la toma de decisiones y en la administración.

En una primera etapa de desarrollo post-revolucionario, el nuevo Estado es plenamente apoyado por el obrero. El Estado se compromete a su liberación y realmente lo libera del dominio capitalista. El Estado habla y gobierna en nombre del trabajador; le ofrece considerable seguridad social, mejor educación y un nivel de vida más elevado. Todos estos beneficios en su posición social, empañan en el obrero su percepción de la realidad social e impiden su comprensión de la verdadera naturaleza de la burocracia, mucho después de que sus intereses objetivos empiezan a chocar con los de dicha burocracia.

La vanguardia revolucionaria promete al obrero librarlo de la explotación y dejar a su total disposición, toda la plusvalía de su trabajo. Muy pronto el trabajador descubre que una enorme cantidad de esta plusvalía pasa al Estado y que buena parte de ella va a parar a los bolsillos de sus anteriores jefes. Mucho más que sus altos salarios, los enormes privilegios materiales a su disposición se convierten en una nueva forma de explotación.

También se le ha dicho al obrero que después de la revolución, él gobernaría al país. Luego descubre que, en el mejor de los casos, su palabra tiene cierta autoridad en su fábrica. En el peor de los casos, aun allí, está completamente subordinado al administrador. El único campo abierto a su iniciativa es la producción en sus aspectos cuantitativos. De lo contrario, se espera de él tan sólo que se ajuste a las directivas del partido, que obedezca las órdenes del Estado y que proporcione sus músculos para la realización de varios planes quinquenales, impuestos desde arriba.

Además, también se le había prometido el tipo más elevado de democracia que jamás haya existido en la historia: la democracia socialista. Sin embargo, en nombre del socialismo, la burocracia le ha robado algunos de sus derechos tradicionales: a organizarse, a desplazarse libremente, a tener su propia prensa, a reunirse y expresar opiniones críticas en público, a luchar por mejorar sus condiciones de trabajo y de vida, a hacer huelgas y manifestaciones de protesta. Muchos de estos derechos son reconocidos en la constitución, pero abolidos en la realidad.

El abismo que separa el *status* potencial y el real del obrero es realmente enorme. Si tuviera plena conciencia de todas las posibilidades de la nueva situación histórica después de la abolición de la clase capitalista, su abierto conflicto con la burocracia, que obstaculiza y bloquea la realización de dichas posibilidades, sería inevitable y asumiría la forma de una guerra de clases.

Con éxito considerable, la burocracia usa una serie de artificios para impedir el desarrollo y maduración de esta conciencia. Utiliza toda clase de tradicionales símbolos revolucionarios, para sugerir la plena continuidad entre la inicial vanguardia revolucionaria y ella. Desarrolla una ideología que justifica las desigualdades sociales y hace un fuerte hincapié en la ley, el orden, el crecimiento material y la eficiencia: típicos valores de todas las contemporáneas ideologías del *statu quo*. Trata de reducir *ad absurdum* todas las demandas de organización y participación de los obreros, repitiendo afirmaciones tan cínicas como que los trabajadores ya tienen su organización (el partido) y que ya participan en el gobierno (indirectamente, a través de su jefatura), mientras que, además, no necesitan el derecho a hacer manifestaciones y huelgas... derecho que solamente podría ser usado "contra ellos mismos". Todo intento práctico de organizarse y de expresar, públicamente, ideas críticas, es perseguido como políticamente criminal. Toda comparación con otras sociedades es obstaculizada prohibiendo los viajes libres al extranjero. Por último, uno de los artificios más importantes es la constante invención de nuevos enemigos. Igual que el diablo cristiano, este enemigo siempre presente, que constantemente acecha y que conspira continuamente, une, moviliza, vuelve a traer a las almas extraviadas al rebaño, restablece el orden, defiende y fortalece el *establishment*.

Cuando la situación de los trabajadores se deteriora más allá de ciertos límites, todos estos artificios protectores y que echan una cortina de humo sobre la realidad, dejan de servir. Es entonces cuando estallan los famosos episodios sangrientos de la rebelión de los obreros, desde Berlín (1953) hasta Poznan y Budapest (1956) y hasta Gdansk (1971). La rapidez con que la burocracia aplasta dichas rebeliones con la mayor crueldad, acompaña, no obstante, cierta voluntad de continuar mejorando las condiciones básicas de los trabajadores.

El hecho de que dichas condiciones están realmente mejorando constantemente y de que una considerable parte de la burocracia verdaderamente tiene orígenes revolucionarios, gracias a lo cual astutamente cultiva mitos acerca de sí misma, confunde a la mayoría de los obreros y oscurece su verdadera posición social. Solamente se la podría presentar más claramente mediante una adecuada nueva teoría revolucionaria.

Por esto, todos aquellos intelectuales que tratan de desarrollar esa teoría en nuevas condiciones, inmediatamente se convierten en el blanco de la represión burocrática. No se trata simplemente del conflicto entre políticos e intelectuales, entre el pragmatismo de los primeros y el idealismo de los segundos. Como grupo social, la "intelligentsia" o intelectualidad se divide por lo menos en tres subgrupos: los *apologistas*, dispuestos a servir, a racionalizar y embellecer cualquier orden social que haya; los *expertos*, que son los que están en posesión del conocimiento puro, neutral y que no quieren comprometerse; y los *críticos*, que analizan las limitaciones de las formas sociales dadas y exploran las posibilidades de creación de una estructura social más libre, equitativa y humana.

La burocracia no puede gobernar sin los servicios ideológicos y técnicos de los apologistas y los expertos. Por el contrario, su gobierno correría graves riesgos si se permitiera el libre desarrollo del pensamiento social crítico y el subsiguiente despertar de la conciencia social en los trabajadores y los jóvenes, sobre todo los estudiantes. Ese pensamiento desafía radicalmente la autoridad de la burocracia y la desmitifica por completo. Las profundas crisis del sistema que se produjeron en 1956 y 1968, fueron el resultado de movimientos precedidos por las ideas críticas de filósofos, eruditos sociales y escritores. Ahora la burocracia está decidida a no correr más riesgos en el futuro y, por el momento, utiliza un arsenal completo de medidas represivas: desde la supresión de publicaciones, hasta el despido y arresto de intelectuales peligrosos.

La gravedad de este conflicto muy visible se vuelve totalmente claro sólo cuando se lo toma en el contexto de todas las demás tensiones y contradicciones temporariamente latentes.

II

Es en los períodos en que los conflictos externos de la burocracia están en el trasfondo, dormidos o bien bajo control, cuando se revelan sus propias contradicciones internas. La mayor parte de la historia de las sociedades que se llaman a sí mismas "socialistas", está formada por las luchas internas dentro de sus élites gobernantes.

Igual que todos los términos generales, la palabra "burocracia" abarca un grupo completo y heterogéneo, que se vuelve realmente monolítico sólo en presencia de un peligro real e inminente, de un serio desafío a sus intereses comunes. Un concreto análisis de este concepto y del grupo al cual se refiere debería tomar en cuenta las diferencias en los papeles, el *status* y la orientación general.

Los principales papeles son los de los funcionarios superiores, los líderes del Partido, los administradores de empresas y bancos, los expertos más importantes del gobierno, los jefes del ejército y de los servicios de seguridad y las figuras dirigentes de los medios de comunicación y de las instituciones culturales.

El *status* de todos estos papeles es diferente. Es característico de las llamadas sociedades capitalistas el que el *status* más alto y, por consiguiente, el mayor poder, coincida con los puestos principales en el Partido. En dicho sistema, los más altos funcionarios del Estado, los generales y funcionarios superiores de las organizaciones de seguridad, sólo pueden esperar ser figuras secundarias. El *status* de la estructura tecnológica es todavía bajo, fuera del círculo interno que toma las decisiones básicas. El estrato burocrático en los medios masivos de comunicación, la cultura y la educación, normalmente desempeña el papel de banda de transmisión, listo para servir y proporcionar las necesarias normas de corrección y cuyo apoyo, en periodos de aguda lucha entre facciones puede ser de gran importancia.

Desde el punto de vista de la *orientación*, hay un amplio espectro entre los defensores de la *línea dura* que insisten en el orden, la unidad monolítica y la administración centralista y los liberales, que abogan por una mayor diversidad y de autonomía local dentro de ciertos límites bien definidos. Esta lucha es, básicamente, una pugna entre los defensores de dos modelos políticos y económicos distintos, ambos con el nombre de *socialismo*. El paradigma del uno es el sistema creado por Stalin, con una economía rígidamente planificada, un dominio indiscutible de los órganos del Partido sobre toda la vida social, la total centralización de la toma de decisiones, la despiadada supresión de todo disentimiento intelectual y extremo énfasis en el crecimiento material extensivo. El modelo liberal, objetivo de muchos intentos de reforma desde la muerte de Stalin, hasta cierto punto reafirma los principios de la economía de mercado y tiende a reconciliar la planificación con la competencia y la demanda de ganancia; tiende a aflojar la presión y dominio del Partido sobre la economía y la cultura y a descentralizar un poco la toma de decisiones; finalmente, intenta remplazar las duras medidas administrativas contra las tendencias indeseables, por métodos más sutiles de aislamiento y contraofensivas políticas. El modelo yugoslavo, con sus formas iniciales de autoadministración y su descentralización de largo alcance, avanza aún más en esta dirección, aunque también restablece, en condiciones y formas nuevas, el mismo conflicto entre el bando que representa el orden y la facción liberal.

El principal campo de batalla de esta lucha es el órgano central del Partido, aunque, formalmente, ya no se permiten faccioness en ningún partido comunista. La índole misma de sus roles sociales hace que algunos grupos apoyen a uno u otro bando. Así pues, por regla general, los jefes del ejército y del servicio de seguridad apoyan a la facción que representa el orden, mientras es más probable que la estructura tecnológica y los funcionarios superiores del campo de la cultura den su apoyo al bando liberal. No obstante, lo que hace que la complejidad de la situación sea verdaderamente enorme es, en primer lugar, la importancia extremadamente grande de los lazos y lealtades personales y, en segundo lugar, el hecho de que en esta especie de lucha, los principios y convicciones desempeñan un papel mucho menor que las consideraciones sobre utilidad y eficiencia. La presencia de un jefe carismático complica aun más toda la situación. Él mismo, inseguro de cuál es la mejor solución, y acaso sintiendo vagamente que podría fortalecer aún más su propio poder, cambia su apoyo, según la ocasión, de uno a otro bando, de modo totalmente imprevisible, y contribuye a la victoria de uno de los dos. La conducta de Castro en la década de 1960 es un buen ejemplo de esto.

Esta clase de lucha cunde por largo tiempo detrás de puertas cerradas muy por debajo de la superficie de la vida pública observable. Su resultado generalmente no tiene implicaciones importantes para el futuro progreso social. No obstante, existe un tipo de casos en que las contradicciones dentro de la burocracia pueden resolverse para abrir el camino a un mayor desarrollo. Una de las condiciones para que ocurra ese tipo de resultado progresista es que haya dentro de la facción liberal un núcleo importante de individuos con tendencias realmente democráticas, quienes mantienen aún vivo el carácter de revolucionarios. Es posible que dicho carácter haya sido temporalmente suprimido en un esfuerzo por ajustarse a nuevas formas de vida. Pero podría estar presto a manifestarse nuevamente, tan pronto como las circunstancias lo permitieran. Otra condición importante es la existencia de un movimiento más o menos espontáneo o, al menos, de una demanda masiva de un mayor cambio progresista. Con estas dos condiciones es posible la futura evolución de este tipo de sociedad. Buenos ejemplos son: la revolución cultural china y la época de Dubcek en Checoslovaquia, después de enero de 1968.

Hay otros posibles resultados menos favorables. Uno es el congelamiento del conflicto, debido a la formación de un fuerte centro burocrático. Esto únicamente perpetúa el estancamiento del sistema.

Otro acontecimiento desfavorable y retrógrado es un cambio de carácter del conflicto, como cuando una contradicción social no resuelta es remplazada por un conflicto nacional.

III

Desde el punto de vista de la teoría marxista, los conflictos nacionales son inconcebibles después de la victoria de una revolución proletaria. Según la teoría marxista, sólo los capitalistas están interesados en explotar a otras naciones. A los trabajadores únicamente les interesa su liberación, y el camino de ésta se halla en la abolición de toda forma de explotación. Lenin proponía la siguiente fórmula para los trabajadores de un país multinacional: "Los trabajadores de la nación dominante deben luchar por el derecho de todas las naciones a la plena autodeterminación, incluyendo la separación; los de las naciones dominadas tendrán que luchar por permanecer unidos en la misma comunidad multinacional." En 1918, esta regla fue llevada a la práctica: Lenin envió a su colaborador más joven, Stalin, al primer Congreso del Partido Social-Demócrata Finlandés para que, en nombre del Comité de Comisarios del Pueblo Ruso declarara que el proletariado finlandés estaba en libertad de decidir si continuaría viviendo junto con el proletariado ruso en el mismo Estado, o si se dividirían. Los social demócratas finlandeses querían seguir unidos, pero la burguesía finlandesa era de diferente opinión, de modo que, después de una sangrienta guerra civil, acabaron por separarse. El nuevo gobierno de Lenin no quería ni podía intervenir. Cuando se repitió una situación similar en Georgia, donde los hermanos Mdivani establecieron un gobierno menchevique separado, Stalin se dirigió a esa región con el ejército y destruyó físicamente a los separatistas. Desde ese momento, el mundo socialista ha estado siempre plagado de conflictos nacionales.

Indudablemente, las raíces de dichos conflictos son múltiples. Obviamente desempeñan un papel importante la tradición histórica, las injusticias del pasado, las desigualdades de desarrollo heredadas, etc. Sin embargo, el factor que podría interesarnos particularmente es el papel de la burocracia en el surgimiento de tendencias y movimientos nacionalistas en sociedades federativas multinacionales.

Tanto la burocracia del centro de una federación, como la de una unidad nacional, son responsables ambas del surgimiento de fuerzas nacionalistas. La primera, porque generalmente insiste en el centralismo, en la unidad, en un enfoque uniforme y desarticulado para todas las unidades nacionales y en el derecho del poder central a intervenir. La segunda, porque quiere ser la dueña en su propio suelo nacional y, con este fin, recalca exageradamente cualquier diferencia con otras naciones.

Al mismo tiempo que condena al nacionalismo, una burocracia nacional tiende a alentarlo. Está fuertemente motivada para hacerlo.

En primer lugar, es el único camino que tiene abierto para liberarse de la tutela de la burocracia central.

En segundo lugar, al pedir la redistribución de la riqueza federal, la burocracia nacional intenta fortalecer su posición material. Es muy característico que en su lucha contra los centros del alienado poder económico —los inmensos fondos federales para inversión, los fondos de los bancos y de las grandes empresas federales de importación-exportación—, la burocracia nacional plantee únicamente la cuestión de la redistribución y no la de la verdadera socialización de esos fondos.

En tercer lugar, mediante la movilización nacional para fines explícitamente nacionales, la burocracia nacional trata de despertar, políticamente, a los apáticos obreros y campesinos, hundir en el olvido los verdaderos problemas sociales y convertirse, una vez más, en la fuerza principal de un auténtico movimiento de masas.

La acostumbrada estrategia de formación de un movimiento nacionalista consiste en crear, por un lado, odio hacia otra nación, a la que se coloca en la posición de culpable principal y, por el otro, autocompasión hacia la propia nación como la principal víctima. Una vez que la burocracia da el impulso inicial, todo un ejército de leales economistas, estadistas, historiadores y hombres de prensa, emprende la tarea de estampar en las mentes del pueblo los apropiados datos y creencias parciales.

Se necesita de un gran esfuerzo intelectual para deshacer el daño psicológico hecho de esta manera. La burocracia central no se preocupa por semejantes sutilezas. Su estrategia de combatir al nacionalismo (y, en realidad de combatir cualquier cosa) consiste simplemente en definirlo como una conspiración del enemigo clasista y en organizar santas alianzas burocráticas contra él, para destruirlo por la fuerza.

La burocracia no puede resolver todos estos conflictos. Las contradicciones básicas de las sociedades post-capitalistas sólo pueden ser superadas mediante la superación de la propia burocracia.

# XII. AUTOADMINISTRACIÓN Y EFICIENCIA

Las dos preguntas siguientes resumen, al parecer, la mayoría de las controversias acerca de la idea y la experiencia práctica de la autoadministración:

*1)* ¿Qué es autoadministración,

*2)* ¿Cómo puede el principio de la autoadministración reconciliarse con el de la eficiencia en la moderna economía?

Que el primero es un verdadero problema se desprende del hecho de que el término "autoadministración" se usa de una manera muy indiscriminada, que cubre buena cantidad de formas sociales que, en realidad, carecen de algunas de las condiciones necesarias para su correcta clasificación como autoadministración.

Así pues:

*El control de los trabajadores* es, indiscutiblemente, un objetivo importante y progresista en una sociedad de clases. Y, sin embargo, puede suceder que sólo contribuya a impedir decisiones indeseables; está muy lejos todavía de determinar una política positiva en las empresas y las comunidades locales.

*La participación de los trabajadores* es también una exigencia progresista que ha estado ganando cada vez más terreno en el movimiento laboral internacional. Y, sin embargo, es una exigencia muy general y vaga que podría ser aceptada en varias formas, sin afectar, realmente, la estructura social general de una sociedad capitalista. Ello se debe a que se les podrían conceder a los obreros derechos a participar sólo en la toma de decisiones sobre ciertas cuestiones de importancia secundaria; podrían estar en minoría en un determinado organismo de administración; se les podría permitir, únicamente, función de Consejo y consulta y no el derecho a tomar decisiones; finalmente, podría negárseles acceso a la información y dejarlos en la posición de poder únicamente apoyar decisiones que han sido preparadas por otros y presentadas sin ninguna alternativa verdadera.

La dictadura del proletariado que, en la teoría de Marx se refiere a un periodo de transición de creciente democratización, actualmente va asociada a la existencia de un fuerte Estado centralizado que hoy día está en las manos de una burocracia política y que utiliza las frases "el poder de los soviéticos" o "el estado de los trabajadores" para ocultar y mistificar la real índole opresiva de las relaciones sociales.

Sin embargo, la idea de autoadministración tampoco debería mezclarse con la de una mera *descentralización*: una sociedad atomizada, desintegrada, que careciera de la necesaria coordinación y consciente reglamentación, estaría a merced de fuerzas sociales ciegas y alienadas. Indudablemente que la autoadministración no es la ausencia de gobierno y dirección consciente dentro de la sociedad como totalidad.

Aquí llegamos a la segunda pregunta formulada al comienzo de este capítulo. La objeción más común a la autoadministración o gobierno autónomo (como forma de sistema social en el que las personas mismas de alguna manera se ocupan de asuntos de interés común), es la que sostiene que un sistema de este tipo es incompatible con las exigencias de eficiencia tecnológica y racionalidad de una compleja sociedad industrial moderna. El argumento es el siguiente: la autoadministración es una idea noble y humanitaria, pero que no puede llevarse a la realidad, porque los trabajadores y los ciudadanos comunes no están suficientemente educados para dirigir un Estado y una economía modernos. Se necesitan expertos profesionales para este trabajo. Por consiguiente, la autoadministración es, o bien una utopía, o bien debe limitarse a una participación muy restringida en la toma de decisiones.

Este tipo de crítica indudablemente sobreestima la utilidad de la estructura tecnológica y de los expertos en la toma de decisiones acerca de problemas sociales decisivos. Pero indica la existencia de un verdadero problema que únicamente puede resolverse desarrollando un modelo bastante complicado de autogobierno... que nos retrotrae a nuestro primer problema.

La idea de autoadministración se basa en un principio filosófico más general: el de la *autodeterminación*.

La autodeterminación es un proceso mediante el cual la consciente actividad práctica de los individuos humanos se convierte en una de las condiciones necesarias y suficientes del individuo y de la vida grupal. Se trata de un proceso opuesto a la determinación exterior; es decir, un proceso en el cual las condiciones necesarias y suficientes de la vida de algunos individuos humanos son exclusivamente factores fuera de su control e independientes de su conciencia y voluntad. Indudablemente, la autodeterminación siempre está condicionada por una determinada situación social, por el nivel alcanzado por la tecnología, la determinada estructura de la producción, la índole de las instituciones políticas, el nivel de la cultura, la tradición existente y los hábitos de la conducta humana. Sin embargo, es esencial para la determinación: *1)* Que todas estas condiciones objetivas externas constituyan sólo el panorama de posibilidades de un determinado curso de los acontecimientos, mientras que dependerá de la elección subjetiva y de la consciente actividad humana cuál de todas esas posibilidades se realizará; *2)* Que la elección subjetiva sea autónoma, auténticamente libre y no heterónoma y compulsiva. Esto significa que el sujeto crea, por su propia actividad, una nueva condición del proceso, en lugar de meramente repetir, cada tanto, un acto al que fue obligado o para el cual está programado. No es necesario que este acto sea arbitrario y carezca de fundamento; debería ser un acto de autorrealización, de materialización de las capacidades humanas básicas, de satisfacción de las auténticas necesidades del hombre.

Este papel activo en el curso de los acontecimientos; esta creación de condiciones nuevas, en lugar de la reproducción mecánica de acuerdo con las leyes del sistema y los instintos; esta extensión del panorama de posibilidades, en lugar de quedarse permanentemente dentro de un esquema determinado, es un poder propio de los hombres, una característica de todo individuo humano, presente, por lo menos, en forma de predisposición latente.

En ciertas condiciones sociales, este poder puede ser *alienado*. Se concentrará en las manos de un grupo social privilegiado y se convertirá en su monopolio. La alienación es una consecuencia de: *1)* La división del trabajo; *2)* La acumulación de producción excedente; *3)* La creación de instituciones cuya función es cuidar los intereses sociales comunes; *4)* El aumento de la mediación entre las necesidades individuales y las necesidades de toda la sociedad.

La alienación política y económica implica un proceso de polarización social que, en uno de los extremos, transforma al sujeto consciente, potencialmente creador, en un objeto, en una masa cosificada, oprimida y explotada, mientras que en el otro extremo, convierte a un sujeto humano normal, limitado y frágil, en una autoridad, en una entidad mistificada, que tiene poderes y control sobrenaturales sobre las vidas humanas.

Este tipo de análisis crítico nos lleva a la siguiente pregunta: ¿En qué condiciones sociales la vida de los individuos y las comunidades sería cada vez menos cosificada, cada vez menos dependiente de la autoridad exterior y cada vez más autodeterminada? Existen cuatro de estas condiciones básicas.

La *primera* es negativa: la coordinación y dirección de los procesos sociales ya no pueden estar en manos de cualquier institución que goce del monopolio del poder económico y político (tales como el capital, el Estado con su aparato de coerción y el partido con su burocracia y su jerarquía del poder). El pueblo mismo decide todas las cuestiones de interés común. Y esto sólo es posible si la sociedad se organiza en una federación de juntas compuestas por representantes no profesionales, no alienados del pueblo, en todos los niveles de la estructura social: en las empresas y las comunidades locales; en las regiones y en ramas enteras de actividad y, por último, para la sociedad como un todo.

La *segunda* condición de la autodeterminación es el conocimiento seguro de la situación, de sus escaseces y limitaciones; de las tendencias existentes; de los conflictos por resolver; de las posibilidades alternativas del futuro desarrollo. La libertad es incompatible con la ignorancia o con la prejuiciada percepción de la realidad. El derecho a tomar decisiones sin previo acceso a la información es mera formalidad: la autodeterminación se vuelve una fachada detrás de la cual tiene lugar una verdadera manipulación por parte de otros, la burocracia y la tecnocracia políticas. Por consiguiente, una auténtica autodeterminación presupone la formación de grupos de estudio crítico a todos los niveles de la toma de decisiones social, desde la comunidad y la empresa locales hasta la federación en su totalidad.

La *tercera* condición de la autodeterminación es la existencia de una poderosa opinión pública democrática. Solamente puede formarse la genuina voluntad general del pueblo a través de la abierta comunicación, la libre expresión de opiniones críticas y el diálogo. Resulta claro, pues, que hay que desmantelar cualquier monopolio de los medios masivos de comunicación (ya sea por parte del mundo de los grandes negocios, la Iglesia, el Estado o el Partido). Semejante monopolio permite que una élite gobernante manipule al resto de la población; que se creen necesidades artificiales; que ese monopolio imponga su ideología y que gobierne por consentimiento de una "mayoría silenciosa". Por lo tanto, los *medios masivos de comunicación* deben ser libres y estar auténticamente socializados.

La *cuarta* condición de la autodeterminación es el descubrimiento del auténtico *ser* de la comunidad, de las verdaderas necesidades generales del pueblo. Esta condición es fundamental, y muy difícil de lograr. Por consiguiente, la mayor parte de cuanto sucede bajo el nombre de libertad en la sociedad contemporánea es solamente una libertad ilusoria: la mera oportunidad de escoger entre dos o más opciones. Pero éstas a menudo se oponen, la elección es arbitraria e, incluso cuando ha sido guiada por un sólido criterio de evaluación, dicho criterio casi nunca es auténtico, o sea, basado en el examen crítico y esclarecedor de las propios necesidades reales y los propios intereses de largo alcance. Esta condición, claramente adquiere un universal punto de vista humanista y prácticamente implica la creación de una nueva cultura socialista y una revolución humanista de toda la educación. El descubrimiento del propio ser, de los propios poderes específicos individuales y de las capacidades potenciales, el aprender cómo desarrollarlos y utilizarlos como un ser humano socializado que se preocupa por las necesidades de otros individuos, tendría que llegar a ser la tarea primordial de una nueva educación humanista.

El anterior análisis indica que la transición de una cosificación y una determinación externas a la libertad y la autodeterminación, es cuestión de toda una época.

Vistas en una amplia perspectiva histórica, las formas existentes de autoadministración son, indudablemente, de gran importancia revolucionaria, pero deberían considerarse tan sólo como los pasos iniciales. Junto con el general desarrollo material y cultural, hay que lograr muchas otras cosas; deberán superarse muchas actuales limitaciones. Así, por ejemplo, los órganos del Estado clasista (en el sentido de instrumento del gobierno de clases) tendrían que ser remplazadas por los órganos del gobierno autónomo o de la autoadministración, constituidos por los delegados de los trabajadores, democráticamente elegidos, remplazables, rotativos y de ninguna manera corrompidos por los privilegios materiales y la tentadora carrera política profesional. El planeamiento sería una síntesis de toma de decisiones descentralizada y centralista-democrática. La economía de mercado, con su producción para las ganancias, tendría que ser gradualmente remplazada por la producción para las auténticas necesidades humanas. Gracias al mayor avance tecnológico, aumentará rápidamente la productividad del trabajo, mientras que, al mismo tiempo, la actual apetencia por los bienes de consumo será suplantada por aspiraciones totalmente distintas. Tenderá naturalmente a disminuir el presente interés, exageradamente acentuado, por la producción y la administración. De un modo natural, crecerá en importancia la autodeterminación en otros diversos aspectos de la *praxis* libre y creadora.

De dos maneras posibles, un filósofo humanista podría refutar la idea misma de la eficiencia.

*Primero*: podría argüir que, más allá de cierto elevado nivel de desarrollo tecnológico, económico y cultural, la eficiencia empezará a perder su importancia. Después de todo, en su significado actual, la eficiencia es la capacidad de producción de un resultado deseado, de desempeñar bien un determinado papel en la división social del trabajo. En una futura sociedad sumamente desarrollada, procesos autómatas remplazarán cada vez más al hombre en las operaciones físicas e intelectuales de rutina. Puesto que la "producción de resultados *específicos, deseados*" y el "desempeño de papeles bien *definidos*" son típicas actividades rutinarias, de ello se desprende que el hombre va a dejar que las computadoras sean eficientes, en lugar de él, y que se comprometerá cada vez más en la producción de objetos *únicos, hermosos* y en desempeñar papeles *nuevos, sorprendentes, no definidos por adelantado*. En otras palabras, se comprometerá en la *praxis* y, en ésta, o bien la cuestión de la eficiencia no surge para nada, o es de importancia secundaria.

*Segundo*: podría argumentarse que el concepto de eficiencia está desprovisto de todo sentido humanista. Aparentemente está libre de valoración y es ideológicamente neutral. No obstante, cuando se lo analiza más cuidadosamente, resulta que está cargado de ideología y que alienta determinadas actitudes dañinas y peligrosas hacia la naturaleza y la sociedad existente. La máxima eficiencia en conquistar y controlar el entorno natural significa una tasa peligrosamente creciente de desperdicio de los escasos recursos materiales y las formas de energía disponibles. La máxima eficiencia en la dirección de las actuales organizaciones e instituciones sociales significa confirmación a gran escala de sus prácticas inhumanas y degradantes. Para los sistemas injustos, la eficiencia es, realmente, su mejor oportunidad de supervivencia.

Con tales supuestos dados, esta crítica es perfectamente correcta. En una sociedad futura sumamente desarrollada, tanto la producción material como el máximo de eficiencia se convertirán en fines sociales de importancia secundaria. Pero aún son la preocupación primordial de toda sociedad contemporánea. El hombre sólo se liberará de los roles demasiado bien definidos y ordenados en la producción material y podrá permitirse despreocuparse respecto de la eficiencia, cuando la domine a tal punto que pueda relegarla a las máquinas.

Pero aun entonces, hay un sentido del término "eficiencia" que siempre irá asociado al alcance de metas de actividad humana, cualesquiera que sean dichas finalidades.

Lo cual nos lleva al segundo argumento. Del hecho de que "eficiencia" sea un concepto neutral, se desprende que podría estar asociado —y en realidad lo está— con toda clase de prácticas inútiles, irracionales e inhumanas. Pero también se desprende que su significado sería completamente distinto respecto de propósitos humanos progresistas y racionales. Después de todo, ninguna teoría ni ningún programa de cambio social son posibles sin algunos conceptos neutrales. Hay un elemento de neutralidad en la mayoría de los conceptos, incluyendo el de autoadministración; no hay garantía de que éste, por sí mismo y siempre, haga a las personas más felices, más racionales, menos alienadas. Es sólo parte de un complejo proyecto, no del absoluto.

Con estas salvedades en mente, debemos tomar con total seriedad el problema de la compatibilidad de la autoadministración con la eficiencia. Mientras el promedio del ingreso nacional *per capita* sea, en docenas de países, de cien dólares o aún menos; mientras haya todavía pobreza en grandes sectores de la población, incluso en Europa y Norteamérica; mientras los seres humanos aún pasen la mejor parte de sus vidas en un tipo de trabajo aburrido y técnico, los futuros aumentos de la eficiencia serán condición necesaria de la liberación y la posible auto-realización humanas.

Por cierto, es inconcebible la liberación del hombre sin el derecho de todo individuo a participar en la toma de decisiones sociales. Pero, ¿sucede realmente que la plena y significativa participación de cada ciudadano destruye la eficiencia?

No es esto lo que ocurre si se satisfacen los tres siguientes grupos de condiciones:

*1)* El primer grupo se desprende, analíticamente, del concepto mismo de *autoadministración integral*. Las juntas de obras en las empresas y las de las comunidades locales no son átomos aislados, sino elementos de todo un sistema de diferentes niveles (desde el punto de vista *territorial*: local-regional-nacional-federativo; desde el punto de vista *profesional*: unidad básica-toda la empresa-la rama-la comunidad de todos los productores).

Todo individuo posee poder directo de toma de decisiones en las unidades básicas donde trabaja y donde vive y, además, tiene un poder de toma de decisiones indirecto a niveles superiores, a través de sus delegados (libremente elegidos, rotatorios, siempre remplazables, responsables ante él). Cada unidad tiene toda la autonomía y responsabilidad necesarias para la toma de decisiones en cuestiones de su interés específico. Pero también debe haber buena disposición para cooperar y armonizar intereses con otras unidades del sistema. Por el otro lado, los órganos de autoadministración de nivel superior deben tener el máximo posible de comprensión de los intereses particulares de cada subsistema. Son muy diferentes de los órganos del Estado, porque no son instrumentos de ninguna élite gobernante, no oprimen y tienden a reducir la intervención mínima. Pero en asuntos de interés común, luego que se ha discutido ampliamente y aceptado una determinada política, sus decisiones deben ser obligatorias. De otra manera, la vida social carecería de un mínimo de necesaria organización y coordinación y tendería a desintegrarse.

*2)* Otro grupo de condiciones se desprende de las características generales de la autodeterminación, características que ya hemos analizado anteriormente. Los órganos de la autoadministración funcionan en un campo que se distingue por los siguientes rasgos: los medios masivos de comunicación son libres y contribuyen a la creación de una opinión pública auténticamente democrática; los partidos políticos en el sentido clásico de la denominación, están ausentess, pero hay una pluralidad de otras vivas formas de organización política no autoritaria y no manipuladora, y hay un continuo proceso de educación y de elevación de la conciencia socialista de todos los individuos.

*3)* El tercer grupo de condiciones en las cuales se reconciliarían mutuamente los principios de la democracia participatoria y de la eficiencia, deriva del análisis de las etapas básicas del proceso de toma de decisiones y de las diferentes clases de conocimiento y competencia que se necesitan. Cada decisión técnica y racional presupone: *a)* Un *análisis crítico* de la situación (incluyendo la investigación de la eficacia de las políticas adoptadas en el pasado); *b)* Un *programa de desarrollo de largo alcance,* un conjunto de básicos *fines* de la organización, respecto de los cuales todas las decisiones concretas constituirán los *medios.* En otras palabras, hay tres características funciones necesarias en el proceso de la toma de decisiones racional: una es buscadora de *hechos reales, analítica, informativa.* Otra es *gobernante, política.* La tercera es *técnica, administrativa.* Consecuentemente, hay tres diferentes clases de conocimiento relativas a dichas funciones: el conocimiento fáctico (*conocer datos*); el conocimiento teórico de las necesidades de las personas en determinada situación (*saber qué* es bueno y justo hacer); el conocimiento técnico de las formas, cómo pueden realizarse las decisiones fundamentales (*saber cómo*). Así pues, además del órgano de autoadministración compuesto de personas capaces, experimentadas, que comprenden las necesidades básicas en un momento dado (que saben qué podría y debería hacerse), ha de haber, por un lado, un grupo de analistas que estudien críticamente la ejecución de los programas adoptados y los cambios en los factores externos e internos y, por otro lado, la administración técnica, compuesta de personas que "saben cómo", que elaboran concretas alternativas políticas y que tratan de concretar en la realidad y, de la manera más eficaz posible, las decisiones del órgano de auto-administración.

En esta estructura compleja, las tendencias tecnocráticas son la principal amenaza al gobierno autónomo. (Claro que mientras todavía haya un Estado y un partido dirigente, mayor peligro es el que procede de la burocracia política. Sin embargo, aquí estamos analizando el modelo de una autoadministración altamente desarrollada e integrada, en la cual las funciones del Estado tradicional y del partido autoritario ya han sido asumidas por los órganos centrales del gobierno autónomo). Permanente causa de tendencias tecnocráticas es el hecho de que son los administradores los que tienen el poder ejecutivo, mayor y mejor acceso a los datos y que, por lo tanto, podrían tratar de manipular a la junta autoadministrada Es peligroso el excesivo poder de los administradores, los ejecutivos, porque su comprensión de las necesidades sociales podría ser muy limitada y su escala de valores de crecimiento, expansión y orden típicamente instrumentales. Contrariamente al común prejuicio de que la moderna sociedad requiere del gobierno de expertos, la verdad parece ser que los expertos son los candidatos menos calificados para gobernantes buenos, sabios y racionales, precisamente porque solamente son expertos y su raciolidad es únicamente técnica.

La autoadministración o gobierno autónomo tiene por lo menos tres poderosos recursos posibles para resistir a la manipulación de la estructura tecnológica: *1)* acceso independiente a los datos; *2)* la norma inflexible de que la administración siempre prepara sus propuestas para el órgano de autoadministración en la forma de opciones entre las cuales escoger; *3)* el derecho a elegir, reelegir y remplazar al administrador.

El órgano de gobierno autónomo debe contar con su propio servicio informativo y analítico y no depender del administrador. De lo contrario, estará a merced de las semiverdades producidas por la administración, toda vez que se interese en tener su propio punto de vista.

El órgano de autoadministración debe afirmar, cada tanto, su derecho a tomar libremente una decisión, después de un cuidadoso examen de otras posibles opciones. Una vez que queda reducido a una institución que simplemente vota las propuestas preparadas por la administración, claramente se convierte en víctima de la manipulación.

Para mantener el equilibrio y estar en condiciones de afirmar sus derechos, el órgano del gobierno autónomo debe tener el poder de hacer cambiar al administrador. No hay verdadero peligro de que una junta de "trabajadores primitivos e ignorantes" despida a un administrador bueno y eficiente. La experiencia de la autoadministración yugoslava muestra que si alguna vez la junta de trabajadores despide a un administrador es porque, o es totalmente incompetente o es demasiado autoritario (o ambas cosas). Pero el verdadero peligro es, antes bien, que los obreros usen este derecho demasiadas pocas veces o demasiado tarde, después que ya se ha hecho considerable daño, y la empresa funciona con grandes pérdidas. Esta renuncia a actuar rápidamente indica que lo que amenaza la eficiencia de la producción en el socialismo es, más bien, la demasiada poca participación de los trabajadores.

Una autoadministración desarrollada tiene la oportunidad histórica de superar, tanto el modelo derrochador cuanto el irracional de la eficiencia contemporánea: el uno impuesto por el capital y el mercado, el otro dictado por la máquina política autoritaria.

# ÍNDICE

*Prólogo* . . . . . . . . . . . . 7

Una nota sobre las traducciones . . . . . 22

Agradecimientos . . . . . . . . . . 24

   I. Marx y el pensamiento crítico. . . . . 26

  II. Dialéctica hegeliana y marxista . . . . 50

     *1)* Características generales que distinguen a la dialéctica . . . . . . . . 53

     *2)* La novedad esencial de la dialéctica de Hegel y la de Marx. . . . . . . . 55

     *3)* Relación entre la dialéctica de Hegel y la de Marx . . . . . . . . . 59

     *4)* Nociones básicas de la dialéctica hegeliana y de la marxista . . . . . . 66

 III. Ciencia e ideología . . . . . . . . 86

     *1)* El concepto de ciencia . . . . . . 91

     *2)* El concepto de ideología . . . . . 108

 IV. Concepciones descriptivas y normativas de la naturaleza humana . . . . . . . . 142

  V. Ética de una ciencia social crítica . . . 158

 VI. Determinismo social y libertad . . . . 184

VII. Igualdad y libertad . . . . . . . . 210

    Introducción histórica . . . . . . . 210

*1)* El significativo de la igualdad y la libertad 215
*2)* El problema de la igualdad y la libertad
en la sociedad yugoslava . . . . . 219
*3)* La relación entre igualdad y libertad. . 223

VIII. El hombre y su entorno natural . . . . 228

IX. Violencia y autorrealización humana. . . 247

X. La nueva izquierda y la revolución cultural 277

XI. Contradicciones en los Estados con constituciones socialistas . . . . . . . . 309

XII. Autoadministración y eficiencia . . . . 327

Este libro se acabó de imprimir el día 31 de mayo de 1978 en los talleres de Gráfica Panamericana, S. C. L, Parroquia 911, México 12, D. F. Se imprimieron 10 000 ejemplares y en su composición se emplearon tipos Bodoni de 12, 10:11 y 8:9 puntos.